JN440838

순창
단오성황제
연행의례

저자소개(게재순)

심승구 _ 한국체육대학교 교수
이은주 _ 안동대학교 명예교수
임미선 _ 단국대학교 교수
이윤선 _ (사)서남해안포럼 이사장
심숙경 _ 서울대학교 강사, 예술학박사
김관수 _ 여유당건축사사무소 대표/건축사/문화재실측설계기술자/공학박사

순창 문화총서 2
순창 단오성황제 연행의례

초판1쇄 발행 2024년 3월 27일

엮은이 사단법인 호남문화콘텐츠연구원
지은이 심승구 · 이은주 · 임미선 · 이윤선 · 심숙경 · 김관수
펴낸이 홍종화

주간 조승연
편집 · 디자인 오경희 · 조정화 · 오성현 · 신나래
박선주 · 정성희
관리 박정대

펴낸곳 민속원
창업 홍기원
출판등록 제1990-000045호
주소 서울 마포구 토정로 25길 41(대흥동 337-25)
전화 02) 804-3320, 805-3320, 806-3320(代)
팩스 02) 802-3346
이메일 minsok1@chollian.net, minsokwon@naver.com
홈페이지 www.minsokwon.com

ISBN 978-89-285-1993-4
SET 978-89-285-1991-0 94380

순창 문화총서 2

순창 단오성황제 연행의례

사단법인 호남문화콘텐츠연구원 엮음

심승구 · 이은주 · 임미선
이윤선 · 심숙경 · 김관수 지음

민속원

책 머리에

순창 성황대신 사적 현판이 대중들에게 처음 모습을 드러낸 것은 1991년 6월이었다. 옥천향토사회문화연구소 회원들이 각고의 노력 끝에 찾아낸 것이다. 성황대신사적 현판은 순창 성황신앙의 역사를 기록한 판각 자료다. 현판은 원래 순창읍 옥천동 성황당 안에 걸려 있었으나 일제강점기 말 1940년경 무렵 미신타파와 민족문화 말살정책이 추진되면서 순창읍 성황당이 헐릴 상황에 놓였다. 이 소식을 들은 금과면 동전리 설태수薛泰洙 옹은 옥천동 성황당으로 달려갔다. 설옹은 600년동안 순창의 수호신으로 많은 영화를 누리고 대접받던 조상이 한갓 일본인의 만행으로 하루아침에 사당이 철거될 위기에 처하자, 성황당(순창읍 순화리 442번지)에 안에 모셔져 있던 남신상과 벽에 걸려 있던 성황대신사적 현판을 수습하여 금과면 동전리銅田里로 돌아왔다.

설옹薛翁이 남신상과 현판을 수습하는데 적극 앞장 선 것은 오로지 조상숭배에 대한 계세의식때문이었다. 순창의 성황신은 고려시대 말엽 충신 설공검薛公儉이었다. 옥천동 성황당 남신상 앞에는 '薛大王神位'라는 신주가 놓여 있었다고 한다. 설옹에게 설공검 신상은 조상신상이나 마찬가지였다. 일제 식민지 앞잡이들이 성황당과 성황신상을 파괴, 해체한다는데에 비분강개할 일이고 차마 눈뜨고는 못볼 일이었다. 설옹은 옥천설씨 가문의 자손으로 600여년 동안 순창군민들이 받들어온 성황대신을 강압적으로 철거한다는데 분통터질 일이었지만, 성황신상과 신주를 안전하게 모시는 일이 자손의 도리라고 판단한 것이다. 설옹은 옥천동玉川洞 성황당에서 옮겨온 목각남신상은 금과면 내동 연화리에 있는 설씨 선산에 깊숙하게 매안하였고, 여신상은 금산 골짜기 동굴 속에 옮겨놓았다. 현판은 금과면 동전리 소재 옥천설씨 제각 평산재平山齋에 옮겨 보관해 둠으로서 후손의 도리를 다한 것이다.

그 후 평산재를 개축하면서 성황대신사적 현판이 옥천향토사회문화연구소 민속자료 발굴팀 조규동曺圭東의 눈에 들어왔다. 조규동과 조민 선생은 설태수 옹의 차남이었던 설동순薛東珣과 설용선薛溶先의 협조를 얻어 현판을 옥천향토사회문화연구소로 옮겨왔다. 현판은 비교적 보존 상태가 좋은 편이었다. 현판의 크기는 가로 180㎝ 세로 54㎝이고 송판 두장을 위 아래로 부판하여 만들었으며, 현판의 기문은 음각으로 총 1,676자이며, 이두문으로 작성되어 있었다. 우리나라 성황대신사적 현판이 이두문吏讀文으로 기록된 것은 순창 성황대신사적 현판이 유일하다. 이두문은 순창 성황대신사적 현판 내용의 역사가 고려말경까지 올라간다는 역사적 사실을 입증해준다. 고려말경 중앙 국가기관에서 순창의 성황신에게 첩문牒文을 내린 사실이 현판에 그대로 기록되어 있다. 이러한 국가문화유산으로서 문화재적 가치를 인정받아 1997년 7월 20일 도지정 문화재자료 제 138호로 지정되었다가 2000년 1월 13일 대한민국 국가민속문화재 238호로 격상 지정받았다.

순창 성황대신사적 현판의 학술적 가치와 문화재적 가치를 확인하고, 1995년 전국 규모의 순창 성황대신사적기 연구 학술대회를 연이어 두 차례 개최하였고, 그 연구 성과를 1998년『성황당과 성황제』라는 책을 민속원에서 발간하였다. 당시 임득춘 군수는 순창의 성황당과 성황제의 복원을 위하여 각고의 노력을 기울였으나, 일부 종교단체의 반대로 끝내 성사시키지 못하였다. 특정한 기독교 종교단체들은 성황당과 성황제의 복원이 미신행위라는 이유를 내세워 적극 반대하였다. 일제강점기에 성황당과 성황제가 미신행위라고 철거되었는데, 2000년 5월에 순창성황제복원추진위원회를 결성하고 성황제, 성황당 복원을 추진하였으나, 순창군 기독교연합회의 반대로 또 다시 실질적인 성과도 없이 좌절되고 말았다. 2000년 문화재청이 순창 성황대신사적 현판을 국가민속문화재 238호 지정하였던 상황이어서 순창 성황당과 성황제 복원의 적기라고 생각했었는데, 일제강점기에 덧씌워진 미신의 굴레를 벗어 던지지 못하고 또 다시 좌초되었다.

그 후 국내 역사민속학자들은 순창 성황대신 사적 현판에 담긴 성황신앙사의 사료적 가치에 지속적으로 주목하였고, 성황대신사적 현판의 내용을 소재로 학술논문을 발표해 왔다. 그만큼 순창 성황대신사적 현판의 사료적 가치를 학계에서 인정받아 오고 있었다. 그러던 중 2013년 11월 9일 순창문화의 집에서 고 양상화씨를 모시고 '고려시대 순창단오제의 전통을 잇자'라는 작은 세미나가 개최되었을 때, 순창 단오난장 이야기를 듣게 되었다. 이미 순창군 인계면 두령정 물맞이가 단오절 물맞이로서 명성이 널리 알려져 있었는데, 순창 전통장터에서 단오절 씨름난장이 열렸었다는 새로운 사실을 알게 되었다. 순창 성황제에 대한 연구는 많이 축적되어 있었던 터에 순창 단오난장에 대한 새로운 소재 발굴에 대한 학자들의 관심이 높아갔다. 성황제는 도교신앙의 요소를 짙게 갖고 있었지만, 단오난장은 순창장터의 단오절 씨름난장에 군중들이 운집하여 놀이를 즐긴 민속문화유산이었다. 순창 원로인 조순엽, 양환욱을 중심으로 단오난장 현장조사가 이뤄졌고, 순창에서 단오절 기간에 씨름난장, 물맞이난장, 그네타기난장이 동시에 거행되었음이 확인되었다.

2020년 8월 초에 황숙주 군수의 요청에 따라 순창 단오성황제와 단오난장에 대한 학술연구가 재개되었다. 서영대(인하대), 송화섭(중앙대), 심승구(한국체대) 등 역사민속학자들은 순창성황대신사적 현판을 국가민속문화재에서 국가보물을 지정 신청을 하고, 성황제와 단오난장을 복원하여 국가중요무형문화재로 지정받는게 좋겠다는 의견을 제안하였고, 2020년 8월 '순창 단오제 고증 복원 전문가 기획회의'가 순창군청 2층 회의실에서 열렸다. 기획회의에서 성황대신사적 현판의 사료적 가치와 연행예술 복원이 채택되었다. 순창 단오절 성황제와 성황제연 연행예술에 대하여 전문가들은 순창 단오성황제의 본질과 연희, 제례악, 춤사위 등 전통예술 분야에서 연구가 필요하다는 의견을 제시하여 2020년 10월 「순창 단오성황제 복원 및 재현을 위한 학술 세미나」가 순창 건강장수연구소에서 개최되었다. 동시에 성황대신사적 현판을 국가보물로 신청하기 위한 사진영상 및 3D스캔 사업과 성황대신사적 현판의 원문 판독 및 해석 사업과 순창 단오성황제 연행의례 복원 사업이 진행되었다.

이러한 순창 단오성황제의 복원과 재현 관련 세미나가 2021년 11월 5일 「순창 성황대신사적현판의 재조명」 주제로 건강장수연구소 대강당에서 열렸고, 2021년 12월 3일 「순창 단오성황제 연행의례」학술세미나가 순창군립도서관 다목적홀에서 개최되었다. 2022년 11월 18일 「순창 대모산성과 단오난장 학술세미나」가 순창 군립도서관 다목적홀에서 개최되었다. 이와같이 2020년부터 3년간 연이어 열린 학술세미나 발표논문과 연구보고서, 순창 단오난장 구술자료집까지 묶어서 서울 민속원에서 순창문화총서 1권 『순창의 성황대신사적과 단오난장』과 순창문화총서 2권 『순창 단오성황제 연행의례』를 발간하기에 이르렀다. 순창 단오성황제 연구를 결산하는 의미도 있지만, 순창문화총서 1·2권은 순창 단오난장을 학계에 보고하였다는 점에서 커다란 의미가 있다. 조선후기 풍속화에 등장하는 왼씨름(바씨름)이 순창 단오난장 씨름난장에서 전승되어 왔고, 풍속화의 물맞이난장과 그네난장까지도 순창 단오난장에서 연행되었다는 점에서 단오난장 복원의 근거가 마련되었다고 할 수 있다. 더욱 조선후기 놀이 도구인 투전鬪牋이 일제강점기에 화투花鬪로 변화하는 놀이문화의 변천사가 확인되고 있다는 점에서 순창 단오난장은 전통제전으로서 문화사적 가치를 안고 있음을 알 수 있다.

문화재청이 순창 성황대신사적 현판을 국가민속문화재 238호로 지정한 만큼, 순창의 단오성황제와 단오난장이 민간신앙으로 미신행위가 아니라 문화유산이라는 관점에서 이해를 돕기 위하여, 성황대신사적 현판에 나타난 단오절 성황제와 단오난장의 문화재적 가치를 압축 정리하여 이해를 돕고자 한다.

첫째, 순창 성황대신사적에 연대기가 등장한다. 고려말에서 조선시대에 걸쳐 순창의 성황신앙이 어떻게 전개되고 변모하였는지 연대기가 등장한다. 설공검의 인품과 관직을 성황대신사적 현판의 맨 앞에 기록해놓았는데, 그 연대기가 1214년(고종 원년)부터 1563년(명종 18)까지 350년 역사이다. 1214년은 옥천설씨가 처음으로 순창고을에 입향한 연도로 알려졌다. 그리고 1563년(명종 18)은 처음으로 성황대신사적 현판이 판각, 제작된 해이다. 성황대신사적 현판에 설공검의 출신, 관직, 인품 등을 밝힘으로써 성황신으로 공식화 시점은 1563년으로 볼 수 있다. 설공검이 1302년에 졸하였기에 순창성황신으로 추대된 시점도 그 이후여야 하는데, 설공검이 성황신으로 추대된 시점이 명확하지 않다.

순창의 성황신에게 성황대왕의 존호를 가한 것은 1281년(충렬왕 7)이다. 성황대왕의 존호가 1281년에서 1563년까지 282년 동안 지속되어왔다. 고려조정은 1281년에 중외성황신을 사전祀典에 등재하라는 교지를 내렸고, 이에 따라 1281년에 순창 성황신에게 성황대왕의 존호를 가한 것으로 보인다. 그리고 순창성황대부에게 삼한국대부인의 존호를 가한 연도는 1297년이다. 순창 성황대부인에게 존호를 가하라는 교지가 1296년(원정 2)에 처음 내려졌고, 그 이듬해인 1297년(대덕 원년)에 명산대천신지에 존호를 가한다는 교지에 따라 순창 성황대부인에게도 첩문이 내려온다. 1563년경까지 순창의 성황대부인은 명산과 대천의 신名山大川神祇이었을 것이다.

1563년 순창 성황대신사적 현판이 처음 제작된 이후, 현판이 마모되고 먼지들로 더럽혀지기도 하고, 글자가 깎이고 닳아 없어지기도 하였다. 그리하여 숭정6년 1633년(인조 11)에 성황대신사적현판을 다시 복각 제작하기에 이른다. 1740년(영조 16)에 순창의 성황당이 기울고 낡아서 수리를 하였으나 사당의 향배가 어그러지고 성황신을 모시기에 부적합하여 1743년(영조 19)에 옛 사당을 철거하고 성황당을 새롭게 건축하면서 단청까지 장식하였다.

순창 성황당의 역사는 1563년에서 1743년까지 181년이고, 현판의 역사도 1563년 처음 제작한 이후 1633년에 복각한 후에 1743년까지 111년의 역사라고 밝히고 있다. 1743년에 새로 조성한 성황당이 10년만에 땅이 꺼져 내려앉으면서 기울어 엎어지면서 1754년(영조 30) 10월에 다시 고쳐 세워 중건하였다. 그러한 연후 70년이 지난 후 도광 3년(1823) 계미년 5월 성황당이 다시 기울고 무너졌다. 관청에서 논의하고 각 면의 향약소에서 힘을 도와 도광 3년 1823년(순조 23)에 성황당을 다시 고쳐 세웠다. 불과 200년전에 복원된 순창 옥천동 성황당은 일제강점기 1940년대 초에 해체되고 민가 한옥이 들어선 이후 성황당 복원이 이루어지지 않았다.

둘째, 순창 성황대신사적 현판에 이두문자가 등장한다. 순창 성황대신사적 현판의 문화재적 가치는 이두식 표기가 대표적이다. 이두식 표기는 고려시대에 중국의 한자 음과 훈을 우리나라식으로 빌려 표기하는 한자차용표기법漢字借用表記法이다. 이러한 이두 표기는 통일신라시대 학자였던 설총薛聰이 처음 정리한 것으로 알려졌다. 설총은 중국 경서를 우리말로 읽는 방법을 터득하면서 이두표기법을 집대성하였다. 이러한 이두 표기는 통일신라에서 태동하였으나 고려시대에 많이 사용되었다. 그런데 공교롭게도 순창의 성황대왕도 설공검이다. 설총은 경주설씨라면, 설공검은 옥천설씨이다. 경주설씨가 순창에 입향하면서 순창(옥천)을 본관으로 하였으며, 고려시대 설씨가문에서 내려온 이두문자 사용이 성황대신사적 현판에 고스란히 기록된 것으로 보인다. 성황대신사적 현판의 이두 표기는 고려말 기록으로 보인다.

고려조정에서 왕지의 인준에 의거하여 사당에 내려보낸 첩문에 이두표기가 성황대신사적에 등장하고 있다. 순창 성황대신사적 기록에 "성상위백와호사질단成上爲白臥乎事叱段" "가봉작령시량어위加封爵令是良於爲" "교지을부백양爲敎旨乙付白良" "우첩을右貼乙" 네 곳에 등장하고 있다. 성상위백와호사질단成上爲白臥乎事叱段의 이두 표현은 우리말로 '만들어 올리는 일은'으로 표현이며, 가봉작영시량어위加封爵令是良於爲은 '가봉을 시켜야'라고 표현하며, 위교지을부백량爲敎旨乙付白良은 '교지에 의거하옵니다'라는 표현이다. 또한 순창 성황대부삼한국대부인 기록에는 "성상위백와호사질단成上爲白臥乎事叱段"이 반복하여 등장하고 있으며, "가상존호령시량어교加上尊號令是良於敎"가 등장하고 있다. "가상존호영시량어교加上尊號令是良於敎"는 '존호를 가상시켜야 한다는 명령'이라는 표현이다.

이러한 이두 표기가 1281년(충렬왕 7)에 「순창성황대왕」에게 내려온 첩문과 1297년(충렬왕 23)에 순창성황대부인에게 「순창성황대부삼한국대부인」 존호를 가상시키는 첩문에만 등장하고 있다. 성황대신사적 현판에 고려시대 첩문은 1281년과 1297년 두 차례 순창 성황당에 내려보낸 것으로 해석된다. 고려말에는 고려식 이두문자로 표기된 첩문이 내려왔으나, 조선시대에는 첩문 내용이 없고 이두 표기가 등장하지 않는다. 성황대신사적 현판의 이두 표기는 고려시대 사료일 뿐만 아니라 옥천설씨 가문의 한자표기 방식이었던 것이다.

셋째, 순창 성황당은 관아건물군에 있었다. 고지도古地圖에 순창 성황당은 객사 옆에 위치한 관아성황당官衙城隍堂이었다. 순창은 군에서 현으로 강등되면서 읍성이 조성되지 못하였으나, 관아건물은 조성되었다. 우리나라 성황당은 중국 성황묘城隍廟의 영향을 받았다. 성황신은 부성府城, 읍성邑城의 성곽수호城廓守護를 담당하는 도시수호신의 성격을 갖고 있다. 순창의 성황신은 성황대왕과 성황대부인을 고을 수호신으로 모셔왔다. 성황대신사적 현판에는 대모산성의 산성대모에게 성황대부인의 존호가 가해진 것이다. 명산대천신지名山大川神祇에 성황대부인의 존호를 가한 것은 대모산성의 대모에게 성황대부인의 존호를 가한 것이다. 고려시대 성황신앙의 토착화 과정에서 산신의 신격에 성황신을 봉안하게 된다. 그래서 성황당은 읍치의 진산鎭山에 세워졌었다. 순창 성황대부인은 여성황신으로 대모산성의 대모암 자리에 위치하고 있었다. 성황대부인이 대모산신이었던 것이다.

그런데 조선시대에는 성황당이 읍성 내에 조성되는 경향이 나타난다. 순창군 성황당은 옥천동에 위치하고 있었다. 순창 성황대신사적에 순창군민들은 성황당을 몇 차례 수리하고 새로 짓고 무너져서 다시 새로 짓는 열정이 등장하고 있다. 순창 고을사람들이 순창의 성황신을 잘 받들고 성황당 관리에 얼마나 정성을 들였는지 성황대신사적에 잘 묘사되어 있다. 조선후기 고지도에 순창 성황당은 관아건물군 내에 위치하고 있다. 관아 배치도를 살펴보면, 순창 성황당의 객사 왼쪽에 위치하여 좌묘우사左廟右社의 예제에 맞춰 조성된 것으로 보인다. 그 성황당 안에는 성황대왕 신상과 성황대부인 신상이 건곤신상으로 배향되어 있었다. 조선후기에 순창 성황당의 건곤신상乾坤神像은 성황대왕상 앞에 설씨대왕신위薛氏大王神位, 성황대부인상 앞에 양씨부인신위梁氏夫人神位라는 위패가 놓여 있었다고 한다.

넷째, 순창 단오절 성황제는 국제관사였다. 순창 성황신에 성황대왕과 성황대부인의 존호를 가한 것은 고려말 순창 출신이 과거급제하여 중앙관직에 진출한 영향력도 엿보인다. 『고려사』 예지 잡사조에 고려시대 국가에서 다양한 신들에게 제사를 지냈다. 제사의 유형은 불교, 도교, 민간신앙 등 다양하였다. 고려말경 『홍무예제洪武禮制』에 따라 국가사전祀典을 제도화하였고, 전국 모든 국내 명산대천신지를 사전에 등재시켰다. 『홍무예제』 제사 예제에 따라 국가제사를 대사大祀 · 중사中祀 · 소사小祀로 편재하였고, 산천 성황은 중사에 편재하였다. 조선시대에는 전국의 산천성황에 존호를 가하고 등급에 따라 작위를 내리고 있으며, 태종, 세종대까지 성황제는 국가제사였다.

조선왕조는 『국조오례의國朝五禮儀』 사전을 확립해놓고 철저하게 국제관사를 실시한다. 국제관사는 국가가 관리하는 나라제사이며, 지방수령이 제사를 관장하는 방식이었다. 순창의 성황제도 이러한 제도에 따라 시행되었다. 1552년(명종 7) 양응정이 순창군수로 내려와서 성황제 연행을 살피고서 음사淫邪 및 좌도난정左道亂正으로 규정하고, 순창 성황제를 유교식 제례 방식으로 전환을 꾀한다. 고려말에서 조선전기까지 순창의 성황제는 향리와 무격집단과 정재들이 주도적으로 개최하는 방식이었다. 양응정은 순창 성황제에 유교식 제사를 시행하였을 뿐 기존의 무축식巫祝式 성황제를 규제하거나 성황신상을 훼철시키지는 못하였다. 그만큼 순창 향리집단의 권세가 컸던 것이다. 양응정은 관청 주도로 삭망제의를 시행하였고, 음력 5월 초하루에 이방, 의생, 공생을 보내 재계하고 지성으로 제사에 임하도록 하였다.

따라서 순창 성황제는 조선전기부터 향리와 무격집단 주도의 무축식 성황제와 지방관리가 참여하는 유교식 제례가 조합된 성황제례였을 것이다. 무축식과 유교식 병행의 성황제는 축문공생祝文貢生 임대춘을 5월 초하루에 성황당 제례에 파견된 것으로 알 수 있다. 양응정 군수는 무축식 성황제를 음사와 좌도난정으로 규정했지만, 성황제를 배격하지는 못하고, 오히려 동화되어 갔다. 1563년 이후 순창 성황제는 무축식과 유교식 성황제의 이중구조로 연행되었다.

다섯째, 순창의 성황당에는 건곤신상이 봉안되어 있었다. 성황대신사적 현판에는 순창 성황당에 건곤신상乾坤神像이 봉안되어 있었다는 기록이 있다. 건곤신상은 성황대왕과 성황대부인의 신상을 말한다. 건乾과 곤坤은 『주역』의 관점에서 부부관계를 의미하고, 신상은 목각신상이 대부분이었다. 성황당의 건곤신상은 마치 살아있는 사람과 흡사洽似生貌하다고 하였으니, 소조목각신상塑造木刻神象이었을 가능성이 크다. 소조목각상은 통나무에 얼굴을 조각하고 거칠거나 패인 부분은 흙으로 매끄럽게 조형하는 방식이다. 순창 원로들은 성황대왕은 사모관대를 착용하였고, 성황대부인은 홍삼 족두리를 착용하였었다고 증언하고 있다. 순창 성황당의 건곤신상은 고려말경에 봉안되었던 것으로 보인다.

1743년에 순창 성황당이 낡아서 새롭게 성황당을 건축하고 건곤신상을 새롭게 고쳐서 아름답게 하였다. 즉 "건곤의 신상도 삼가 고쳐 아름답게 하니, 그 분칠한 얼굴과 의젓한 모습이 살아 있는 모양과 흡사하여, 사람들로 하여금 눈을 비비며 바라보도록 하는 것이었다抑亦乾坤神像, 敬以改美之, 其粉面儀形, 洽似生貌, 令人拭目"는 내용에서 건곤신상이 마치 살아있는 사람처럼 눈을 비비고 다시 볼 정도였다 하니 성황대부인상이 얼마나 예쁘고 아름다웠는지 알 수 있다. 지금도 순창고을 사람들은 얼굴이 예쁜 아가씨의 얼굴을 보면 '당각시 닮았네'라고 할 정도다. 당堂각시는 성황당의 성황대부인 호칭이다. 건곤신상은 설씨대왕薛氏大王과 양씨부인梁氏夫人의 신상이었다.

각시수페角藪(각시숲)의 명칭이 생겨났다. 남계리 각시숲에는 당각시 닮은 석인상이 있었고, 당각시 석인상이 위치하는 곳에 각수교角藪橋가 있었고, 각수교 앞에 각수점角藪店이 위치하고 있었다. 당각시 석인상, 각수교, 각수점이 위치하였던 각시수페를 순창팔경가에는 대숲동大藪洞이라 하였으니, 그 곳에는 숲거리마을이 조성되어 있었고, 사람들의 왕래가 빈번하였던 듯 하다. 순창고을의 예쁜아가씨는 당각시를 연상시키고 당각시는 성황당 성황대부인을 연상시킨다. 각시숲 석인상을 당각시라고 부른 것이다.

결과적으로 남계리의 당각시상은 성황당의 성황대부인상을 모델로 하였으며, 미륵불의 형태를 차용하여 조각한 석인상이라 할 수 있다. 두 석인상은 순창읍의 풍수비보 기능의 석인상이며, 성황대왕과 성황대부인이 닮은 석인상이지만, 석인상의 도상에는 성황신상과 미륵불상을 조합하여 만든 고려시대 불교와 도교의 조합형 석인상이다. 남계리의 석인상은 국가지정 중요민속문화재 102호로 지정되어 있다.

여섯째, 순창 단오절 성황제는 고려시대 전통의 기우제였다. 고려시대 기우제는 사찰에서 지내는 불교식 기우제와 민간에서 지내는 무속식 기우제가 있었다. 고려말경 여름에 가물면 민간에서는 저자거리에서 무격집단들이 무속식 기우제(고려사 세가 충숙왕 복위3년 : 旱徒市聚巫禱雨)를 지냈다는 기록이 등장한다. 단오제도 여름철 세시풍속이다. 순창 성황대신사적 현판의 "날씨가 가물어 비오기를 기도하면 그 영험하신 신령의 은덕이 온 경내의 백성들에게 미치는 것이었다旱則禱雨其靈神之恩德亦及於闔境之民者" 기록은 순창의 단오제가 기우제였음을 말해준다. 성황대신사적 현판에 단오절端午節은 "매년 5월 1일에서 5월 5일까지每年五月初一日至五日" 라고 밝혀놓았다. 5일간 단오성황제가 거행된 것이다. 단오일은 음력 5월 5일로서 양수가 겹쳐서 양기陽氣가 가장 충천하는 날이다.

농촌에서는 단오절 이전에 모두 모내기를 마친다. 왜냐하면 단오일부터 불볕더위가 본격화한다. 모내기가 끝난 직후 단오절은 농한기農閑期에 속하고, 순창군의 모든 농민들이 순창읍내에 나와서 1년 농사의 풍농을 기원하는 기우제를 지낸 것이다. 모내기 이후 벼의 성장은 농민들의 손을 떠나 오로지 하늘에 맡겨놓고 우순풍조雨順風調를 기원할 뿐이다. 단오를 기점으로 날씨가 덥고, 비가 많이 내리는 절기를 맞이한다. 순창군민들이 순창읍 성황당에 모여서 순창수호신인 성황신, 성황대왕과 성황대부인에게 오풍십우五風十雨(5일만에 바람불고 10일만에 비내림)를 기원하는 기우제를 지낸 것이다.

일곱째, 순창의 단오절 성황제는 고려시대 단오성황제의 정통성이 깃들어 있다. 성황대신사적 현판에 "해마다 5월 1일에서 5일까지 향리鄕吏5명을 번갈아 정하여 각자 그의 집에 당을 설치하여 대왕이 부인을 거느리게 하고 큰 깃발을 세워 표시하였다. 무당의 무리들이 어지러이 떼지어 모이고 나열羅列하여 정재를 하며 순행하여 제사를 받드니每年五月初一日至五日 輪定于鄕吏五人 各自其家設堂 大王率夫人 表其大旗 巫覡之輩 紛紛群聚 羅列呈才 巡行奉祀列呈才 巡行奉祀"라고 하였다. 고려시대 성황제의 주제 집단은 향리이다. 향리들이 제사장인 무격들에게 제의를 거행하도록 요청하였던 것이다.

옥천 고을의 향리 5명을 정하여 각기 향리의 집에 가설 성황당을 설치하게 하고 제사를 지냈다. 5일동안 무녀와 정재는 향리집을 돌아다니며 축원굿을 해주었던 것이다. 순창 단오절 성황제는 고려시대 전형을 보여주는 전통제전이었고, 단오절 5일동안 어떠한 방식으로 제사를 봉행하였는지가 현판에 명확하게 명시되어 나타난다. 순창 단오절 성황제는 단오절 5일동안 거행된 것이다. 성황대신사적 현판에 제의 대상은 성황대왕과 성황대부인으로 명시되어 있고, 성황제연의 주체는 정재와 무격이 주체라는 점을 분명하게 밝혀놓았다.

여덟째, 성황대신사적 현판 내용에 "실로 무격 무리들이 어지럽게 많고 뒤섞여 어수선하고 심지어 마을마다 횡행하여 그 폐단을 헤아릴수 없는 지경에 이르렀으니實如巫覡輩紛紜混雜 至於橫行閭落 其弊不貲"내용이 등장한다. 분운혼잡과 횡행여락 기록은 순창의 무축식 단오절 성황제가 난장亂場 형태였음을 말해준다. 이러한 무축식 성황제는 조선시대 유학자들의 시각에서는 벽거음사辟去陰邪(음사의 사특함을 물리침), 좌도난정左道亂正(그릇된 도로 올바름을 어지럽힘)으로 보일 수 밖에 없었을 것이다. 유학의 종지宗旨에서는 공자의 가르침을 제외하면 모두가 좌도난정일 수 밖에 없다. 고려시대에는 단오절 성황제를 향리들과 무격들이 주도하였으나, 조선시대에 국조오례의 사전에 의거하여 성황제가 편재되므로서 서서히 침체되어 갔으나, 순창군의 단오절 성황제는 고려시대 전통을 계승 병행해 간 것으로 보인다. 따라서 순창 단오성황제는 유교식과 무축식의 이중구조로 연행된 것으로 보인다.

순창의 단오절 성황제는 옥천동 성황당 마당에서 기우제를 지낼 때에, 농촌의 힘장사들은 순창장터 씨름난장亂場에 모여 씨름놀이를 즐기었고, 아낙네들은 물통골 두령정에 모여서 불볕더위를 앞두고 부스럼을 예방하려고 물맞이를 즐겼고, 금판마을에서 그네타기를 즐겼다. 순창 향촌사학자인 조순엽(85세)씨는 단오절 순창읍 난장은 성황당난장, 시장난장판, 두령정 물맞이난장, 금판마을 그네난장이 터졌었다고 증언한다. 성황당난장은 옥천동 성황당 마당에서 연행되는 성황굿이었다면, 시장난장판은 남계리 순창장터 씨름판・투전 난장판, 순창읍과 인계면 경계 물통고개 두령정 물맞이난장, 금판마을 그네(추천鞦韆) 난장이 단오절 기간에 터진 것이다. 단오날 아침에 순창지역 부녀자들은 물맞이난장과 추천난장으로 몰려 갔으며, 남자들은 주로 시장난장판의 씨름판과 투전판으로 몰려가 난장을 즐겼던 것이다.

아홉째, 순창고을사람들이 단오절 성황제를 얼마나 정성껏 봉행하고 성황당을 관리하였는지 현판에 등장한다. 현판에 "세월이 오래되어 국제國祭는 폐지되었으나 이후에도 온 경내에 사람들이 지금도 받들어 삼가 제사를 행하니 물이 흐르듯 저절로 아루어져서 길이 어어짐이 끝이 없다."고 하였다. 조선후기에 국제관사는 폐지되었으나 순창 단오제는 물흐르듯이 끝이 없이 이어졌다고 기술해놓았다. 순창의 성황제는 고려시대 전통이 유지되어온 것이다. 고려시대에 성황당에 봉안하였던 성황신상을 국가에서 음사陰邪의 대상으로 규정하고 철폐를 명령하였으나, 1743년에도 더 화려하게 성황당을 복원하고 건곤신상을 봉안하고 있다. 성황대신사적 현판에 "음사陰邪를 물리치고 좌도左道의 어지러움을 바르게 한 뒤에 단지 초하루와 보름에만 제사를 거행하되 제물을 정결하게 준비하고 안전에서 부리는 믿을만한 아전衙前을 보내어 제사지내는 전일에 재계齋戒를 하고 정성을 다해 제사를 행하였다.”는 기록을 살펴보면, 무축식과 유례식이 병행되었던 것이다.

순창고을 사람들이 성황신을 어떻게 인식하고 성황당을 관리하였는지 성황대신사적 현판에 고스란히 담겨있다. “공경히 생각건대 높으신 신명神明은 살아있을 적에는 진신縉紳이었고 죽어서는 영령英靈이 되었다. 여조麗朝 이후 책봉한 예禮가 지극히 높고 나라와 관가에서 제사를 지내어 끊이지 않았다. 중고로 내려오면서부터 의식儀式이 중간에 끊어졌으므로 바꾸어 존尊을 드리는 일을 처음으로 거행하게 되었다. 세월이 여러번 바뀌고 사우祠宇가 자주 바뀌어 갈수록 좁아지게 되었다. 경신년 전호장 임계욱이 개연히 새롭게 하고자 하여 무당의 무리들에게서 재물을 모으고 감독하여 수리하게 하였는데 사당이 모양과 방향 및 배치가 잘못되었으며 또 좁아져서 신을 경건하게 길이 모신 곳이 못되었다.”고 하여 고려시대부터 내려온 제사가 중간에 끊어진 적이 있고, 여러번 사우가 바뀌면서도 사당을 짓고 제사를 봉행하는 일은 물흐르듯이 해왔다.

그리고 사당을 관리하는 일에 감격스러울 정도였다고 하였다. 현판에 “이들이 선대의 업적을 이어 아름다운 일을 실천한 것이 가상하다. 옛 일을 더듬고 지금의 일에 감상感傷하는 탄식이 사람들로 하여금 감격하고 간절하게 하니 이 또한 우리 고을이 이 신당에 정성을 두었다는 것을 알겠다. 이는 우연한 일이 아니니 어찌 밝게 응험應驗하여 자손을 길이 도와주는 도리가 없겠는가!”라고 기록해 놓았다. 선대의 업적을 잇는 일이 아름답고 가상한 일이고 성황당 관리에 정성을 두는 것은 후손에게 길이 도와주는 도리라고 생각해온 사람들이 순창사람들의 마음이었다.

2024. 4

사단법인 호남문화콘텐츠연구원

이사장 김용현

글 머리에

순창 단오성황제는 단오절에 지역공동체의 안녕과 번영을 기원하는 고을신앙이자 축제다. 13세기로부터 1940년대까지 적어도 약 700년간 지속되어온 호남 지역의 소중한 무형유산이다. 1992년 순창설씨 문중의 재각齋閣에 보관 중이던 「순창성황대신사적현판淳昌城隍大神事跡懸板」이 세상에 알려지면서 역사학, 민속학, 종교학, 국어학 등 여러 학계의 관심과 반향을 불러 일으켰다. 그러한 학술적 성과와 가치를 바탕으로 지난 2000년에 정부는 「순창성황대신사적현판」(가로 180㎝, 세로 54㎝)을 중요민속문화재 제238호(2017년에 '국가민속문화재'로 명칭 변경)로 지정하였다.

문화재청이 순창 성황신에 관한 기록이 담긴 현판을 국가민속문화재로 지정한 데에는 다음의 두 가지 배경이 작용하였다. 첫째 1281년(충렬왕 7)부터 1823년(순조 23)까지 순창대신에게 올리던 제사의 변화를 기록함으로써, 성황신앙의 역사적 변천과정을 볼 수 있다는 점에서 큰 가치가 있다. 둘째, 현판에 사용된 1,676자가 한자와 이두로 표기되어 있는데, 이는 조선후기에 사용된 이두를 이해하는데 도움을 주는 자료로서 가치가 있다. 이와 같이 「순창성황대신사적현판」은 고을 성황제의 모습을 체계적으로 살필 수 있는 기록으로서, 타 지역에서 발견된 적이 없는 보기 드문 사례이다. 최근 순창군에서는 현판을 다시 보물로 지정하는 것을 준비 중이다.

순창 성황제는 단오제 행사의 일환으로 전해 내려왔다. 삼국시대 말 들어온 단오는 오랜 농경문화를 이어온 한국인들에게 공통적인 삶의 분모라 할 수 있다. 다만, '백리부동풍百里不同風' 이라는 말처럼, 각 지역의 여건과 특색에 따라 다양하게 차이를 보인다. 그 가운데 전라 좌도의 산간지역에서 내려온 순창 성황제는 씨를 뿌린 뒤 풍년을 기원하는 기풍제祈豐祭의 성격을 띠는 동시에 관민官民이 함께 어울리는 축제祝祭로서 지역의 구심체 역할을 담당해 왔다. 그러므로 순창에서 단오에 거행하던 성황제는 순창의 정체성을 이해하는 실마리를 제공할 뿐 아니라 새로운 문화자원으로 거듭날 가능성이 크다.

이 글은 순창군의 요청에 따라 단절되었던 순창 단오성황제 연행의례를 고증을 거쳐 복원하고 이를 재현하기 위한 목적으로 작성하였다. 이를 위해 성황제의 역사적 변천과 특성을 토대로 성황제의 행렬, 복식, 음식, 무속 제의, 정재, 건축 등을 중심으로 살펴보았다. 나아가 성황제가 오늘을 사는 지역민에게 주는 의미가 무엇인지를 되새기고 이를 올바르게 계승・발전시키고자 하였다.

하지만, 1940년대에 사라진 성황제를 80년 만에 다시 복원하고 재현하는 시도는 애당초 그리 쉬운 일이 아니었다. 무엇보다 복원을 위한 자료의 부족이 가장 큰 난제였다. 이 보고서를 작성하기 위해 나름대로 노력을 기울였음에도, 해결되지 않은 문제가 적지 않음을 고백하지 않을 수 없다. 부족한 점은 후일의 과제를 통해 보완하기를 기약한다. 여러 가지 어려운 여건 속에도 함께 고민하고 애써 주신 이은주, 임미선, 이윤선, 심숙경, 김관수 공동연구진 선생님들께 고마움을 전하고 싶다. 모쪼록 이 보고서가 순창 단오성황제를 되살리는데 기여함으로써, 지역의 새로운 공동체 문화를 창출하는 밑거름이 될 수 있기를 기대한다.

2024. 1. 18

연구책임자 심승구

한국체육대학교 교수

차례

右部
左部

01

순창 단오성황제의 역사적 변천

심승구 _ 한국체육대학교 교수

1. '순창 단오성황제 연행의례'의 개념과 범주

1) '순창 단오성황제 연행의례'의 개념

순창 성황제는 전라북도 순창군에서 700여년간 유지되어 왔던 유서 깊은 고을제의이다. 순창의 성황제는 13세기 이래 가장 오래된 성황제의 전통을 고스란히 간직해 왔다는 점에서 소중한 무형유산적 가치를 갖는다. 시대에 따라 약간의 차이가 있지만, 순창 성황제는 음력 4월 30일부터 5월 5일까지 6일간 시행된 것이 주류를 이루었다.[1] 이 사실은 순창 성황제가 5월 단오를 전후로 파종의례를 마친 뒤 풍년을 기원하는 기풍제祈豐祭의 성격을 강하게 갖는다는 점을 시사한다. 따라서 순창군에서 추진하는 성황제의 복원 및 재현 행사는 본래의 명칭인 '순창 성황제'라고 부르는 것이 가장 바람직하다고 판단된다.

다만, 현재 순창군에서는 '순창 성황제'의 명칭을 대신하여 '순창 단오성황제'라고 부르고 있다. 그 배경을 잠시 살펴보면 다음과 같다.

순창군에서 성황제에 대해 관심을 갖기 시작한 것은 1992년 9월 30일 순창설씨의 문중 제각인 평산재平山齋(순창군 금과면 동전리)에서 「순창성황대신사적현판」이 처음 세상에 알려지면서부터였다.[2] 이를 계기로 1996년 7월

1 순창에서는 고려시대인 13세기부터 16세기 중엽까지는 단오절에 성황제를 시행하였다. 그 뒤 16세기 중엽부터 매월 1일과 15일에 지내는 삭망제의 형식으로 성황제를 치렀고, 20세기 이후에는 다시 단오절에 성황제를 치르다가 1940년대 이후 사라졌다.

2 「순창성황대신사적현판」이 세상에 처음 알려진 것은 1987년 설

〈그림 1〉 1987년에 『경주순창설씨이천년사』(설명환 편저)에서 처음 공개된 설씨 문중의 제각인 평산재(平山齋) 마루에 걸린 「순창성황대신사적현판」의 모습

순창군(임득춘 군수)의 지원 아래에 「순창성황대신사적현판」에 대한 학술대회가 개최되었고, 순창 성황제에 대한 역사적 실체와 함께 현판 기록의 문화재적 가치가 밝혀졌다. 그 이듬해인 1997년 7월에는 「순창성황대신사적현판」이 전북 민속자료 제138호로 지정되고, 『성황당과 성황제 – 순창 성황대신사적기 연구』(민속원, 1998)가 단행본으로 출간되었다.[3]

순창 성황제의 존재가 세상에 드러나자 순창군청은 1999년 11월 24일 순창 성황사를 복원하기 위해 대모암大母庵(순창읍 백산리) 아래 중턱에 논 900여평의 부지를 매입(도비 3천만원과 군비 3천만원, 총 6천만원)하였다. 때마침 2000년 1월 「순창성황대신사적현판」이 국가지정 중요민속자료 제238호로 지정되자,[4] 같은 해 5월 26일 성황제복원추진위원회(위원장 양정욱)를 조직하고 성황제 복원을 위한 노력을 본격화하였다. 그 결과 같은 해 11월 『순창성황제복원조사보고서』가 발간되었고,[5] 같은 해 12월 순창 성황사의 설계 조감도(전주 한일건축사)에

명환이 쓴 『경주순창설씨이천년사』에서 문중의 제각인 평산재(平山齋) 마루에 걸린 현판의 사진을 소개하면서부터였다. 하지만, 이때까지만 해도 현판이 잘 알려지지 않았다. 그 뒤 1992년 사단법인 옥천향토문화사회연구소가 현판을 찾은 뒤 조사와 연구를 추진하면서 세상에 알려지게 되었다.

3 한국종교사연구회편, 『성황당과 성황제 – 순창 성황대신사적기 연구』, 민속원, 1998.

4 2000년 중요민속문화재 238호 순창성황대신사적현판은 2017년 중요민속문화재의 명칭 개정으로 인하여 국가민속문화재로 바뀌었다.

대한 설명회가 열리기도 하였다.[6]

그러나 순창군 내 종교단체(6개 교회연합회)에서 성황제를 미신이라고 주장하면서 성황사의 복원에 반대하고 나섰다. 추진위원회가 수 차례 대화를 나누었으나, 끝내 타협점을 찾지 못하였다. 2000년 12월 4일 순창성황사복원추진위원회는 결국 성황사 복원을 위해 매입한 부지를 순창군에 기부채납하고 말았다. 성황사의 건립 추진이 무산된 배경에는 선거를 앞둔 단체장의 비협조도 영향을 미쳤다.[7] 이와 같이 1990년 이후 2000년대까지 추진된 성황제 복원의 움직임은 성황사의 건립을 중심으로 이루어졌으나, 지역 내 종교단체의 반발 때문에 실현되지 못하였다.

순창 성황제에 복원 움직임이 다시 거론된 것은 그로부터 근 10년이 지난 뒤였다.[8] 3선 연임 단체장(황숙주 군수)의 결단으로 성황제 복원 논의가 재개된 것이다. 2020년 8월 8일 순창군청에서는 순창 단오제의 복원을 위한 전문가 회의가 열렸다.[9] 학계의 전문가와 지역대표들이 참석한 이 날 회의에서는 순창 단오제의 명칭을 순창 단오성황제로 하기로 잠정 합의하였다.

그 배경에는 두 가지 점이 고려되었다. 한편으로는 '순창 성황제'라고만 쓸 경우, 예전처럼 종교단체의 반발이 다시 일어날 가능성이 있다고 보았다. 그러므로 지역민의 화합에 장애가 되는 명칭은 피하는 것이 바람직하다는 의견이 모아졌다. 다른 한편으로는 '순창 단오제'라고 할 경우 종교단체의 반발을 피할

5 송화섭 외, 『순창성황제복원조사보고서』, 전북전통문화연구소·옥천향토문화사회연구소, 2000.

6 순창군 문화자원 활용추진위원회 강병문 위원장의 증언(2022년 1월 17일)에 의거함.

7 장교철, 「순창 성황대신사적 현판의 발견 경위와 문화재적 가치」, 『전북문화살롱』 25, 2020, 17쪽.

8 그 사이인 2013년 11월 9일에는 사단법인 전북전통문화연구소(소장 송화섭) 주최로 "순창 단오제의 역사적 가치와 현재적 의미"라는 주제로 학술세미나가 열렸다. 이날은 서영대, 심승구, 양상화 3인의 발표가 있었다.

9 2020년 8월 8일(토) 순창군청에서 열린 순창 단오제의 기획회의는 송화섭교수의 주관아래 서영대, 심승구, 임미선, 심숙경, 관태규, 장교철 등 7명이 모였다. 이날 회의에서 단오제의 명칭을 단오성황제로 하기로 논의하였다(송화섭, 「고려말 조선초 순창 단오절 성황제가 복원된다」, 『전북문화살롱』 32, 2021, 7쪽).

수 있으나, 우리나라에서 가장 오래된 순창 성황제의 지역적 특성을 살리기 어려운 점이 문제로 지적되었다. 위의 두 가지 사안을 감안하여 명칭을 '순창 단오성황제'로 정하고 이를 순창군수에게 재가를 얻는 형식을 취하였다.[10]

이와 같이 순창 단오성황제의 명칭은 순창에서 오랜 기간 단오절에 전승된 성황제를 이어나간다는 취지를 담고 있다. 그 명칭 속에는 순창 성황제의 고유한 정체성을 살리면서도 가능한 지역민의 단합을 고려한다는 의미가 깔려있다. 이 글에서 순창 단오성황제라고 한 것도 이 같은 논의에 기초한 것이다. 다만, 이 같은 순창 단오성황제의 명칭은 '순창 성황제' 또는 '순창 단오제' 라고 불러도 무방하리라 여겨진다.

또한 '연행의례演行儀禮'는 연출을 거쳐 만들어진 일정한 의식을 의미한다.[11] 따라서 순창 단오성황제 연행의례는 순창에서 단오 때 이어왔던 성황제 및 그와 관련한 의식 전체를 뜻한다고 할 수 있다. 다시 말하면, 순창 단오성황제의 재현을 위한 일종의 행사 매뉴얼 내지 프로그램과 같은 성격을 갖는다.

2) '순창 단오성황제 연행의례'의 범주

순창 단오성황제 연행의례는 크게 4가지 구성요소로 이루어진다. 첫째 대모산성과 읍내 주변에서 이루어지는 성황제의 의식이다. 둘째 인계면 동촌리 658-3번지에 위치한 두령정斗零亭 물맞이이다. 셋째, 읍내 장터에서 베푸는 단오난장이다. 넷째 읍내에 위치한 응양정 그네뛰기 등의 행사로 구성된다.

10 심승구, 「순창 성황제의 현대적 의미와 재현방향」, 『백산학보』 118, 2020, 487쪽.

11 연행(演行)은 "연출하여 행하는 것"을 뜻한다. 또한 의례(儀禮)는 "행사를 치르는 일정한 의식 또는 법식"을 뜻한다.

〈표 1〉 순창 단오성황제 구성요소

	단오성황제	두령정 물맞이	단오난장	응양정 그네뛰기
기간	4.30~5.5	5.1~5.5	5.1~5.5	5.1~5.5
장소	대모산성, 성황사, 읍내 향리 5가(家)	두령정(순창군 인계면 동촌리 658-3)	읍내 장터	읍내 응양정
대상	관민(官民)	여성	남녀노소	여성
성격	고을 대동제	건강 및 오락	씨름, 투전 등	오락
비고	연구 대상	추후 과제	추후 과제	추후 과제

(1) 단오성황제

우선, 단오성황제는 13세기 이래 1940년까지 700여년 순창의 고유한 고을제의로서, 단오 민속이자 문화로 전승되어 왔다. 순창군은 전라북도 내륙 산간지대라서 4월 말경에 모심기가 이루어진다. 성황제는 모내기를 마친 뒤 풍농을 기원하는 의미를 담고 있다. 실제로 순창에서는 단오절인 음력 4월 30일에서 5월 5일까지 대모산성과 성황사, 그리고 읍내 일대에서 진행하는 제축祭祝 행사였다.

4월 그믐에 순창군 통인을 대모산성의 성황사에 보내 영신제의를 하여 성황대왕이 대왕부인을 거느리고 내려오도록 한 뒤에, 읍내에서 5월 1일부터 5일 동안 향리 5인을 선정하여 각기 그 집에서 임시 사당을 설치하고 대왕과 부인을 모시되 돌아가면서 당고사를 주관하였다. 이때 대왕과 부인이 모셔진 집에는 큰 깃발을 세워 표시하였다. 이때 당고사는 여러 명의 무격들이 맡았고, 고사가 끝난 뒤에는 대동굿이 베풀어졌는데 다양한 재주와 기예, 그리고 각종 놀이가 펼쳐졌다. 성황제는 순창에서 단오를 전후로 이루어진 고을의 대동제로서, 연행의례를 구성하는 주축을 이루었다.

(2) 두령정 물맞이

순창에서 응양정 그네뛰기와 함께 단오절에 즐기는 대표적인 여성들의 놀이가 두령정 물맞이다. 이때 두령정이란 곧 순창군 인계면 동촌리 658-3번지에 위치한 '두령정斗零亭'을 뜻한다. 원래 두령정이라 불리는 정자가 설치되어 있었으나, 현재는 사라졌다. 이 두령정 앞에 용출하는 약수가 솟아 나왔는데, 이를 '두령약천斗零藥泉' 또는 '두령약수斗零藥水'라고 하였다. 세간에는 '두렁쟁이', '두룽정이', '두름쟁이', '물통골 약수터', '먹통골 약수터' 등으로 불렀다.

두령정 물맞이는 약물이 나온다는 이곳을 찾아 물맞이 행사를 벌였는데, 이를 '물맞이굿', '물찜', '단오굿보기'라고 하였다. 이때는 물맞이 가기 전 3일 정도 금기를 지키고 정결한 상태에서 가야 약물이 나온다고 믿었다.[12] 수백 년 전부터 용출되어 온 두령약천은 모든 질병이 치료된다고 해서 평상시에도 부인들의 내왕이 잦았다. 특히 매년 오월 단오절(5월 1일~5월 5일)이면 약수를 마시고 구경하기 위하여 각처에서 몰려든 남녀노소가 수천 인에 달하였다. 그러한 인파는 일제시대 이후에도 여전하여 갈수록 인파가 크게 늘어났다. 그러자 1927년 순창경찰서에서는 도 위생과로 하여금 식용 및 목욕 가능 여부를 조사하여 약수의 안정성을 입증하였다. 이어 약수의 설비를 개선하기 위해 인계면과 타협하여 개선 사업을 추진해 나갔다.[13]

해방 이후에도 꾸준히 이어진 두령정 약수터는 1970년대에도 단오날이면 군내를 비롯하여 인근 지역 부녀자들이 찾아와 창포물로 머리감고 물맞이 행사를 벌여 여성들이 건강을 빌고 다복을 기원하는 장소로 이용되었다. 순창 출신 어

12 국립문화재연구소, 『전라북도 세시풍속』 순창군, 2003, 416쪽.

13 淳昌郡仁溪面斗零亭이라는 곳에는 百病이 通治된다는 藥水이 數百年前부터 湧出되야 平常時에도 婦人來往은 間斷이 업스려니와 惟獨陰曆五月端午日이면 藥水를 마시기 위하여 各處로부터 蝟集한 男女老少가 數千人에 達하며 求景삼어 雲集하는 人員이 每年增加됨으로 當地警察署에서는 藥水의 眞否를 實驗키 爲하야 道衛生課에 檢證케한 결과 衛生에 何等의 害가 업다는 判明이 有함과 同時에 藥水에 沐浴하고 그물을 마실지라도 害菌이 업슴으로 數千人의 自動的來集을 制裁할 必要가 업다하여 警察當局에서는 一般의 便宜를 圖하야 源泉地設備를 可及的完全히 하기를 硏究中이라는데 若干의 經費를 要케 되야 藥泉所在地인 仁溪面과 妥協이 成立되지 못한 境遇에는 猝然設備는 容易치 못할 것이라는바 亦是 압흐로 陰五月端午가 臨迫한 此際에 例年과 如한 不便複雜의 弊端이 업도록 講究中이라더라(淳昌)(『동아일보』, 1927.4.7. 斗零藥泉改善).

느 어르신의 이야기를 빌리면, 어렸을 적 이모들이 담양과 남원에 각각 살았는데 단오날이면 순창으로 와서 어머니와 함께 물맞이를 했다고 한다. 순창은 담양에서 70리요, 남원으로부터도 몇 십리 거리이다. 그럼에도 그 전날 종일 걸어서 순창으로 와서 물맞이를 같이 했다는 것이다. 순창의 두령정 물맞이는 순창을 비롯한 인근 지역의 여인들만의 공간이자 여가 문화였다. 이처럼 순창의 단오 두령정 물맞이는 이 지역에서 시집간 여자 형제들이 모처럼 만나 정담을 나누는 자리이기도 하였다. 한편, 단오물맞이는 인근 폭포가 있는 산으로 물을 맞으러 가기도 하였다. 폭포에서 물을 맞으면 몸에 생긴 부스럼이 낫는다는 믿음 때문이었다.[14]

그러나 산업사회로 다변화되면서 이농향도현상, 핵가족문화가 탈 전통문화로 이어져 소중한 문화유산이 관심 밖으로 밀리게 되고 우리지역 여성들만의 유일한 단오행사가 마침내 자취를 감추었다. 이 같은 현실을 안타깝게 생각하여 순창의 문화단체에서 군의 지원을 받아 지난 2001년 11월에 총 사업비 2,790만원을 들여 옛 물통골을 정비한 바 있다. 하지만, 그 뒤 별다른 관심을 두지 않은 탓에, 잡초가 무성하게 자라 방치되고 있는 실정이다.

(3) 난장

단오에 펼쳐진다는 점에서 '단오난장'이라고 부른다.[15] 세시 풍속은 의례와 놀이를 동반한다. 이점은 순창 단오성황제도 마찬가지이다. 5월 단오절에 순창장터에 벌어지는 씨름판은 단오난장의 가장 큰 볼거리였다. 난장은 음력 5월 초하루부터 5일까지 닷새간 열렸다. 그래서 단오난장이라고 불렀다. 원래 순창읍에는 조선시대부터 5일장이 섰다. 읍내장은 1일과 6일이었다. 원래 삼베, 자수제품, 감 등이 거래되는 전국에서 유명한 5일장이었으며, 전성기에는 전국 7대 우시장 중 한 곳이기도 했다.[16]

14 국립문화재연구소, 앞의 책, 2003, 405쪽.
15 심승구, 「조선 난장의 개념과 역사적 실체」, 『동양고전연구』 89, 동양고전학회, 2022.

순창장은 1960, 70년대까지만 해도 하루 5000여 명의 주민이 이용하는 제법 큰 장이었다. 그런 장터를 무대로 단오 때면 난장이 벌어진 것이다. 양상화의 구술에 따르면, 1960년초까지만 해도 단오난장이 성행했다고 한다. 현재 시내버스 종점 부근의 순창시장 입구 터 옆이다. 그곳 마포전, 싸전, 잡화전 상인들이 비용을 걷어 거출하여 난장비용을 만들었는데, 농악대가 걸립을 하면서 거출을 하였다.[17]

장터에 사람들이 몰려들면 자연스럽게 놀이판과 놀음판이 형성되었다. 놀이판에서는 장사 씨름판이 벌어졌고, 놀음판은 투전 놀이였다. 장사 씨름판은 농사짓던 힘센 장사들이 송아지 한 마리를 걸고 힘자랑을 하는 놀이였고, 투전판은 돈을 걸고 돈 따먹기를 하는 놀음판이었다. 단옷날에 사람들이 장터에 몰려들면서 자연스럽게 씨름판과 투전판이 벌어졌고, 구경꾼들까지 더해지면서 난장이 터지게 된 것이다.[18] 단오난장은 단오절 5일 동안 날마다 사람들이 붐볐고, 하루 종일 먹고 마시고 노는 사람들로 흥청거렸다. 사람들이 붐빌수록 순창장의 상인들에게는 좋은 일이었다. 순창에는 "단오 무렵에 장사해서 1년 먹고 산다."는 말이 있다. 그만큼 단오난장이 성업하였고 상인들에게는 대목이었다. 5일장이 서는 것보다 단오난장이 더 경제적 효과가 컸다는 뜻이다.

(4) 응양정 그네뛰기

순창의 단오 때 즐겼던 놀이 중 하나는 그네뛰기였다. 군청 마당에서 나무에 메달아 놓고 그네를 뛰었다. 군청 앞에는 두 개의 큰 연못이 있었다. 연못은 옥천동에서 흐르는 물이 모두 경천쪽으로 흘러들어 갔다. 연못 가운데에는 섬이 있었고,그 위에 응양정 정자가 세워져 있었다. 객사 앞 큰 나무가 있었고 거기에 그네를 메달고 뛰었다. 그네는 여자들이 등급을 메기고 뛰었다고 한다.[19]

16 서경리, 「순창장 서는 날」, 『월간조선』 2013. 2월호.
17 송화섭, 「내가 본 순창 단오제, 양상화의 구술자료」 2013(2013월 11월 6일).
18 송화섭, 「순창에서 단오난장을 트다」, 『디지털순창문화대전』, 2015.

이상에서 살핀 바와 같이 원래 순창군에서는 단오절이면 성황제, 두령정 물맞이, 단오난장, 응양정 그네뛰기 등이 행해졌다. 이 같은 행사들은 오래 전부터 함께 이루어져 왔을 것으로 짐작되나, 자료의 부족으로 자세히 알기가 어렵다. 다만, 근대 이전 단오절에 순창 성황제가 중심이었다면, 근대 이후부터는 단오절에 성황제 뿐 아니라 두령정이 물맞이, 단오난장, 응양정 그네뛰기의 비중이 더 커졌다고 할 수 있다.

일제강점기에는 단오난장과 물맞이 등이 흥행하여 주변의 남원, 옥과, 담양, 장성, 정읍, 임실 등지에서도 찾을 정도로 그 열기와 규모가 대단하였다. 수 많은 군중들이 참여하여 2km 남짓한 거리의 성황제(순창읍 옥천동)와 두령정이 물맞이(인계면 노동리) 양쪽의 행사장을 오가며, 신명나는 놀이를 즐겼다고 한다.[20] 다만, 이번 순창 단오성황제 연행의례 보고서는 성황제 행사에 초점을 맞추어 작성하였음을 밝혀둔다.

2. 순창 단오성황제의 역사적 변천

1) 순창 성황제의 형성배경

성황신앙은 원래 중국의 남북조시대 양자강 유역에서 출현한 뒤 당나라를 거쳐 송나라에 와서 국가 제사의 대상으로 숭배되었다. 우리나라에 성황신앙이 들어온 것은 통일신라 말에서 고려초기이다. 성황신앙은 고려시대에 들어와 전국으로 확대되고 국가제사에 포함되었다. 순창에 성황신앙이 행해진 것은 13세기에 이르러서였다.

하지만, 순창에는 성황제가 전래되기 이전부터 일찍이 다양한 민간신앙과

19 송화섭, 앞의 글, 2013.
20 순창문화원, 『순창의 전설』, 1998, 참조.

풍습이 이어져 왔다. 순창은 원래 마한 54소국 중 '소석색국小石索國'에 해당된다고 학계는 보고 있다.[21] 따라서 마한의 풍속은 순창의 역사와 문화의 배경이 되어 왔다고 할 수 있다.

> 해마다 5월이면 씨 뿌리기를 마치고 귀신에게 제사를 지낸다. 떼를 지어 모여서 노래와 춤을 즐기며 술 마시고 노는데 밤낮을 가리지 않는다. 그 춤은 수십 명이 모두 일어나 뒤를 따르며 땅을 밟고 구부렸다 폈다 하면서 손발이 서로 맞았는데, 그 가락과 율동이 탁무(鐸舞)와 흡사하였다. 10월에 농사일을 마치고 나서도 이같이 한다.[22]

마한에서는 5월에 씨 뿌리기를 마친 뒤 귀신에 제사를 지내왔다. 이러한 전통은 그 뒤 순창에서 파종 후에 단오제를 즐기는 모습과 유사하다. 단오는 원래 중국에서 전래한 것이지만, 수릿날은 단오 이전부터 우리 민족이 지켜온 제축일祭祝日이다. 즉 파종 후 풍요를 기원하는 기풍祈豐 제의 내지 풍농豐農 굿 같은 행사가 벌어진 것이다. 이때 군취가무群聚歌舞, 구기상수俱起相隨, 답지저앙踏地低昂, 수족상응手足相應 등의 율동이 행해졌다. 그 모습은 마치 수십 명이 음악에 맞춰 춤을 추는 집단적인 군무를 떠올리게 한다.

5월의 파종의례는 구성원 전체가 제의와 놀이를 통해 결속을 이끌어 낸다는 점에서 공동체 의례였다고 할 수 있다. 이날 행하던 노래와 춤은 이어져 호남의 농악무 내지 민속 춤에 영향을 끼쳤다. 또한 마한 사회 내 소도에서 행하던 신앙체계에서도 뒷날 성황제의 제의와 연관되는 부분이 확인된다.

21 정인보, 「오천년간 조선의 얼」, 『동아일보』, 1935 3. 23.

22 常以五月下種訖, 祭鬼神, 羣聚歌舞, 飮酒晝夜無休. 其舞, 數十人俱起相隨, 踏地低昂, 手足相應, 節奏有似鐸舞. 十月農功畢, 亦復如之. 信鬼神, 國邑各立一人主祭天神, 名之天君. 又諸國各有別邑. 名之爲蘇塗. 立大木, 縣鈴鼓, 事鬼神(『삼국지』 권 30, 위서, 동이전, 韓).

귀신을 믿기 때문에 국읍(國邑)에 각각 한 사람씩을 세워서 천신(天神)의 제사를 주관하게 하는데, 이를 '천군(天君)'이라 부른다. 또 여러 나라에는 각각 별읍(別邑)이 있으니 그것을 '소도(蘇塗)'라 한다. 큰 나무를 세우고 방울과 북을 메달아 귀신을 섬긴다.[23]

마한의 여러 나라에는 각각 별읍이 있었는데, 이를 소도라고 하였다. 소도는 한 곳만 있는 것이 아니고 각 지역에 존재하면서 농경사회의 여러 제의를 수행했던 것으로 보인다. 소도에서는 제의를 할 때 '나무를 세우고 북과 방울을 메달아 귀신을 섬기는 풍습을 행하였다. 그러한 제의 방식은 뒷날 성황제를 할 때, 신목神木에 방울을 달아 울리고 북을 두드리는 절차를 통해 신을 모시는 과정을 연상케 한다. 마한의 농경제의가 뒷날 순창에서 성황신을 모시는 절차나 방법에 일정하게 영향을 미쳤을 가능성을 시사한다.

순창지역은 이처럼 일찍부터 5월에 파종의례를 통해 풍작을 기원하는 기풍의식을 베푸는 전통을 간직해 왔다. 그러다가 삼국시대 말에 중국에서 5월 단오가 전래되고 통일신라 이후 단오에 민간에 확산되면서, 액막이 행사 내지 놀이가 단오의 풍속으로 전파되기 시작하였다. 그리하여 순창지역에서는 종래 5월 기풍제의 전통 위에 단오의 풍습이 새로이 결합되는 형태를 띠게 된 것으로 이해된다.

그 뒤 나말여초에 성황제가 전래되면서 고려에 들어와 성황신앙이 전국으로 퍼져 나갔다. 그러한 분위기 속에서 13세기 순창에서도 성황신앙을 받아들인 것으로 보인다. 후술하듯이, 처음에는 대모산성의 대모를 중심으로 성황신앙을 수용하다가 고려말 설공검 사후 설공검을 읍치성황사의 주신으로 모시는 성황신앙을 갖게 되었다. 그 결과 순창의 성황신앙은 설공검을 성황대신으로 모시게 됨에 따라 초기 산성대모를 성황여신으로 모시는 방식으로 전환되었다.

23 위의 글.

대모산성의 성황당이 고을제의의 체계 상으로 상당上堂의 구조를 갖는다면, 읍치의 성황사는 하당下堂의 구조를 갖는다.

위에서 살핀 바와 같이, 순창 성황제는 마한 소석색국의 5월 파종의례인 기풍제로부터 시작하여, 삼국시대와 통일신라시대를 거쳐 들어온 단오의 풍습이 더해졌고, 그 토대 위에서 13세기에 성황신앙이 전래되어 형성된 것으로 이해된다. 이를 간략히 도식화하면 다음과 같다.

〈그림 2〉 순창 성황제의 정체성

순창의 성황제는 기본적으로 고려 때 형성된 군현 단위의 고을신앙이자 민속종교라고 할 수 있다. 다만, 그 근저에는 삼한시대에 5월 지역민들이 씨뿌리를 끝난 뒤 풍작을 기원하는 파종의례인 풍농굿 내지 무속신앙에 기초한 기풍제를 밑바탕에 깔고 있었다. 그 뒤 삼국시대 말에 5월 단오가 중국으로부터 유입되면서 점차 풍농굿 내지 기풍제의 문화 위에 단오의 풍속이 덧입혀졌던 것으로 보인다. 그 같은 농경문화의 토대 위에 13세기부터는 지역 수호를 위한 성황신앙이 순창의 대모산성을 중심으로 형성되면서, 5월 단오를 전후에 성황제가 고을신앙 내지 공동체 제의로서 정착되어 나간 것으로 이해된다. 결국 순창 성황제는 크게 5월 기풍제과 단오풍습, 그리고 성황신앙이라는 3가지 요소로 구성된 민속종교의 성격을 띤다고 할 수 있다. 이것이 곧 순창 성황제의 역사적 정체성이기도 하다.

2) 고려시대의 성황제

순창 성황제의 첫 단계는 1214년(고종 원년)에서 고려말까지 해당된다. 순창에서 성황신을 처음 모신 뒤 국가 사전祀典에 올라 여러 차례 봉작을 받고 국제國祭로서 성황제가 치러진 시기이다. 1563년(명종 8)에 쓴 「순창성황대신사적현판」의 기록에는 초기 성황제를 시사하는 내용이 확인된다.

① 옛 사람이 이르기를 "산성대모(山城大母)가 원초(元初)에 아홉 아들을 데리고 성터를 굳게 쌓아 (순창)군의 웅거(雄據)를 만들고 곡식을 많이 비축하여 이를 관가에 귀속시켜 나라의 곡식이 되게 하였다." 하니 그 공이 매우 크다. 이에 영신(靈神)을 얻어 태수(太守)가 친히 나가 전(奠)을 드렸다. 세월이 오래되어 인하여 폐하였다.[24]

위의 기록은 설공검 이전에 성황신의 존재를 암시하는 단서이다. 산성대모는 원초元初에[25] 아홉 아들을 데리고 성터를 쌓고 곡식을 비축해 나라에 기여한 공으로 영신, 즉 신령스러운 신으로 모셔졌다고 한다.[26] 그렇다면 실제로 대모大母란 누구인가? 대모는 '할미' 또는 '노구老嫗'로도 불리던 늙은 여성을 뜻한다.[27] 그런데 이 지역의 실제 인물인지 아니면 노구설화에 나온 전설상의 인물인지는 알기 어렵다. 다만, 노모의 산성 축성과 곡식 비축의 사례는 대몽항쟁 때에 벌어졌던 사실과 무관하지 않았던 것 같다.

24 「순창성황대신사적현판」.

25 원초는 먼 옛날을 뜻하는 것으로 보인다. 그 까닭은 대모산성의 첫 축조가 7세기경으로 추정되기 때문이다. 다만, 대모로 상징되는 인물이 성을 쌓고 곡식을 비축한 공으로 신으로 추앙받았다는 사실로 미루어 원나라 초기일 가능성도 배제할 수 없다

26 순창 대모산성 발굴조사 보고서에 따르면, 대모산성은 7세기경 백제 때에 쌓은 성벽으로 성내에 고려 때 쌓은 군창터가 발굴되었다. 또한 대모산성의 석성과 함께 군창의 흔적은 조선전기까지 그대로 남아있었다(『신증동국여지승람』 권 39, 전라도, 순창군, 성곽). 이 점에서 대모의 산성 쌓기와 곡식 비축의 이야기는 단순한 구전이 아니라 실제 일어났던 사건에 토대하고 있음을 엿볼 수 있다.

27 산성대모는 대모산성의 대모를 뜻한다. 산성은 『세종실록』 지리지에는 '대모산석성(大母山石城)'으로, 『동국여지승람』 성곽조에는 '대모산성'이라고 하였다. 그후 『文獻備考』 권 2 대모산성조에는 '대모산성'으로 적고, 노구(老駒)가 성을 쌓았다고 하였다. 『대동지지』에는 이를 고성(古城) 또는 할미성(割尾城)으로 썼다. 여기서 대모가 곧 노구 또는 할미(할머니) 등으로 불렸음을 알 수 있다.

몽골은 1231년(고종 18)~1259년(고종 46)에 이르는 29년간에 걸쳐 6차례의 공격으로 고려 전역을 초토화시켰다. 몽골이 처들어오자 고려는 전국의 군현 사람들을 산성과 해도海島로 들여보내고, 산성방호별감 등을 파견해 산성을 쌓게 하였다. 특히 몽골의 5차 침략 이후 충청도, 전라도, 경상도는 몽골군의 기습과 포위에 직면하게 되었다.[28]

대몽항쟁기의 이러한 분위기를 고려할 때, 전라도 순창에서는 대모로 상징되는 인물이 성을 쌓고 곡식을 관곡으로 쓰게 한 공으로 성황신이 되어 태수에게 제사를 받은 것으로 해석할 수 있다. 만일 이러한 추정이 가능하다면, 대모는 먼 옛날의 전설상 인물이라기 보다는 실제로 몽골과의 항쟁 기간에 지역의 유력자 내지 향리 가문 가운데 이 일을 이끌던 가문의 여성일 가능성이 점쳐진다.[29] 아울러 원초라는 시기도 원간섭기 이전인 대몽항쟁기로 볼 수 있으리라 여겨진다. 여기서 대모가 누구이든 대모는 산성을 축조하고 곡식을 나라에 제공한 공으로 성황신으로 모셔졌고, 태수가 직접 제사를 올리는 대상으로 발전하였다. 이른바 국제國祭의 대상이 된 것이다. 이 같은 사실은 순창의 성황신이 어떻게 모셔지게 되었는지를 엿보게 해 준다.

② 사당 위로 첩문(牒文)을 보낸다. 대대로 傳하여 준용할 것.

순창의 성황대왕

위의 첩문을 만들어 올리는 일은 지원(至元) 18년(1281년, 충렬왕 7) 정월 초 9일에 좌부승지(左副承旨)인 염승익(廉承益)이 王旨를 입으로 전달받아 송악산(松岳山)을 수위(首位)로 삼고 국내의 명산대천의 작위를 가봉(加封)시켜야 한다는 교지에 의거하여, 금자광록대부(金紫光祿大夫) 삼한공신 문하시(門下侍)[30] [글자가 깨져 훼

28 김호준, 「대몽항쟁기 3차전쟁과 죽주산성 축성과 변화」, 『문화사학』 46, 2016, 42~52쪽.

29 아마도 설공검의 기록에서도 할머니 조씨가 쌍둥이를 낳아 8형제를 두고 세아들을 과거에 합격시켜 국대부인이 되었다는 점을 강조하고 있는 것으로 미루어 대모는 조씨를 가르키는 것으로 추정된다. 이 부분은 좀더 검토해야 할 대목이다.

30 문하시(門下侍)에서 다음 글자가 빠졌다. 이를 랑(郞)이라고 보는 해설과 중(中)이라고 보는

손됨] 장군(將軍) 무량권속(無量眷屬)으로 삼아 첩문을 보낸다. 첩문이 이르거든 준행하라. 지원(至元) 18년(1281) 신사년(辛巳年) 9월 모일에 총랑(摠郎) 조산대부(朝散大夫) 조○○(趙○○)는 서명하다.

지원(至元) 신사년(1281)으로부터 가정(嘉靖) 계해년(1563)에 이르기까지는 282년이다.[31]

③ 순창성황대부 삼한국대부인

위의 첩문을 만들어 올리는 일은 원정(元貞) 2년(1296, 충렬왕 22)에 왕지(王旨)가 있었고, 이를 다시 신문하게 하여 대덕(大德) 원년(1297) 11월 초 9일 [글자가 깨져 훼손됨] 명산대천의 신기(神祇)들의 존호를 더 높히라는 교지가 있다는 전리총랑(典理摠郎) 임중연(林仲沇)의 보고 문서에 근거하여, … [글자가 깨져 훼손됨]

대덕(大德) 원년 정유년(丁酉年 : 1297)으로부터 가정(嘉靖) 계해년(1563, 명종 18)에 이르기까지는 267년이다.[32]

먼저, 위 사료 ②에 따르면, 성황신은 처음에 '성황대왕'이라고 불렸다. 성황대왕은 봉작이 아니라 성황신에 대한 일반적인 존칭으로 이해된다.[33] 성황대왕이 정확히 누구를 지칭하는지는 자세하지 않다.[34] 다만, 이미 언급한 산성대모

견해가 갈린다. 전자는 김갑동의 해석(김갑동, 「고려시대 순창의 지배세력과 성황신앙」, 『성황당과 성황제 – 순창성황대신사적기 연구』, 민속원, 1998, 71쪽)와 후자는 이형성의 해석(『성황대신사적현판 번역 및 주석본 보고서』, 순창군청, 2021)이다.

31 앞의 현판.

32 위의 글.

33 서영대, 앞의 논문, 461~462쪽.

34 지금까지 설공검 이전의 성황신을 누구로 볼 것인가에 대해서는 의견이 분분하다. 설공검의 고조부인 설자승 설(송화섭), 설공검의 할머니 조씨부인 설(김갑동), 자연 그대로의 성황신 설(정승모, 서영대), 성황신을 모시지 않았다는 설(신종원) 등이다. 한편, 1481년(성종 12)에 편찬한 『동국여지승람』이나 1530년(중종 25)에 간행한 『신증동국여지승람』 사묘(祠廟)에는 "성황사가 객관 서쪽에 있다"고 말한다. 그러면서도 성황신에 대한 설명은 없다. 대신 인물조에서 설공검을 다루고 있다. 이 점은 설공검이 성황신이 아닌 것처럼 묘사하는 것처럼 느껴지지만, 실제로 당시 설공검은 성황신이었다고 보는 것이 타당해 보인다.

가 성황신으로 모셔진 만큼 산성대모를 가르키는 것으로 이해된다. 사당 위에 첩문을 내린 것으로 보아 성황당이 세워져 있었음은 분명하다. 그렇다면 성황당은 산성대모를 모시는 산성 내에 위치한 것으로 보는 것이 타당해 보인다. 실제로 고려말에서 조선초까지 성황당은 산위에 있는 것이 일반적이었다.[35]

1281년(충렬왕 7) 사당에 첩문을 내린 것으로 보아 이미 성황당이 국가사전에 등록되어 있었던 것 같다. 성황대왕이라는 일반적인 존칭에게 봉작을 내린 것으로 보아, ②의 기록은 순창 성황신에게 내린 첫 번째 봉작임을 알 수 있다. 이때 내려준 봉작이 "금자광록대부 문하시…장군 무량권속의 관작이다. 이때 ○ ○ 장군 무량권속은 성황신의 처첩과 함께 자녀에게 수여한 봉작으로 보는 견해가 있다.[36] 고려후기에 성황과 산천신의 부부 내지 가족화 경향은 그 영험성에 따른 일반적인 신상의 모습이었다.[37]

이와 같이 성황대신사적현판에는 산성대모가 성황신이 되고 국가의 사전祀田에 올라 국제國祭로 모셔지는 과정이 함축적으로 실려있다.[38] 당시 국왕이 내린 첩문은 사당祠堂의 책임자에게 보냈다. 이때의 사당은 곧 초기 대모산성 내에 조성된 성황당이었을 것으로 짐작된다. 그렇다면 순창 성황당은 1281년(충렬왕 7)에 이미 설치되어 있었다는 말이 된다.[39]

35 『태종실록』 권 24, 태종 12년 11월 을사.

36 성황신의 처첩과 함께 자녀에게 수여한 봉작으로 보는 견해가 있다(서영대, 앞의 논문, 464쪽). 한편, 삼한국대부인의 명칭은 1281년과 1297년 사이에 성황신 부인에게 봉작을 한 차례 더 내렸을 가능성을 시사한다.

37 심승구, 「전주 전주 성황제의 변천과 의례적 특징」, 『한국학논총』 40, 2013, 40쪽.

38 「순창성황대신사적현판」에 따르면, "1563년에 성황사 내에 보관 중인 첩문이 많았으나 좀이 쓸어 알아보지 못하는 것이 많아 확인할 수 있는 몇 장만을 현판에 기록해 놓았다"고 밝히고 있다. 현판의 기록 속에는 국가가 보낸 첩문내용 중에 적지 않은 내용이 빠져 있음을 짐작할 수 있다. 그 대표적인 예가 고종원년에 해당하는 첩문이 없는 점, 순창 성황신이 국가 사전으로 인정받은 첩문이 없는 점 등이라고 추정된다.

39 「순창성황대신사적현판」은 모두 71행으로 이루어져 있다. 그 가운데 8행에 '사당 위에 내리는 임금의 첩문을 대대로 전하여 준용하라(牒祠堂上傳準)' 라는 내용이 보인다. 여기서 사당은 성황당을 말한다. 위 내용은 1281년 9월 왕이 성황당에 보낸 첩문이다. 따라서 순창 성황당은 1281년(충렬왕 7) 이전에 설치되어 있음이 확인된다. 같은 해 1월 고려 조정에서 전국의 성황, 명산, 대천에 덕호(德號)를 내려준 준 결과였다. 당시 덕호는 국가 제사에 포함된 사전

현판에는 "고종원년"의 기록이 등장한다. '고종원년(1214)'은 성황당이 세워진 1281년(충렬왕 7)보다 67년이 앞선 시기다. 현재 고종원년에 대한 학계의 해석은 분분하게 갈린다.[40] 다만, 성황신의 내력을 언급하면서, 고종원년을 거론한 것은 성황신 내지 성황당과의 관련성을 전제한 것이다. 1214년은 설공검이 탄생하기 이전인 만큼, 설공검이 아닌 것은 분명하다.[41] 그리고, 그가 죽은 1302년에 비하면 거의 90년 전의 일이다. 따라서 1214년의 성황신이 설공검이 아닌 것은 분명하다.

그러므로 고종원년(1214)은 순창에 성황신앙이 도입되거나 성황당을 건립한 시기와 관련이 있는 것이 아닐까 추정된다.[42] 성황당은 대모산성에 세워져 있었던 것 같다. 이에 따라 단오절인 4월 그믐에 통인에게 역마를 타고 보내 모셔오는 영신례를 가졌다. 이때 통인 앞 뒤로 지역민들이 함께 참여하여 길게 늘어섰는데, 풍물을 비롯해 다양한 재주를 펼치는 신나는 축제의 행렬을 이루었다.

충렬왕 7년(1281)에는 여몽연합군이 일본 정벌에 앞서 국가사전에 실려 있는 중외의 성황에 덕호를 더해 주었다. 전쟁에 앞서 성황신에게 가호를 빈 것이다. 이때의 봉작기사가 사료 ③이다. 그런데 첩문을 보낼 당시 순창성황대부 삼한국대부인이라고 봉작이 보인다. 이 사실은 1297년(충렬왕 22) 이전에 성황대부의 부인에게도 봉작이 부여되었음을 뜻한다. 이는 두 가지 해석이 가능하다.

에 한정된 것이었다. 이 사실로 볼 때, 순창 성황당은 1281년(충렬왕 7)보다 훨씬 이전에 세워졌고, 건립한 뒤 국가의 사전에 포함되어 있었음을 알 수 있다.

40 고종 원년에 대한 해석은 다양하다. 성황사 건립시기로 보는 설(김갑동), 성황신앙이 시작되고 설자승이 성황신으로 모셔진 해로 보는 설(송화섭), 성황제가 처음 열린 해로 보는 설(이해준), 사전에 실린 해로 보는 설(김기덕), 성황신에게 처음 봉작이 내려진 해로 보는 설(신종원), 설공검의 생년으로 보는 설(서영대) 등 다양하다. 특히 남풍현은 고종원년을 설공검의 출생년도를 몰랐기 때문에 그가 과거에 오른 때의 왕의 원년을 기준으로 한 것이라고 주장한다(남풍현, 「순창 성황당 현판의 판독과 해석」, 『성황당과 성황제 – 순창성황대신사적기 연구』, 민속원, 1998, 52쪽).

41 서영대는 고종원년에 대해 설공검의 생년을 잘못 파악한 것으로 이해한다(서영대, 앞의 논문, 456~457쪽).

42 만일 이러한 추정이 가능하다면, 1214년은 순창 성황제의 출발 내지 성황당의 건립 시기로 볼 수도 있다. 이 점은 추후의 과제로 삼는다.

하나는 사료 ②에서 무량권속 내에 부인이 포함된 것으로 보는 방법이다. 다른 하나는 1281년과 1297년 사이에 별도로 성황직에게 첩문을 내려 부인에게 봉작을 내릴 가능성이다. 그러한 배경속에서 성황대부와 함께 삼한국대부인의 봉작을 붙인 것으로 이해된다.

이와 같이 고려시대 순창 성황제의 제의주체는 국제로 진행되었기 때문에 국가가 주체로서, 이를 수령이 대신 집전하는 현령(태수)이 친제의 형태로 진행하였다. 다만, 제의시기가 언제인지는 잘 보이지 않는다. 당시 친제가 폐지된 뒤 5월 1일에서 5일에 지내는 것이 관행이 된 것으로 보아, 고려 때에도 단오에 태수가 친제를 행한 것으로 짐작된다. 따라서 제1단계 고려시대의 순창 성황제는 단오절에 태수가 친히 전을 올리는 제례의식 위주로 지내는 제의형이 주류였던 것으로 이해된다.

한편, 1302년 설공검이 죽은 뒤 대모산성 내의 성황당 이외에 읍치에 설공검을 성황신으로 모시는 성황사가 마련되었다. 설공검이 성황신으로 배향된 것은 높은 벼슬과 인품, 그의 둘째 아우로 추정되는 국사 정오선사[43]와 셋째 아우 평장사 설인검, 설공검의 아들로 정승을 지낸 설지충 등 순창설씨 가문의 지역 내 영향력이 크게 작용한 것으로 이해된다.[44]

그럼에도 읍치성황사가 언제 설치되었는지는 알 수 없다. 다만, 설공검이 사망한 뒤 충렬왕의 묘정에 배향된다. 아마도 설공검이 순창에서 새로운 성황신으로 모셔진 것은 체협禘祫공신 책봉 이후 성황당이 음사로 몰려지면서 이를 유교적 인물로 대체하면서 출현한 것으로 짐작된다. 읍치성황사가 만들어지면서 순창에는 대모산성의 성황당과 함께 2개의 성황신을 모시는 형국이 되었다. 그러자 지역민들은 이들 두 신을 단오 때에 함께 모시는 성황제으로 발전시켜 나

43 순창군 풍산면 대가리에는 고려말 국통이었던 정오선사(丁午禪師)의 출생 설화가 전해진다(양상화, 『순창의 구전설화』 하, 순창문화원, 2003, 36~39쪽).

44 순창군은 원래 순창현에서 1314년(충숙왕 1) 국사인 정오선사의 고향이라 하여 순창군으로 승격한다(『고려사』 권 57, 지 11, 지리 2, 전라도, 남원부, 순창군).

갔다. 단오날을 전후로 먼저 대모산성에 올라 산성대모를 모시고 읍치로 내려와 함께 성황제를 지내는 관행은 이같은 역사적 배경에서 비롯되었다고 판단된다.[45] 이러한 분위기 속에서 순창 성황제는 국제國祭가 폐지되고 소재관이 행제行祭를 맡는 관사官祀 내지 군제郡祭형태로 전개되었다. 국제가 정확히 언제 폐지된 것인지는 현재로서는 알기 어렵다.

3) 조선전기의 성황제

두 번째 단계는 조선 건국이후 유교사회로 전환되어 가는 시기로서, 1392년부터 1563년(명종 18)까지의 성황제이다. 다만, 조선 건국 이후 성황제는 크게 두 가지로 운영되었다. 하나는 전국의 군현에 동일한 형식의 표준화된 성황제이다. 각 군현에서 성황단과 여단 내에서 정기적으로 행하되, 위판을 놓고 지내는 유교식 성황제이다. 국가가 성황제를 주도함으로써 전국에 왕권을 정점으로 하는 지배질서를 세우고자 의도한 것이다. 다른 하나는 고려 이래 지역마다 유지해온 무교식 성황제이다. 「순창성황대신사적현판」은 바로 후자와 관련된 성황제의 기록자료였던 것이다.

조선왕조는 유교식 제단인 성황단을 중심으로 종래의 성황제를 일원화하려 했으나, 오랜 관행과 지역의 반발로 실행에 옮기지는 못하였다. 그 결과 절충적인 방식으로 성황제를 용인하였다. 각 군현에 성황단의 설치를 권장하되 어려울 경우에 종래의 성황사를 그대로 존치시키는 방식이었다. 순창의 경우도 마찬가지였다. 사직단, 여단, 문묘는 설치하되 성황단은 종래의 성황당 내지 성황사를 그대로 유지시키는 방식을 적용하였다. 1481년(성종 12)에 편찬된 『동국여지승람』에 따르면, 성황사가 객사 서쪽에 세워진 것에서 그 같은 사실이 확인된다.[46]

45 읍치성황사가 만들어진 뒤 종래 대모산성의 성황당은 1563년까지 단오때 산성대모를 성황여신으로 모시는 등 그 영향력이 여전히 컸다. 그러자 그 뒤에는 기록이 확인되지 않는다. 이로 미루어점차 영향력이 줄어들다가, 사라져 간 것으로 보인다. 이 부분은 추후의 과제로 남긴다.

읍치성황사에서는 설공검을 성황신으로 모셨다. 이는 고려말 체협공신이자 높은 인품과 덕망을 갖춘 유교적 인물로서 받들어진 형태였다. 설공검을 성황신으로 신격화 하다 보니 그 이전에 산성대모 성황신이 간직해 온 이력과 영험성은 설공검의 이력과 영험성으로 바뀌어 나타난다.[47] 오늘날 현판의 내용 속에서 성황대왕과 봉작에 대한 기록과 설공검을 성황대신으로 묘사하는 기록의 충돌과 혼동을 느끼게 되는 까닭이 여기에 있다. 순창에서 성황신의 교체는 외형적으로 볼 때 변한 것이 없었다. 하지만 그 내부에는 이처럼 추상적인 산성대모신에서 구체적인 인물신인 설공검이라는 성황신의 변동이 깔려 있었다.[48] 그것은 한 지역의 인물이 어떻게 성황신으로 좌정하는지에 대한 일련의 과정을 보여주는 사례라고 이해된다.

고려말 이후 조선전기 성황제의 모습은 어떠했을까? 현판의 기록에는 당시의 상황을 다음과 같이 묘사한다.

> ④ (세월이 오래되어 인하여 국제를 폐하였다) 그 대신 (태수가) 휘하의 통인(通引)을 보내어 해마다 4월 그믐날 관대(冠帶)를 단정히 하고 역마(驛馬)를 타고 가니 앞뒤에는 사람들이 걸어서 따르고 정재(呈才)하는 사람들이 벌려섰는데, 지금까지도(1563년) 그대로 이를 지켜 거행한다.[49]

46 『신증동국여지승람』 권 39, 전라도, 순창군, 사묘.

47 현판에 "이제 우리의 위대한 성황신은 본군 설씨 문중의 어른으로 높고 높은 문벌의 씨족이다. 성품과 행실이 청려하고 일찍이 과거에 올랐다. 청렴하고 정직하며 덕이 두루 미치고 인에 화협하여 벼슬이 1품으로 삼한공신에 이르렀다. 성황신으로 의탁하니, 영험이 많아 나라에서 제사를 지내고 여러 차례 봉작을 더하여 어인을 찍은 공문을 받은 것이 많았다."는 기록이 보인다. 여기서 "영험이 많아 나라에서 제사를 지내고 봉작을 더하여 어인을 찍은 공문이 많다"는 사실은 설공검의 생전에 있었던 산성대모신이 받은 내용이다.

48 조씨는 13세기초 검교군기감 설선필의 부인으로 8명의 아들을 낳아 그중 3명을 과거에 급제시켜 국대부인(國大夫人)으로 봉해질 정도로 설씨가문을 크게 일으킨 대모였다. 그런데 대모신을 모시는 성황신앙이 음사로 내몰리자 위기를 맞이하였다. 유교사회의 정착으로 갈수록 사족의 지배력이 커지는 가운데 성황신앙은 향리들이 지역 내에서 향권을 유지할 수 있는 기반이었다. 이러한 사회적 분위기가 성황대신이 산성대모에서 설공검으로 바뀌는 배경이 된 것이 아닌가 추정된다.

⑤ 제 우리의 위대하신 성황은 본군(本郡) 설씨(薛氏) 문중의 어른으로 높고 높은 문벌의 씨족이다. 성품과 행실이 맑고 수려(秀麗)하여 일찍이 과거에 올랐다. 청렴하면서도 삼가고 바르면서도 곧으며, 덕(德)이 두루 미치고 인(仁)으로 화합하여, 지위가 1품에 이르고 삼한공신(三韓功臣)에 봉해졌다. 성황신에 의탁하니 영험이 자자하여 국가 제사(國祭)에 이르렀고, 여러 번 추가로 작위를 봉하여 어인(御印)이 찍힌 첩문을 받은 것이 많았다. 세월이 오래되어 국제는 폐지되었으나 이후에도 온 경내의 사람들이 지금도 받들어 삼가 제사를 행하니, 물이 흐르듯 저절로 이루어져서 길에 이어짐에 끝이 없다. 해마다 5월 1일부터 5월 5일까지 향리 5명을 번갈아 정하여 각자 그의 집에 당을 설치하여 성황대왕이 성황부인을 거느리되 큰 깃발을 세워 표시하였다. 무당의 무리들이 어지러이 때지어 모이고 나열하여 정재(呈才)를 펼치며 순행하여 제사를 받드니, 지금껏(1563년) 폐지되지 않는 것은 신령스러운 신의 덕이 사람들의 눈마다 엄숙히 들어 있어서이다.[50]

우선 ④의 기록은 고려말 태수가 친히 전을 올리던 제의를 세월이 오래되어 폐지하는 대신, 조선시대에 들어와 매년 단오에 앞서 4월 30일에 진행한 영신행렬의 모습이다. 통인이 사모와 관대를 갖춘 공복을 입고 역마를 타고 간 곳은 산성대모가 있는 대모산성의 성황당이다.[51] 읍내에서 산성으로 가는 길에는 말을 탄 통인의 앞 뒤로 사람들이 걸어서 따르고, 풍물패를 비롯한 정재인들이 벌려서며 재주를 펼쳤다. 산성 성황당에 나가 산성대모인 성황신을 모시고 다시 읍내 성황사에 돌아와 성황대왕과 합사하는 봉안의식을 갖는다. 돌아올 때도 역시 풍물패의 연주와 함께 각종 재주를 펼친다.

49 앞의 현판.

50 앞의 현판.

51 산성 성황당이 언제부터 사라졌는지는 자세하지 않다. 실제로 현판에 따르면, 성황사 중건에 대한 언급은 있지만, 1563년 이후 산성대모에 대한 언급은 보이지 않는다. 아마도 유교식 제의로 바뀌면서 산성 성황당의 존재는 점차 잊어졌던 것이 아닌가 추정된다. 다만, 1933년 대모산성 내에 성황당이 있던 인근에 대모암이 들어선다.

다음 ⑤의 기록 또한 국제가 폐지된 뒤에 성황제의 상황을 묘사한 것이다. 5월 1일 성황사를 출발한 성황대왕과 성황부인이 먼저 당이 만들어진 첫 번째 향리 집에 이르면 제의를 베풀고 하루를 묵는다. 당시 성황제의 제의형식은 성황사에 모신 성황대왕신과 성황여신을 5월 1일에서 5일까지 매일 향리의 집을 옮겨 다니며 축원굿을 베푼 것으로 보인다. 이때 성황대왕은 성황부인을 거느리고 행차하되 성황대기를 세워 그가 모셔진 위치를 표시하였다.

향리 5명의 집은 해마다 번갈아 정하였다. 5일 동안 5명의 향리의 집을 돌아다닐 때 무당의 무리들이 떼지어 뒤따르며 재주를 펼치고 다니면서 제사를 받들었다. 성황신을 즐겁게 하고 마을민이 함께 즐기는 절차이다. 이를 오신의례娛神儀禮라고 한다. 5일 동안 의례절차를 마치고 나면 성황대왕은 읍내의 성황사로, 성황부인은 대모산성의 성황당(일명 大母堂)으로 보내는 배송拜送 또는 송신의례送神儀禮를 치른다.

④와 ⑤에서 알 수 있듯이, 당시 단오제 행사와 관련하여 4월 그믐날 행하는 영신맞이와 5월 1일에서 5일까지의 행사로 이루어졌다. 지역민의 다수가 참여했을 것으로 보이는 순창 성황제는 모두 6일간의 축제형 행사였다.

조선에 들어와 유교사회가 정착되어 나감에도 불구하고, 16세기 중반까지 성황제는 폐지되지 않고 오히려 성행했던 것 같다. 그 이유는 "신의 덕이 사람들의 눈마다 들어있다"고 할 정도로 당시 성황신의 영험에 대한 사람들의 믿음과 체험이 확고했기 때문이었다. 그러나 16세기 이후 성리학 이념이 확산되면서 각처의 성황제를 '좌도左道' 내지 '음사淫祀'로 규정하는 분위기가 날로 커져갔다. 그러자 종래 성황신으로 모셔지던 인물들이 유교적인 인물로 바뀌어 등장하였다. 『신증동국여지승람』에 설공검이 성황신이 아닌 인물조에 등장하는 것은 이 때문이었다.[52]

이처럼 조선전기의 순창 성황제는 종래 국제國祭의 형태에서 벗어나 군제郡祭

52 그런 사례는 옥과현 성황신 조통에게도 발견된다(『신증동국여지승람』 권 39, 전라도 옥과현, 인물).

의 형태로 시행되었다. 그 결과 형식적으로는 군수가 제의의 주체이지만, 실제로는 향리가 주도하는 형식을 띠었다. 유교사회가 정착되면서 지역의 향권鄕權이 점차 지방의 토호에서 사족으로 교체되어 나가자, 종래 향리층은 성황사나 성황당을 중심으로 읍치 제의를 통해 향권을 유지하려는 모습을 보였다. 실제로 성황제는 읍내 5명의 향리 집을 5월 1일부터 5일까지 5일간 돌아다니며 벌이는 형태를 취한 것은 향권을 유지하기 위한 의례구조를 반영한 것이라 할 수 있다. 따라서 조선전기의 성황제는 국가 주도의 유교식 성황제 시행에도 불구하고 각 지역에서는 관행에 따라 종래의 무속적 성황제를 그대로 유지하는 경우가 많았다. 그 제의는 무당의 무리가 떼지어 모여서 재주를 보이며 제사를 받든다는 것으로 보아 무속제의가 중심이 된 것으로 이해된다. 지역 향리의 주관아래 무속식 제의의 형식과 주민참여의 축제 형식이 결합된 제의형 축제라고 할 수 있다.

4) 조선중기의 성황제

세 번째 단계는 유교식 제의로 전환된 조선중기로서, 1563년(명종 18)부터 1740년(영조 16) 이전까지에 해당한다. 이 시기의 성황제는 양응정梁應鼎(1519~1581)이 순창군수로 부임하면서 종래의 성황제를 음사로 보고 이를 유교식 전례奠禮로 바꾸었다는 점에 특징이 있다. 또한 1563년(명종 8)에는 성황당에 보관 중인 첩문을 발견하여 처음으로 현판을 만들어 걸었다. 이때 성황대신의 내력에 대하여 예전의 첩문을 토대로 정리하여 알아볼 수 있는 내용만을 목판에 새겨넣었다. 제1차 현판이 만들어진 지 100년 뒤인 1633년(인조 11)에는 제2차로 호장 임명룡 등이 힘을 합쳐 현판을 다시 만들었다. 이 기간 동안의 성황제 분위기를 현판에서는 다음과 같이 전하고 있다.

> ⑥ 지금 우리의 군수이신 능성(綾城) 양씨(梁氏)는 본래 문벌이 좋은 씨족으로 일찍이 생원시에 장원을 하였고 차례로 과거에 올랐다. 또 문과 중시에 장원으로

올라 문명(文名)이 자자하였고 성품과 행실이 준수하고 점잖아 한림학사가 되었다. 올해 중춘(仲春)에 군수가 되어 대신(大神)을 받드는 행렬을 살펴보니, 무격의 무리들이 어지러이 뒤섞여 혼잡스러우며, 심지어 고을에 횡행하기까지 하여 그 폐단이 헤아릴 수가 없을 지경에 이르렀으니, 가히 음란하고 사특한 것을 물리쳐 버리는 것이 마땅하지 않았겠는가? 음사(淫祀)를 물리치고 좌도(左道)의 어지러움을 바르게 한 뒤에 단지 초하루와 보름에만 거행하되, 제물(祭物)을 정결하게 준비하고 안전(眼前)에서 부리는 아전(衙前) 가운데 믿을 만한 아전을 보내어 기일(期日) 전에 재계(齋戒)하고, 정성을 다해 제사를 지내게 하였다. 5월 초하룻날 또 이방(吏房) 옹세언(邕世彥), 의생(醫生) 오인호(吳仁豪)와 축문을 맡은 공생(貢生) 임대춘(林大春)을 보내 역시 재계하고 지성으로 제사를 지내게 하였다. 이방 옹세언이 전에 직첩(職牒)이 사우(祠宇)에 있다는 말을 듣고 꺼내 오게 하여 열어 보니 정말로 많았다. 좀이 쓸어 알아보지 못하는 것이 많아 단지 몇 장만 볼 수 있었다. 이에 현판에 기록하고 새겨 후세에 보여주는 것이니, 무릇 대소 인원들은 공경하고 또 공경할지어다.[53]

⑦ 공손하게 생각건대, 존귀하신 신령께서는 살았을 적에는 진신(縉紳)이었고 죽어서는 영령(英靈)이 되었다. 고려조 이후로 〈관작을〉 책봉한 예가 높고 지극하였으며, 국제(國祭)나 관사(官祀)를 지내는데 다 베풀지 않은 것이 없었다. 위에서 기술한 것을 상고하면 남긴 자취가 밝게 드러났고, 높고 높은 성대한 덕은 모두 기록할 겨를이 없었다. 중고(中古)로 내려오면서부터 중간에 의식을 철폐하고 대신 전례(奠禮)가 비로소 거행되었다.[54]

⑥에서 1563년(명종 2) 2월 양응정(1519~1581)은 순창군수로 부임하여 그 해 5월에 열렸던 성황제에서 성황대신의 행렬을 목격했던 모양이다. 무당과 박수의 무리들이 뒤섞여 고을을 횡행하는 것을 음사와 좌도로 간주하고 이를 폐지하

53 앞의 현판.
54 위의 현판.

는 방안을 마련하였다. 이에 무속적인 성황제를 중지시키는 대신 매월 초하루와 보름에 측근의 아전을 성황사로 보내어 제사를 거행하도록 하였다. 이를 위해 제물을 정성스럽게 마련하고 아전을 기일에 재개시키고 정성을 다하게 하였다. 이때 측근의 아전이란 이방 옹세언, 의생 오인호, 축문을 맡은 공생貢生 임대춘으로 나타난다.

⑦에 따르면, 성황신 설공검의 내력과 함께 고려 이후 국제國祭나 관사官祀로 모셔왔음을 알 수 있다. 하지만 그러한 성황제가 음사였으므로, 양응정 군수가 이를 철폐하고 유교식 삭망제인 전례奠禮로 전환했다는 점을 밝히고 있다. 이때 전례란 신위 앞에 전물奠物을 차려놓고 지내는 유교식 제사를 말한다.

16세기에 들어와 순창 성황제는 전 군민이 참여하던 무교식이 아니라 말 그대로 관사官祀로써 향리 몇명이 제관으로 참여하는 유교식으로 전환되었다. 삭망제로의 전환은 고려이래 지속되어 온 무속식 성황제의 큰 변화를 의미했다. 유교식 성황제는 산성 성황당이 아닌 읍치성황사에서만 이루어진 것으로 보인다. 아마도 4월 그믐날 통인이 말을 타고 대모산성에 올라 대모 성황신을 읍내로 모셔와 성황신과 함께 순행하는 오신의례의 중단을 뜻하는 것이 아닌가 한다.

이와 같이 유교식 성황제의 전환은 산성성황신 대모에 대한 의례를 중단시키는 배경이 되었다. 더 이상 대모에 대한 언급이 나타나지 않기 때문이다. 그렇다고 해서 하루아침에 대모신에 대한 의례가 사라졌다고 보기는 어렵다. 아마도 민간인이 사사로이 산성성황신 대모를 찾아 빌거나 가뭄 때 비를 빌면 영험이 있는 신격으로 명맥을 유지했던 것이라 추측된다.[55] 한편, 17세기 까지 대모산성은 곡식을 비축한 산성으로 쓰였던 것 같다. 1683년(숙종 9)에 해마다 기근과 흉년이 들어 전국의 산성에서 비축미를 갖다 먹은 사람이 많은데, 순창의 경우는 1만석이나 된다는 기록이 그것이다.[56]

결국 조선중기의 성황제는 무속식 단오성황제가 아니라 유교식 삭망제의 형

55 서영대, 앞의 논문, 472쪽.
56 『숙종실록』 권 14, 숙종 9년 9월 18일 병술.

태였다. 매월 초하루와 그믐에 지내는 삭망제는 무속식 제사를 유교식 제사로 전환하기 위한 일종의 타협적인 제사의식으로 보인다.

5) 조선후기의 성황제

제4단계는 조선후기의 성황제로서, 1740년(영조 16)부터 1908년(순종 1) 향사 이정까지에 해당한다. 현판 기록에 따르면, 이 기간 동안 성황제의 제의구조를 살필 수 있는 기록은 거의 확인되지 않는다. 다만, 이 기간에는 1740년(영조 16)에 성황사 1차 개수, 1743년(영조 19)의 3차 현판 제작, 1754년(영조 30) 성황사 중건, 1823년(순조 23) 성황사 개건 등 현판 제작과 건물 증개축이 잇따라 이어졌다. 특히 성황사의 중개축이 일어난 것은 당시 순창 지역의 지진과 같은 자연재해가 큰 원인이었던 것으로 보인다.

1743년(영조 19) 3차 현판 제작을 하면서 쓴 기록에는 역시 당시 분위기가 생생하게 감지된다.

⑧ 세월이 여러 번 바뀌고 사당이 자주 지나면서 한쪽으로 기울고 좁아졌다. 해는 경신년(庚申年, 1740)으로 전 호장 임계욱(林桂郁)이 개연히 새롭게 하고자 하여, 무격의 무리들로 하여금 재물(財物)을 모아 수리(修理)를 감독하도록 하였는데, 사당의 모양은 향배(向配)가 마땅함을 잃어버렸으니, 또한 매우 좁아져서 신을 경배하고 오래도록 편안하게 모실 곳이 아니었다. 2년이 지난 계해년(癸亥年, 1743) 여름에 전 천총(千摠) 임대영(林大榮), 전 호장 최덕겸(崔德謙)과 박영석(朴永碩)이 그 옛 사당을 철거하고 바꾸어 새롭게 하였으니, 그 옛 체제(體制)를 크게 늘렸고, 또 이어서 채색까지 더하니 당우(堂宇)의 화려함은 말할 필요가 없었다. 또한 건곤(乾坤)의 신상도 삼가 고쳐 아름답게 하니, 그 분칠한 얼굴과 의젓한 모습이 살아 있는 모양과 흡사하여, 사람들로 하여금 눈을 비비며 바라보도록 하는 것이었다. 일이 겨우 열흘이 넘자마자 <목적한> 일 이룬 것을 고하니, <의기가> 비분강개(悲憤慷慨)하여 일

을 능숙하게 처리하고 정성으로 신을 섬기는 자가 아니라면 어찌 그렇게 할 수 있겠는가? 대체로 우리 속관들이 제사지내는 일을 맡은 이래로 향리들이 여기에 부지런히 힘쓴 것은 이전 시대나 이후 시대에도 한결같았다. 지금 이 임대영은 곧 위 문장의 임명룡의 손자이고, 최덕겸은 곧 최신의 형 최인(崔仁)의 5대손이며, 임계욱은 곧 임백의 5대손이다. 이들이 그 선조의 치적을 이행하면서 아름다운 일을 계승한 것은 가상하였다. 옛 일을 회상(回想)하며 지금의 일을 감상(感傷)하는 탄식은 사람들로 하여금 감격시키고 간절하도록 하였으니, 또한 무릇 우리 고을은 이 신당에 정성이 있었음을 아는 것이었다. 우연함이 아닐 것이니, 어찌 영원히 이어지는 후손들에게 또렷이 감응하는 도가 없겠는가? 나 같은 사람은 그저 남의 공덕을 부러워하여 어리석고 졸렬하다는 혐의를 갑자기 잊고, 감히 거친 말로 대신하지만 글을 엮어 그 아름다운 일을 드러내니, 이에 뒷날 뜻있는 자가 이어서 보수하기를 기다린다.

건륭(乾隆) 8년 계해년(1743) 단양절(端陽節)에 창녕(昌寧) 조정옥(曹楨玉)은 참람히 짓고, 호장 초계(草溪) 최대겸(崔大謙)은 삼가 쓰다.[57]

우선 세 번째의 현판이 제작되어 오늘날 현판이 전해지는 배경이 되었다.

⑨ 계해년(1743)에 중수한 지가 지금 겨우 10년인데, 그 땅이 꺼져 내려앉았기에 〈사당은〉 홀연히 기울고 엎어졌다. 관가에 알리고 고을 백성에게도 선포하여, 힘을 합쳐 〈사당을〉 다시 고쳐 세웠다.

건륭(乾隆) 19년 갑술년(1754) 10월 15일. 호장 임계진(林啓震), 이방 최대겸(崔大謙), 성조색 성득후(成得厚).

⑩ 건륭(乾隆) 19년 갑술년(1754) 10월 모일에 중건하였는데 70년에 이르러 또 기울고 무너졌다. 각 관청이 서로 의논하며 재물을 출연하여 옛 재목을 철거하고

57 앞의 현판.

체제(體制)를 늘려 일신시키는데, 고을 가운데 각 면의 향약소(鄕約所)도 또한 힘을 도와 〈사당을〉 다시 고쳐 세우도록 하였다.

도광(道光) 3년 계미년(1823) 5월 모일.

시임 : 호장 임준효(林峻孝), 이방 조익환(曺益煥), 감관(監官) 설경지(薛敬志), 색리(色吏) 최석후(崔錫厚) · 신성욱(申性旭).

⑧, ⑨, ⑩의 내용은 세 번째 현판이 제작된 뒤, 현재까지 전해지는 배경을 자세히 설명하고 있다.

여기서 특히 주목되는 점은 읍치성황사가 18세기 중반에서 19세기 초반까지 80여년간 개수改修, 중건重建, 개건改建 등 4차례의 개축과정이 있었다는 점이다. 그 원인은 건물이 오래되거나 향배가 비뚤어지거나 좁아서 개수한 경우도 있었지만, 1754년(영조 30)의 사례처럼 땅이 수축되면서 사당이 무너지자 관가에 알리고 읍민을 모아 개건改建했다는 사실에서, 지진과 관련된 자연재해로 개수하기도 했음을 알 수 있다.[58]

특히 1743년(영조 19)에는 옛 사당을 철거하고 성황사를 새롭게 중건하였다. 이로 인해 사당의 규모가 늘어났고 단청을 칠해 화려한 모습을 갖추었다. 이때 제3차 현판을 다시 제작해 사당에 걸어 놓았을 뿐만 아니라 건곤의 신상을 '敬以改美之' 즉 공손히 고쳐 아름답게 했다고 한다. 이 사실은 신상을 새롭게 만든 것이 아니라 종래 모셔왔던 성황부부의 신상을 보수하고 채색을 다시 하여 모신 것으로 이해된다.

다만 이 시기의 현판 기록에서 성황제를 어떻게 지냈는지에 대한 설명은 거의 보이지 않는다. 이 점은 성황제의 제의구조가 기존과 큰 차이가 없다는 의

58 실록에 따르면, 순창에는 자연재해 중 지진의 경우 세종때 3회, 단종때 1회. 세조때 1회, 중종때 1회, 선조때 1회, 인조때 1회, 영조때 1회 등으로 확인된다(심승구, 「순창 성황제의 현대적 의미와 재현 방향」, 『백산학보』 118, 2020, 489쪽).

미로도 해석된다. 하지만 몇가지 사안을 볼 때 종래의 제사와는 달라진 형태로 이해된다. 첫째, 신상을 다시 모셔 제사를 지냈다는 점이다. 이는 위판을 모셔놓고 지내는 유교식 제사가 아니었음을 의미한다. 둘째, 사당을 중수할 때 무당들로부터 재물을 모아 중수를 했다는 점이다. 만일 유교식 제사가 지속되었다면 굳이 무당의 재물을 모아 제사를 지낼 필요는 없었을 것이다. 이 점은 이 시기부터 다시 무속제의로 돌아갔을 가능성을 시사한다. 셋째, 1743년(영조 19)에 사당의 중수를 단오에 맞춰 10일만에 끝나고 있다는 점이다. 이는 당시 단오에 맞춰 다시 성황제를 지내려는 의도로 풀이된다.

결국 18세기 중반부터 성황제는 종래의 유교식에서 다시 무속식 제의로 회귀한 것이 아닌가 추정된다. 더구나 당시 향리들이 성황제를 맡은 이래 부지런히 힘쓴 것은 이전이나 이후나 달라진 것이 없었다고 말한 것은 그 정성을 표현한 것이기도 하지만, 무속식 성황제로 다시 돌아갔음을 암시하는 것이라고 이해된다. 물론 조선후기의 성황제는 종래 유교식 삭망제가 계속 유지되었을 가능성과 함께 무속적인 제의가 병존했을 가능성이 없는 것은 아니다. 분명한 점은 이 시기의 성황제가 성황사 중개축과 관련하여 더 큰 규모로 향리층이 참여하면서 읍치제의를 주관해 나가고 있었다고 할 수 있다. 결국 조선후기 순창군의 성황제는 종래 유교식 삭망제가 계속 유지되었을 가능성과 함께 단오제를 기점으로 성황제가 병존했을 가능성이 있다고 보여진다. 하지만 그렇다고 해도 향리가 중심이 되는 읍치 단오성황제가 더 비중있는 제의였음은 분명해 보인다.

6) 일제강점기의 성황제

성황제는 공식적으로 1908년(순종 1) 향사이정享祀釐正에 따라 폐지되고 사당의 터는 국유화하였다.[59] 이에 따라 순창의 성황제도 공식적으로 중단되고 말았

59 『순종실록』 권2, 순종 1년 7월 23일.

다. 여기에 조선왕조체제가 붕괴하면서 행정단위로서의 읍치가 해체됨에 따라 성황제를 주도하던 향리의 공식적인 신분도 사라지게 되었다. 따라서 향리가 중심이 되어 거행하던 성황제에 대한 제사의식은 점차 사라져 간 것으로 보인다. 이러한 경향은 성황제가 민간의 무속인에게 완전히 이양되는 배경이 되었다.

현재 자료가 남아 있지 않아 자세히 확인할 수는 없다. 다만, 1990년대 초반 지역에서 떠도는 전언에 따르면, "왜정 말에 옥천동 성황당집이 헐릴 때 남신상은 금과면 사는 노인이 와서 챙겨가고, 여신상은 금산 골짜기 동굴 속에 묻었더라" 하는 이야기가 있었다. 그 뒤 지역에서 수집한 증언을 종합하면, 옥천동에 성황당 당집이 있던 장소는 445번지 일대였고, 성황당집의 규모는 세칸 와옥이었으며, 당집 내부 구조는 목각 신상 두 주가 있었다. 하나는 남신상으로 사모관대에 정장을 한 신상이었다. 그 뒷벽에는 붉은 공단 족자에다가 '설대왕신위'라 써서 걸어 놓았다. 다른 하나는 여신상으로 원삼 족두리로 정장을 했는데, 어찌나 곱고 아름다웠던지 마치 살아있는 여인과 같았다고 한다. 역시 그 뒷벽에는 붉은 공단 족자에다가 '양씨梁氏대부인신위'라 써서 걸어 놓았으며, 두 신상 앞에는 제상이 놓이고 그 제상 위에는 항상 촛대와 향로가 놓여 있었다고 한다. 그리고 성황당 주변에는 서너 그루의 느티나무가 있었는데, 단오날이면 삼색(청홍황) 깃발을 거기에 걸어놓고 무당과 재인들이 늘어서서 제악을 울리면서 성대한 성황제가 벌어졌다.[60]

실제로 1940년경 성황당 근처에 거주했던 우재일씨는 당집에 사모관대를 한 남신상과 원삼 족두리를 쓴 여신상이 있었고, 그 앞에는 '설씨대왕신위, 양씨(梁氏 또는 楊氏)부인신위'라는 위패가 있었다고 증언했다.[61]

그러다가 1992년 순창성황대신사적현판이 발견되면서 성황당의 이야기도

60 양정욱, 「순창 성황대신사적 현판의 발견과 의의」, 『성황당과 성황제 – 순창성황대신사적기 연구』, 민속원, 1998, 35~36쪽.

61 楊萬鼎, 「순창성황대신사적현판의 발견과 그 고찰」, 『옥천문화』 1, 옥천향토문화연구소, 1993, 61쪽.

좀더 이어진다. 일제 말엽 옥천동 성황당이 헐리게 되자, 600여년 동안 순창의 수호신으로 많은 영화를 누리고 대접받던 조상이 한갓 일본인의 만행으로 하루아침에 사당과 제의를 빼앗기게 될 위기에 처했다. 이에 금과면 동전리 순창설씨의 집성촌에서 고 설태수옹이 남신상과 신당 벽에 걸려있던 순창성황대신사적현판을 수습하고, 목각 신상은 금과면 연화리에 있는 설씨 선산에 매안하였다. 현판은 동전리 소재 설씨 제각 평산재에 보관해 오다가, 제각을 개축하면서 행랑채에서 보관해 왔다.[62]

한편, 일제강점기 성황제는 향리가 아닌 무속인에 의해 주도되었다. 그러자 단오절에 성황제 보다는 민간에 의해 두령정이 물맞이, 단오난장, 응양정 그네뛰기의 비중이 더 커지는 추세였다. 그 결과 단오날에는 주변의 남원, 옥과, 담양, 장성, 정읍, 임실 등지에서도 찾을 정도로 그 열기와 규모가 대단하였다. 실제로 당시 3천에서 5천명에 이르는 군중들이 참여하여 2km 남짓한 거리의 성황제(순창읍 옥천동)와 두령정이 물맞이(인계면 노동리) 양쪽의 행사장을 오가며 신명나는 놀이를 즐겼다고 한다.[63]

3. 순창 단오성황제의 정치사회적 기능

1) 성황제의 정치사회적 기능

한국의 성황제는 고려 이래 군현 단위로 성행한 민속종교라는 특징을 갖는다. 성城과 황隍에서 비롯한 중국의 성황신앙은 고려 초에 신성축조新城築造, 토성분정土姓分定, 공신추숭 등과 관련하여 군현제의郡縣祭儀로 도입되었다.[64] 분

62 양정욱, 앞의 논문, 37쪽.
63 순창문화원, 『순창의 전설』, 1998, 참조.
64 토성분정과 공신추승으로 성황신에 오른 사례는 양산의 김인훈, 의성의 김홍술, 밀양의 손긍

열된 후삼국을 통일한 고려는 지방세력들을 새 왕조의 지배층으로 수용하면서, 군현제와 본관제本貫制 등의 제도와 함께 성황제를 통해 집권체제를 구축하고 사회를 통합하였다.[65]

하지만 고려의 지방지배가 일원적이지 못한 만큼, 성황제 또한 모든 지방에서 동일하게 시행된 것은 아니었다. 본관에 백성을 긴박시키면서 본관제의 위격을 달리하였다. 또한 군현제도 지방관 파견 유무를 기준으로 주현과 속현을 나누고 군현의 병합이나 읍호邑號의 승강乘降을 통해 지방을 지배하였다. 성황제를 통해 지역의 백성을 긴박시키면서도 성황신의 위격에 차등을 두었다. 여기에 성황신에 대한 국가의 사전祀典 지정과 함께 봉작제封爵制를 운영함으로써, 계서적 차등을 두는 국가지배를 관철해 나갔다.

반면 지방세력은 본관제와 함께 성황제를 이용하여 망족望族의식과 향론鄕論의 조성을 통해 계급간 대립의식을 완화하고 향촌 내 향리 및 운영 조직을 통해 지방사회를 자율적으로 운영해 나갔다. 특히 성황신은 국가의 위기나 자연재해가 닥쳤을 때, 늘 영험성을 드러내면서 존재감을 드러냈다. 성황신은 기본적으로 고을의 신으로 본관의 토성이나 토호의 시조나 조상 중에 뛰어난 인물을 대상으로 하였다. 그 결과 성황신은 지역공동체의 수호신으로 인식되는 동시에 국가권력 아래에서 지방의 역량과 위상을 과시하는 상징적 존재로 기능하였다.

지역간 구분과 차등을 두는 성황제의 운영방식은 조선사회에 들어와 지역간 구분과 차등을 없애는 성황제로 크게 변화하였다. 모든 군현의 성황제에 대한 계서적 차등을 없애고, 유교식 제사로 표준화하는 방식이었다.[66] 조선왕조는

훈, 곡성의 신숭겸, 밀양의 박욱, 해평의 김훤술, 울산의 박윤웅, 성주의 이능일, 순천의 김총 등이다. 이들은 토성에 속하며 고려의 건국 과정에서 왕건을 도와 공로를 세운 인물들이다. 신성축조의 사례는 1055년(문종 9)에 선덕진(宣德鎭)의 성을 새로 쌓고 성황신을 모신 사례가 이에 해당한다(『고려사』 권 63 지 17 예 5「잡사조」) 그 가운데 가장 앞선 사례는 신성축조로 파악된다.

65 채웅석, 「고려의 중앙집권과 지방자치, 본관제를 통한 지배」, 『역사비평』 65, 2003, 39~57쪽.

66 이훈상, 「지역사, 지역사의 특성, 그리고 지역사회의 정체성 만들기」, 『영남학』 16, 2009, 425~427쪽.

전국의 모든 군현의 제사를 소위 '1묘 3단' 즉 사직단, 문묘, 성황단, 여단으로 바꾸어 나갔다. 강력한 중앙집권적인 사전체제를 통하여 자율적으로 운영되던 지역제사를 유교식 제사로 통일해 나가겠다는 의지의 표명이었다.

하지만, 성황단 제도의 정책은 각 지역의 여건이나 입장에 막혀 제대로 시행할 수는 없었던 것 같다. 1530년(중종 25)에 편찬된 『신증동국여지승람』에 따르면, 한성부를 제외하고 전국 328개 군현 모든 곳에서 성황사 또는 성황당이 나타난다.[67] 이 사실은 조선왕조가 추진한 성황단 시행에도 지역의 성황제가 크게 바뀌지 않았음을 잘 보여준다.

16세기 이후 유교 이념이 서서히 정착하면서 종래 성황사 내지 성황당은 음사로 몰리면서 달라지기 시작하였다. 사림세력이 정치세력으로 부상하면서 지역의 향권鄕權이 기존 토호에서 사족士族으로 교체되는 고을에서는 종래 무속적인 성황신이 부정되었다. 그 결과 성황사가 폐지되고 성황단으로 교체되거나, 성황사는 그대로 두고 성황제를 유교식으로 고치는거나, 성황사와 성황단이 동시에 만들어지는 등 다양한 변화가 생겨났다. 그럼에도 18세기 『여지도서』에 따르면, 전국의 군현에 성황사의 수가 종래와 큰 차이없이 거의 그대로 유지되는 모습을 보인다. 이점은 성황제가 조선후기에도 큰 변화없이 그대로 유지되고 있음을 시사한다. 그러다가 각종 전염병과 기근, 천재지변 등에 따라 유교식 성황제 이외에 무속식 성황제가 다시 전개되는 움직임이 나타났다. 그러한 분위기는 조선말까지 계속된다.

결국 성황제는 중세 향촌사회의 자율성과 중앙집권적 권력성이 병존하는 제사의례로 작동하였다. 성황제는 단순히 지역공동체의 신앙에 그치지 않고 중앙집권적인 지배질서 아래에서 지역을 대변하는 역할을 수행하였다. 그런 점에서

67 『신증동국여지승람』에서 한성부를 제외하고 전국 328개 군현에 325개가 있는 것으로 나타난다. 하지만, 성황사에 대한 언급이 없는 개성부, 적성현, 나주목에도 다른 명칭의 송악산사, 금성산사, 감악사 등의 신사(神社)로 기록되어 있다(서영대, 「한국 중국의 성황신앙사와 순창의 성황대신사적」, 『성황당과 성황제 - 순창성황대신사적기 연구』, 민속원, 1998, 425~425쪽).

성황제는 고려 이래 지방의 행정구역이 어떻게 지역공동체로 유지·전승되어 왔는지를 엿보게 해 주는 제도라는 점에서 주목된다.[68] 이와 같이 성황제는 한국의 중세사회에서 초월세계의 제사권에 대한 위계와 통제를 통해 현실세계의 국가권력을 정초하는 제도의 하나였다고 할 수 있다. 고려사회 이래로 중앙집권체제 아래에서 군현 단위의 지역이 어떻게 생존해 나왔는가를 파악해 볼 수 있는 하나의 매개였다는 점에서 그 역사적 의미가 크다.

2) 성황제의 종교문화사적 기능

일찍이 하늘, 땅, 사람의 사이 존재로 살아온 한국인은 개인, 가정, 마을은 물론이고, 고을과 국가 전체의 안녕과 평화를 기원하는 종교적 심성을 가꾸며 살아왔다. 유독 산악이 많았던 지역에 살던 한국인들은 산천을 경계로 고을과 고을을 이루며 삶의 터전을 가꾸어 왔다. 고을邑은 일찍이 면面, 리里, 촌村 단위를 아우르는 지역이 생활하는 향촌의 중심지이자 지방권력(토착사회)이 중앙권력과 만나는 행정단위의 경계였다. 소위 주부군현으로 불리는 지방의 행정구역이 그것이다. 따라서 주부군현은 중앙의 권력을 전달받고 집행하는 매개인 동시에 지역민의 삶과 안정을 수호하고 중앙에 전달하는 창구라는 이중적 기능을 떠안고 있었다.

특히 전쟁, 반란과 같은 위기는 물론이고 천재지변과 같은 자연재해는 늘 공포와 고통의 대상이었다. 대부분 삶을 농사에 의지하고 살았던 당시에 가뭄, 홍수, 이른 서리, 지진, 괴변 그리고 역병과 호환 등의 다양한 재해는 삶의 조건을 파괴하고 생명을 앗아갔다.[69] 예측할 수 없는 불안과 공포는 일찍이 개인, 가정,

68 심승구, 「순창 성황제의 현대적 의미와 재현 방향」, 『백산학보』 118, 2020, 486~491쪽.

69 조선왕조실록에서 순창의 자연재해를 조사하면 다음과 간다. 태종때 벼락 1회, 세종때 지진 3회, 우박 1회, 서리 1회, 단종때 지진 1회(해괴제), 서리 1회, 세조때 지진 1회(해괴제), 성종때 우박 1회, 중종때 흉년 1회, 우박 4회, 여역 1회(35명 사망), 가뭄 2회(적성진 기우제), 지진 1회, 우레 번개 1회, 명종때 천둥 4회, 선조 지진 1회, 폭풍 1회, 인조때 비바람 1회, 변괴 1회,

마을, 고을, 국가를 수호하고 안전을 기원하기 위한 다양한 신앙과 종교가 뿌리 내리는 배경으로 작용하였다. 그 가운데 성황제는 특히 행정단위를 기준으로 지역민의 삶과 터전을 위협하는 상황이 닥쳤을 때, 지역민들이 이를 함께 대처하고 극복하려는 의지에서 출발한 제도였다. 주부군현은 단순히 지역민을 다스리기 위한 행정조직으로 끝나는 것이 아니라 각종 위기와 재해를 감당해 내야하는 운명공동체인 동시에 제사공동체였다.

고대로부터 지역의 신앙체계는 국가의 제사의식 안에 포함되어 있었다. 국가는 눈에 보이는 현실의 권력 뿐 아니라 눈에 보이지 않는 초월의 권력도 관리 대상으로 삼았다. 성황사(내지 성황당)는 지역을 대표하는 초월의 신인 성황신이 좌정하는 곳이었다. 이에 따라 지역사회는 초월의 신인 성황신을 중심으로 각 지방 권력을 정초하고 유지하는 지배 수단으로 삼았다. 반면 중앙 정부는 각 지역의 성황신을 통해 지역사회를 통제하고 관리하는 통치의 상징 기제로 삼았다. 이에 따라 중앙집권체제 아래에서 각 지역의 성황신은 중앙 권력과의 관계에서 늘 절충과 타협을 통해 생존을 영위해 나갈 수밖에 없었다. 하지만, 이점은 중앙 권력도 마찬가지였다. 지역의 성황신을 어떻게 관리해 나갈 것인가에 국가의 체제와 운명이 결정되었다. 국가가 끊임없이 산천신과 성황신에 봉작과 작호를 내려 준 것도 그 때문이었다. 다만, 산천신이 자연신 내지 인격신에 그친 반면 성황신은 지역의 인물신이 모셔진 점이 달랐다. 또한 산천신은 주부군현의 범위를 넘어서서 영험성을 드러낸다는 점에서 고을의 범위에 국한되는 성황신의 영험성과 차이가 났다.

성황신은 늘 중앙과 지방을 매개하면서도 해당 고을을 대표하는 위상을 담보하였다. 그런 점에서 성황신은 국가제사의 대상이자 지역공동체의 구심체였

폭우 1회, 지진 1회, 숙종대 기근 1회, 변괴 1회, 구휼 1회, 천둥 2회, 영조때 지진 1회, 정조 진휼 3회, 헌종대 장마 1회 등으로 확인된다. 폭우로 인한 피해는 일제강점기때에도 이어진다. 『동아일보』에 따르면, 1920년대 순창시장이 아예 잠기거나 가뭄이 든 기사가 많이 등장하고, 특히 1929년 가뭄을 극복하기 위해 군민이 총출동하여 50여분묘를 파내는 기록이 확인된다(『동아일보』, 1929.8.12).

다. 일찍이 지역 내의 토성이나 토호의 시조나 인물이 성황신으로 모셔진 까닭이 여기에 있었다. 이처럼 성황제는 지역의 민속종교로서, 한국 중세사회의 현실세계와 초월세계에 대한 국가 관리체계를 엿보게 한다.

고려 때부터 시행된 순창 성황제의 경우, 시대에 따라 그 성격이 조금씩 변화하였다. 성황신은 지역수호신으로서 처음에는 자연신의 형태로 모셔졌다가 곧바로 지역 유력자의 조상신으로 대체되어 나갔다. 어떤 경우에는 아예 처음부터 지역 유력자의 조상신을 성황신으로 포섭해 나갔다. 이 같은 사실은 이미 신라 하대에 명산대천이나 산성山城을 국가의 사전祀典 체계로 끌어들이는 흐름과 맥락이 닿아 있다고 할 수 있다.[70]

당시 국가에서는 지역의 토착세력을 중앙집권체제로 끌어들이기 위해 나라에 경사가 있거나 그들이 공을 세우면, 봉작封爵을 내려주어 끊임없이 중앙집권체제를 유지·강화하는 수단으로 활용하였다. 동시에 지역의 토호 내지 유력자들은 자기 조상을 성황신으로 모심으로써 지역 내에서의 지배질서를 공고히 해 나갈 수 있었다. 성황제는 기본적으로 그러한 중앙과 지방, 토호와 지역민 사이에서 발생하는 권력관계를 합리화하고 정당화하는 기능을 담당했던 것이다. 그러므로 성황신과 성황제는 기본적으로 중앙과 지방의 길항拮抗관계는 물론 지방 내의 유력자와 지역민의 길항관계를 유지·조절하는 지배질서의 그물망 속에서 이중적이면서도 보이지 않는 '상징 권력의 추'로 기능하였다.

성황제는 16세기에 전국 330여 개의 모든 고을에 거의 다 모셔졌다. 이는 성황제가 지역공동체의 기반이었고 민간신앙의 중심이었음을 잘 말해준다. 각 지역의 성황제는 일제시대까지 그 성쇠의 차이만 존재할 뿐 그대로 유지되었다. 그런 점에서 성황신은 천여 년간 각 고을을 실질적으로 이끌어 온 '지역사회의 수호신'이라고 할 수 있다. 다만, 성황신의 경우, 협신夾神의 변화가 다소 확인될 뿐 주신의 변화는 거의 없었다.[71] 이 사실은 지역의 토호가 큰 변동없이 비교

70 김두진, 『한국고대의 건국신화와 제의』 일조각, 1999, 346~375쪽.
71 순창의 경우에 처음의 성황신이 산성대모에서 설공검으로 변화가 이루어진다. 하지만, 산성

적 안정적으로 유지되었다는 점을 시사한다.

성황제는 시대의 흐름과 사회 변화를 끊임없이 반영하는 고을신앙의 기표이다. 고려시대에는 무속제의로서 성황제가 갈수록 성행하는 추세를 보였다면, 조선시대에 들어와서는 유교적 제의체계로 재편되어 나갔다. 하지만, 유교 이념을 기치로 내세워 국가를 이끈다고 해도, 유교가 천재지변과 같은 예측할 수 없는 재앙을 감당할 수는 없었다. 이는 조선왕조가 부득이 종래 무속제의인 성황제의 주술적 행위를 인정하지 않을 수 없는 배경으로 작용하였다. 실제로 조선 사회가 국가제사를 유교 이념에 그치지 않고 주술의 이중주로 운영한 까닭이 바로 여기에 있었다.[72] 이는 순창 성황제도 마찬가지였다. 여기서 순창 성황제가 갖는 무형유산 가치와 의미를 몇 가지로 정리해 보면 다음과 같다.

첫째, 순창 성황제는 13세기 이래 1940년대까지 지속된 군현 단위의 성황제 모습을 간직한 고을성황제라는 점에서 역사적 가치가 크다. 둘째, 한국 성황제의 역사와 변천과정을 이해하는 관건을 제공한다. 특히 인격신에서 인물신으로의 변화과정을 생생히 보여준다는 점에서 학술적 가치가 크다. 셋째, 성황기에 방울을 달아 영신맞이를 하는 등의 의례구조를 갖추고 있다는 점에서 민속종교로서의 가치가 크다. 이는 강릉단오제와 동일한 구조를 띠면서도 신목으로 영신맞이를 하는 구조와 대비된다. 넷째, 역사 기록에 근거한 거의 유일한 성황제의 모습을 간직하고 있다는 점에서 사료적 가치가 크다. 다섯째, 순창이라는 군 단위의 지역공동체의 화합과 문화적 정체성을 함양하는 사회문화적 가치를 갖는다는 점에서 의의가 크다.

대모는 설공검의 할머니로 확인된다. 따라서 이는 주신의 변화이기는 하지만, 같은 설씨 집안 내의 변화로 보여지기 때문에 지방세력의 교체로 보기는 어렵다.

72 심승구, 「서평 : 조선의 국가제사, 이념과 주술의 이중주」, 『종교문화연구』 14, 2010, 227~238쪽.

02

순창 단오성황제 연행의례의 절차와 방법

심승구 _ 한국체육대학교 교수

1. 단오성황제 복원의 방향과 기준

1) 단오성황제의 복원 방향

「순창성황대신사적현판」은 순창 성황제의 옛 모습을 되찾을 수 있는 실마리를 제공한다. 다만, 성황사를 비롯해 유무형의 흔적이 모두 사라진 상태라는 점을 감안할 때, 고증을 통해 복원하고 이를 현실에 맞게 재현하기 위해서는 충분한 시간을 갖고 단계적으로 접근하는 자세가 필요해 보인다. 이를 위해 다음 몇 가지 문제를 고려할 필요가 있다.

첫째, 순창 성황제의 전체 모습을 이해하기 위한 고증작업이 선행되어야 한다. 여기에는 문헌 고증을 비롯하여 구술채록, 현장조사 등 다양한 조사 연구가 포함된다. 현재 몇몇 연구를 통해 순창 성황제에 대한 윤곽은 드러났으나, 아직 정확한 실체가 밝혀졌다고 보기 어려운 실정이다. 따라서 고증을 통해 성황제의 형성부터 변천과 소멸까지의 전반적인 과정에 대한 구체적인 모습을 추적하는 노력이 전제되어야 한다.

둘째, 순창 성황제의 실체를 파악하기 위해서는 핵심 자료인 「순창성황대신사적현판」에 대한 해석과 주석서가 필요하다. 그동안 현판에 대한 판독 작업이 어느 정도 이루어져 왔으나, 학자들마다 그 해석을 놓고 의견이 분분하다. 정확한 판독과 함께 오자, 탈자, 파자 등의 교정을 거친 역주사업을 통하여 학계의 합의된 해석이 요구된다. 이점은 성황제의 복원 사업은 물론 「순창성황대신사적현판」의 문화재 가치를 위해 선행되어야 할 과제이다.

셋째, 성황사 복원의 문제이다. 성황제는 기본적으로 성황사를 중심으로 이루어지는 고을제의이다. 현재 순창 성황제는 핵심장소라고 할 수 있는 산성 성황당 또는 산신각은 물론이고 읍치성황사가 모두 사라진 상태이다. 따라서 이들 유형공간의 마련이 무엇보다 중요하다. 만일 읍치성황사가 복원된다면, 성황제의 재현은 물론이고 현재 「순창성황대신사적현판」을 다시 걸어놓아 옛 모습을 회복하는데 큰 도움을 줄 것이다. 하지만, 현재 이들 공간을 복원하기 위해서는 무엇보다 지역민들의 동의와 공감을 이끌어 내는 노력이 필요하다. 이를 전제로 시간과 예산을 비롯한 행정적 재정적 준비가 뒤따라야 한다. 따라서 중장기적인 전략을 갖고 이 문제를 풀어가는 노력이 필요하다.

넷째, 순창 성황제의 실체를 파악한 뒤에는 복원을 위한 대상 시기를 선정되어야 한다. 순창 성황제는 13세기 고려시기의 성황제로부터 20세기 중반까지 약 700년간 걸쳐 지내오다가 사라졌다. 따라서 오늘날 성황제의 모습을 되살리기 위해서는 대상시기를 먼저 선정하고 그에 따른 복원 작업이 이루어져야 한다. 각 시기에 따라 제의주체, 제의형태, 제의절차와 내용, 제의성격 등이 크게 달라지기 때문이다. 복원의 시기 문제는 학술의 영역이기 때문에 전문가의 의견을 듣고 지역민 간의 협의를 통해 결정하는 것이 바람직해 보인다. 이를 토대로 해당 시기에 대한 복원 작업이 진행되어야 하리라고 본다.

다섯째, 순창 성황제의 대상 시기가 결정된 뒤에는 복원된 내용을 어떻게 재현할 것인가에 대한 방법이 뒤따라야 한다. 복원의 과정이 학술적 고증과정을 통해 얻어진 결과물이라면, 재현은 복원의 내용을 어떻게 현실의 여건에 맞게 풀어낼 것인가에 대한 과정이다. 이때 복원의 결과는 과거의 모습을 되살린 것이지만, 어디까지나 불완전할 수밖에 없다. 다시 말하면, 복원은 옛 모습 그대로의 결과가 아니라 어디까지나 현재 남아있는 자료를 통해 과거의 모습을 되찾는 방식이라는 점에서 일정한 한계를 갖는다.

재현의 방법은 그 같은 복원이 갖는 한계를 현실 속에서 어떻게 풀어내는가에 달려있다. 그러므로 성황제의 재현은 복원된 내용을 토대로 현실 여건을 감안하되, 재현의 주체인 지역민 간의 논의와 합의를 거쳐 결정하는 것이 바람직하다. 성황제의 재현은 전문가의 고증을 받아 지역민의 공동노력으로 이루어져야 하기 때문이다. 재현은 새로운 성황제를 구성해 가는 과정이다. 의례의 복원은 그 형식과 내용을 되살리는 것도 필요하지만, 무엇보다도 오늘날 회복해야 할 정신 내지 원리를 찾아 회복시키는 것이 관건이다. 또한 이를 위해 시범을 위한 연구재현과 본 재현으로 구분하여 단계가 필요하다. 시범과정으로서 연구재현의 절차를 몇차례 거쳐 수정·보완을 한 뒤, 본격적인 재현의 절차로 나가는 방향이 바람직해 보인다.

여섯째, 재현 이후의 전승을 어떻게 해 나갈까 하는 부분에 대한 고민이다. 일반적으로 지역문화의 복원 프로젝트에서 가장 큰 어려움은 복원 이후의 전승 문제이다. 이를 위해서 사전에 성황제 복원 및 재현을 위한 구심체로 가칭 '성황제추진위원회'가 만들어졌다. 하지만 성황제추진위원회는 지역민 가운데 대표성을 가진 분들을 중심으로 구성되었다. 하지만, 재현이 본격적으로 이루어질 경우에는 실제로 이를 뒷받침할 수 있는 실무 조직이 꾸려져야 한다. 이때 가능한 지역민 전체가 참여하고 주도해 나갈 수 있도록 모든 정보와 참여 기회를 제공하고, 자발적으로 참여할 수 있도록 배려하는 자세가 필요하다.

성황제가 지역공동체를 위한 제의라는 점에서, 이를 실행하기 위한 조직은 순창군 1읍 10면 전체 주민이 골고루 참여하는 방식이 되어야 할 것이다. 여기에 기존의 단체나 조직의 참여도 필수적이다. 성황제의 성공 여부는 최고의 역량을 가진 인재의 참여 보다는 누구나 자발적으로 공동체의 화합과 번영을 위해 참여할 수 있는가의 여부에 달려 있다. 실무조직의 이러한 구성과 역할은 곧 성황제 행사는 물론 지속가능한 유지와 전승을 위한 필수적인 전제이다. 성황제를 재현하는 까닭은 궁극적으로 과거의 유산을 되찾으려는 노력에 그치는 것이 아니라 그 유산이 간직한 공동체성을 오늘날 어떻게 전승해 나갈 것인가에 대한 물음과 해답을 찾는다는 데에 있어야 할 것이다.

2) 단오성황제의 복원 과제

순창 단오성황제는 지역 문화를 되살리고 향유하는 기반이자 순창의 내일을 열어나가기 위한 기회로 보인다. 생과 사, 과거와 현재, 인간과 자연, 현실과 초월이 공존하고 소통하는 매개인 것이다. 성황제가 순창 지역의 안녕과 번영을 기원하는 축제가 되기 위해서는 다음 몇 가지 방안을 고려하는 자세가 필요해 보인다.

첫째, 순창 단오성황제의 고증 복원을 통한 지역 고유성을 되살리는 일이다. 차이가 보이지 않는 지역축제들 속에서 차이를 드러내는 방식은 고유성을 토대로 한 현대적 재창조성의 필요이다. 다만, 성황제의 고증에 앞서 복원의 시점을 분명히 밝히고 그에 대한 철저한 조사 연구가 뒤따라야 한다. 성황제의 옛 모습을 철저히 되살리되, 그 당시의 원형을 고집하기 보다는 현실적 여건에 맞게 재창조하는 탄력적인 재현이 요구된다.

둘째, 순창 단오성황제의 재현을 위해서는 성황제에 대한 실체 파악과 함께 왜 복원해야 하는가에 대한 물음이 선행되어야 할 것이다. 오늘날 전통문화의 계승에서 뒤따르는 한계는 '왜'라는 질문없이 '어떻게'라는 방법만을 묻는데 있다. 과연 순창 성황제의 현대적 의미는 무엇인지에 대한 진지한 사유가 요구된다. 아울러 소중한 무형유산을 되살리기 위해서는 단기간의 유혹에서 벗어나 순창과 지역민의 과거, 현재, 미래를 위한 지속가능한 전망도 담아낼 필요가 있다.

셋째, 순창 단오성황제는 관 주도가 아닌 지역민이 중심이 되는 것은 물론, 지역민 스스로 만들어 가는 축제가 되어야 한다. 이를 위해서는 단오성황제 고증과 재현을 위한 종합적인 마스터 플랜이 필요하다. 그것은 고증 - 복원 - 재현 - 전승이라는 선순환 구조와 과정을 고려한 것이어야 한다. 지역민이 지역과의 맥락성을 고려하면서 성황제를 준비하기 위해서는 무엇보다 공동체의 참여와 공감에 기초한 협력이 뒤따라야 할 것이다. 오늘의 이 기회가 그 출발점이 될 수 있기를 기대한다.

〈그림 1〉 순창 단오성황제의 재현절차와 방법

3) 단오성황제의 복원 기준

단절된 순창 성황제를 되살리는 방법은 고증을 통해 복원하고 이를 재현하는 과정이다. 복원의 과정이 학술적 고증과정을 통해 얻어진 이론적 결과물에 가깝다면, 재현은 복원된 내용을 토대로 현실의 여건에 맞게 풀어낸 현재화의 산물이다. 이때 복원의 결과는 과거의 모습을 되살린 것이지만, 어디까지나 불완전할 수밖에 없다는 점을 전제한다. 다시 말하면, 복원은 옛 모습 그대로가 아니라 현재 남아있는 자료를 통해 재구성되는 하나의 직조물이라는 사실을 염두할 필요가 있다. 더구나 재현의 경우는 그 같은 한계가 더욱 커질 수밖에 없다.

그럼에도 복원의 과정은 그 대상 시기를 정하는 것에서 출발한다. 역사 속의 성황제가 모두 동일한 것은 아니기 때문이다. 여기서 불가피하게 현실의 요구에 맞게 대상 시기를 선택하게 된다. 아울러 그렇다해도 현실의 요구에 맞게 복원이 가능한지 여부도 대상 시기를 정하는 조건이 된다.

순창 성황제는 13세기에 처음 형성된 뒤로 고려시대와 조선시대를 거쳐 근대를 지나 1940년경 사라졌다. 약 700년간 순창 성황제의 시기별 존재형태를 살펴보면, 크게 5단계의 시기로 구분할 수 있다. 이를 간략히 정리하면 다음 〈표 1〉

와 같다.

〈표 1〉 순창 성황제의 시기별 현황과 복원대상

구분	1214~1392	1392~1562	1563~1742	1743~1907	1908~1940
	고려시대	조선전기	조선중기	조선후기	일제강점기
유형	국제(國祭)	군제(郡祭)	군제(郡祭)	군제(郡祭)	민간제(民間際)
기간	단오제 (4.30~5.5)	단오제 (4.30~5.5)	삭망제 (매월 1, 15)	삭망(단오)제 매월1,15(5.1~5.5)	단오제 (5.1~3)
성황신	성황대왕	설공검	설공검	설공검	설공검
신체	성황대왕(대부) 삼한국대부인	성황대신 산성대모	성황대신 성황여신	성황대신 성황여신	설대왕신위 양씨대부인신위 태자신위
형식	태수친제 무속제의	무속제의	유교제의	유교제의 (무속제의)	무속제의
주체	태수	군수	군수	군수	향리 무녀
주도층	토성	향리	향리	향리	무격
성격	제의축제형	제의축제형	제의형	제의(축제)형	축제형

위의 표와 같이, 순창 성황제는 다섯 단계의 변화를 겪어왔다. 13세기에는 단오절에 성황대왕을 성황대신으로 모시며 국제國祭로까지 진행하였다. 또한 태수가 직접 제의를 올리는 친제의 형태로도 이루어졌다. 아울러 당시 제의는 모두 무속제의로 이루어졌다. 그러다가 고려말 이후 조선전기 사이에 설공검을 새롭게 성황대신으로 모시면서 산성대모는 성황여신으로 좌정하였다. 이때부터 성황제는 산성대모를 모셔와 읍내 성황신과 합사하여 마을을 돌며 영험을 보이는 방식으로 전환되었다. 그러한 방식은 1563년 유교식 성황제로 바뀌기 전까지 계속되었다.

조선중기에는 단오 때 무속식으로 지내던 성황제를 유교식 성황제로 바꾸었다. 유교식 제의란 삭망제로 매달 1일과 15일에 유교식 제사를 지내는 방식을 말한다. 따라서 이 제의방식은 고을민 전체가 참여하는 방식이 아닌 제사형식로 진행되었다. 다만, 조선후기의 제의형태에 대해서는 후술하다시피 기록이 자세하지 않다. 아마도 중기 이후의 관행이 지속되었을 가능성이 크지만, 역시 자세하지 않다. 일제강점기의 경우도 무속에 의해 주도되었다는 사실 이외에 별다른 기록이 찾아지지 않는다.

이와 같이 700년간 순창 성황제 가운데 제의구조와 내용을 확인할 수 있는 시기는 고려말에서 조선전기 외에는 찾기 어렵다. 따라서 성황제의 복원은 부득이 이 시기에 집중할 수밖에 없다. 이러한 점을 감안할 때, 성황제의 복원은 우선 고려말에서 조선전기의 제의에 초점을 맞추어 진행할 수밖에 없음을 밝혀둔다.

2. 순창 단오성황제 연행의례의 절차와 구성

1) 연행의례의 절차

순창 단오성황제는 매년 음력 4월 30일에서 5월 5일까지 6일간 거행되었다. 이 기간은 성황제의 본 행사 기간을 의미한다. 순창 단오성황제는 본 행사를 전후로 사전 행사와 사후 행사로 구분할 수 있다. 이를 다시 정리하면, 순창 단오성황제는 크게 사전 행사, 본 행사, 사후 행사로 구분할 수 있다.

〈표 2〉 순창 단오성황제 연행의례의 절차와 기간

구분	의례절차	일시	비고
사전 행사	신주(神酒)빚기	음력 4월 20일	행사 10일전
	제관 재계(齋戒)	음력 4월 27일~4월 29일	3일
	신당 소제, 금줄치기 황토뿌리기, 제수 준비	음력 4월 29일	1일
본 행사	영신(迎神)의례	음력 4월 30일	1일
	오신(娛神)의례	음력 5월 1일~5월 5일	5일간 (4일 반나절)
	송신(送神)의례	음력 5월 5일 오후	1일 (반나절)
사후 행사	행사평가 및 보고서	음력 5월 30일	행사 후 30일 이내

사전 행사는 '신주神酒 빚기'와 '제계齋戒', 그리고 당집의 금줄치기, 황토뿌리기 등으로 구분된다. 신주 빚기는 제사 때 사용할 신주를 빚는 절차로 행사 40일 전인 4월 20일에 시행한다. 이는 전통주를 빚는 시간이 최소 10일이 소요되는 것을 근거로 삼은 것이다. 만일 순창의 전통주가 있다면, 신주빚기는 그 기간에 따른 기간을 조정하면 좋을 것이다. 재계齋戒는 성황제 당일 고유제를 지내기 위해 참가하는 초헌관, 아헌관, 종헌관이 제사 전에 몸과 마음을 청정하게 하면서 부정한 일을 삼가는 절차를 의미한다. 행사 3일 전인 4월 27일부터 4월 29일까지 3일간 거행한다. 신당의 소제, 금줄치기, 황토뿌리기, 제수 준비 등은 행사 하루 전인 4월 29일 하루 동안 진행된다.

본 행사는 크게 영신迎神의례, 오신娛神의례, 송신送神의례로 구분된다. 먼저 영신의례는 음력 4월 30일, 오신의례는 음력 5월 1일부터 5월 5일까지 5일간 진행된다. 송신의례는 5월 5일 오후에 반나절로 진행된다. 사후 행사는 단오성황제의 본 행사가 끝난 뒤 30일 이내에 행사 평가 및 보고서를 작성한다. 행사 결과보고서는 가능한 매년 백서 형태로 간행하여 향후 근거자료로 남겨두는 것은 물론 다음 해 재현행사의 준비 자료로 활용한다.

2) 제의공간

순창 단오성황제는 순창군 읍내와 그 주변에 위치한 제의공간을 중심으로 이루어진다. 그 공간은 크게 '대모산성大母山城의 사당祠堂', 순창군 읍내邑內에 위치한 '성황당城隍堂', 그리고 읍내 주변에 분포한 '향리 5가家'로 구분된다. 이를 구체적으로 살펴보면 다음과 같다.

〈표 3〉 순창 단오성황제의 제의공간

구분	대모산성의 사당	읍내 성황사	향리집	비고
별칭	(가칭) 대모당	옥천동 성황당	향리가 설당(設堂)	

위치 (현 주소)	군 서쪽 4리 (순창읍 백산리 산55)	객관 서쪽 1리 (순화리 442-1,2,3,5)	읍내 주변 5곳 (위치 미상)	5곳 : 설(薛) · 염(廉) · 임(林) · 조(趙) · 호(扈) /옹(邕)
크기/형태	1간 기와집(瓦屋 추정)	3간 기와집(瓦屋)	미상	
제의 절차	영신의례	영신(합사)의례	오신의례	
현 공간	없음	없음	없음	
재현 방안	임시 사당	임시 성황사 또는 객사	가설당(假設堂)	

첫째, 대모산성의 사당祠堂이다. 대모산성의 사당은 13세기에 순창군에서 성황신앙을 도입할 때, 성황신을 처음 모신 곳이다. 『신증동국여지승람』에 따르면, 대모산성은 "군郡의 서쪽 4리에 있는데, 석축石築으로 둘레는 7백 80자, 높이 26자이다. 그 안에 못池이 하나 샘泉이 하나, 그리고 군창軍倉이 있다."고 적혀 있다. 「순창성황대신사적현판」에 따르면, 사당으로만 표기되어 있어 '성황당' 내지 '성황사'라 불렀음을 짐작할 수 있다. 어떻든 대모산성의 사당은 순창에서 성황제를 지낸 장소였다. 고려의 조정에서는 이 곳 성황당에 신호神號와 봉작封爵을 내렸으며, 이 곳의 성황제를 '국제國祭'로까지 승격하였다. 대모산성의 성황신을 처음에는 '성황대왕城隍大王'으로 부르다가 '성황대부城隍大夫', 삼한국대부인三韓國大夫人 등으로 하였다. 그러다가 설공검을 성황사의 주신으로 모신 뒤에는 '산성대모山城大母'라고 부른 것이 확인된다. 따라서 산성대모를 모셨던 신당을 여기서는 가칭 '대모당大母堂'이라고 부르고자 한다. 단오성황제 때 대모당에서는 고유제와 함께 영신의례가 펼쳐진다.

그러나 현재 대모산성(순창읍 백산리 산 55)에는 옛 신당인 대모당이 남아있지 않다. 더구나 여러 차례의 발굴조사를 했으나 아직 산성 내에서 사당의 터나 흔적은 발견되지 않았다. 그러므로 현재로서는 대모당의 정확한 위치나 규모를 가늠하기 어려운 실정이다. 이 점은 향후 추가 발굴조사를 통해 밝혀져야 할 부분이다. 다만, 일반적인 산성 내 사당의 규모가 1칸을 넘지 않았을 것으로 추정된다. 현 단계에서 단오성황제의 재현 행사를 추진하기 위해서는 대모산성 내에 잠정적으로 대모당에 해당하는 가설공간을 세우거나, 별도로 다른 장소에

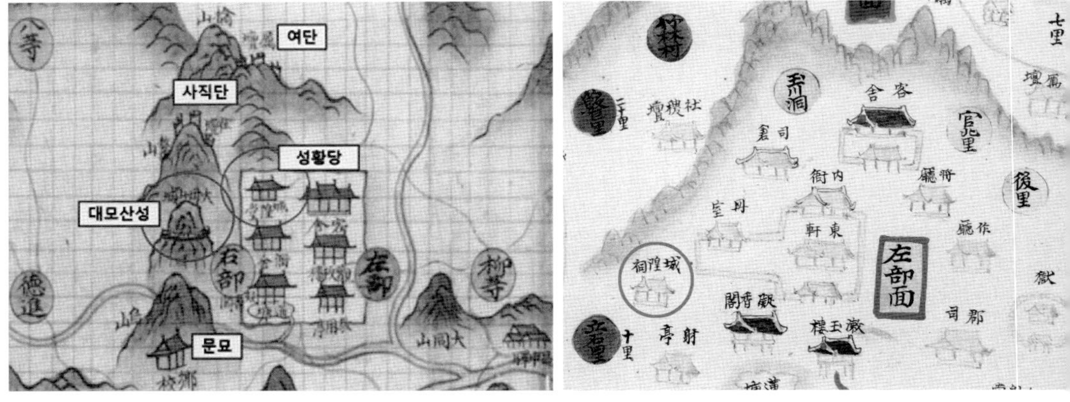

◀〈그림 2〉 순창군 대모산성과 읍내 성황당 비변사방안지도(1745~1765, 규장각)
▶〈그림 3〉 읍내 성황사와 공간배치(≪순창군지도≫, 1872년, 규10476)

대모당의 가설공간을 세워 행사를 진행하는 방안이 있다.

둘째, 읍내 성황사이다. 지역에서는 일명 '옥천동 성황당'이라고 부른다. 성황사는 기록에 따라서는 '성황사城隍祠'라고도 불렀다. 읍내 성황사는 대모산성의 성황당이 세워진 뒤 고려말 설공검이 죽자 그를 새롭게 성황 주신主神으로 모시기 위해 세운 두 번째 '성황당'이다. 〈그림 2〉에 따르면, 대모산성과 읍내 성황당의 위치가 매우 가깝게 느껴진다. 실제로 『순창군읍지』에 따르면, "성황사가 객관客館의 서쪽 1리에 있다"고 적혀 있다.[1] 대모산성이 읍내에서 서쪽 4리에 위치했으므로, 읍내 성황사와 대모산성의 거리는 3리, 즉 1,4km 떨어져 있었다.[2]

〈그림 3〉에 따르면, 성황사는 객사에서 서쪽 1리 거리에 위치한 모습을 볼 수 있다. 당시 객사나 응향각凝香閣, 수옥루漱玉樓와 같이 청기와로 그려진 건물과 달리, 옥천동 성황사는 다른 관아 건물과 같이 일반 기와로 지어진 한옥 형태로 확인된다. 성황사의 위치는 그동안 주민들의 증언에 따르면, 옥천동(순화리

1 大母山城 在郡西四里 今廢地(『淳昌郡邑志』 城郭, 1863년, 규17404).

2 조선시대는 주척으로 6척을 1보로 삼고, 1리를 360보로 삼았다. 세종 때 쓰던 주척으로 계산하면, 1보가 주척 6자이므로, 21.79cm×6자=13,074cm이고, 1리는 13,074cm×360보=47,066cm이다. 따라서 1리는 470m이므로 3리는 1.4km가 된다.

445번지)라고 알려져 왔다.[3]

잘 알다시피 1908년 대한제국의 향사이정享祀釐正 조치 이후 성황사를 비롯한 국가의 제사 터는 모두 국유화하였다. 실제로 『전라북도조사재료』(1910)에 따르면, 순창군의 모든 제사 터는 국유화한다는 기록이 확인된다.[4] 그러한 점에 미루어 볼 때, 1910년 이후 순창 성황사의 터가 한동안 국유지로 남아 있을 가능성이 크다.

그러나 1915년에 조선총독부에서 작성한 순창군의 『지적원도』를 확인해 본 결과, 445번지는 사유지로 확인되었다.[5] 이 사실은 445번지가 성황당의 위치가 아니라는 사실을 반증한다. 반면에 당시 국유지는 바로 그 옆에 위치한 442-1,2,3,5번지로 확인되었다. 이 점은 이 곳이 성황사였을 가능성을 암시한다. 왜냐하면, 1940년에 성황사가 훼철될 때까지 성황사는 과거의 그 자리에 그대로 유지되어 왔기 때문이다.

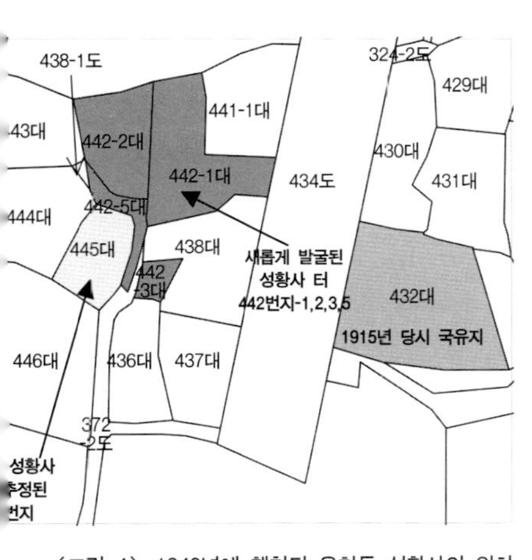

〈그림 4〉 1940년에 훼철된 옥천동 성황사의 위치
(순화리 442-1,2,3,5번지)

실제로 『지적원도』에서 순화리 405번지에서 545번지 주변 가운데 국유지로 남은 땅은 442번지와 432번지 밖에 없었다. 그 가운데 국유지 442번지에 사당社堂의 '사社' 표시가 적혀 있어 이곳이 제사와 관련된 장소였음을 분명히 말해준다.[6] 이러한 정황으로 볼 때, 성황사의 본래 위치는 순화리 442-1,2,3,5번지로 보는 것이 타당하다.[7] 당시 성황사 부근에 느티나무가 있

3 양만정, 「순창성황대신사적 현판의 발견과 그 고찰」, 『옥천문화』 1, 1993, 51쪽.
양정욱, 「순창 성황대신사적 현판의 발견과 의의」, 『성황당과 성황제 – 순창성황대신사적기 연구』, 민속원, 1998, 36쪽.

4 『전라북도조사재료』(1책, 奎 21291), 1910, 33~34쪽.

5 445번지의 소유자는 김판금으로 확인된다(「전라북도 순창군 순창면 순화리-008」, 『지적원도』, 조선총독부 임시토지조사국, 1915).

6 「전라북도 순창군 순창면 순화리-008」, 『지적원도』, 조선총독부 임시토지조사국, 1915.

었던 점도 성황사의 위치를 찾는데 일정하게 기여할 가능성이 크다. 다만, 좀더 구체적인 내용은 추후 발굴조사와 연구를 통해 뒷받침될 수 있으리라 여겨진다.[8]

〈그림 5〉 읍내 성황사로 사용할 있는 순창 객사(1759), 전북 유형문화재 제48호

읍내 성황사는 음력 4월 30일 영신의례에 따라 산성대모를 맞이하여 그날 저녁 합사하는 의례가 이루어진다. 읍내 성황사는 몇 차례의 수축과 개축을 통해 유지되다가 1940년에 누수에 의해 훼철되었다.[9]

현재 그 번지에 가옥이 들어서 성황사의 흔적을 정확히 찾기가 어렵다. 향후 순창 단오성황제의 재현을 위해서는 별도의 장소에 임시 성황사를 세워 진행하거나 현재 순창에 남아있는 객사의 공간을 이용하는 것도 하나의 대안이 될 수 있다.[10] 그 이유는 조선초기에 성황신을 객사에 모셔 놓고 제사를 지낸 사례가 확인되기 때문이다.[11]

7 순화리 442번지는 지번이 442-1, 442-2, 442-3으로 나눠져 있다. 아마도 원래 하나의 국유지였던 것이 매각되면서 3개의 필지로 나눠졌을 가능성이 있는 것으로 추정된다.

8 성황사의 원 위치인 442번지 일대는 순창군에서 별도의 토지 수용을 통해 발굴 조사하는 것이 바람직해 보인다.

9 1940년경 읍내에 사는 아전 강씨가 설진강씨를 찾아와 옥천동 성황당에 천장에서 누수가 있고 기둥이 썩고 있다고 하여 현판과 남신목상을 옮겨와 현판은 보관하고 산상은 인근 선산에 묻었다고 증언한다(설명환 증언, 2022. 1. 20).

10 현재 전북 순창군 순창읍 순창7길 40(순화리)에 있는 순창 객사는 영조 35년(1759)에 지어진 조선 후기의 관청 건물이다. 원래는 가운데의 정당을 중심으로 왼쪽에 동대청, 오른쪽에 서대청, 앞쪽에 중문과 외문 그리고 옆쪽에 무랑 등으로 이루어져 있었으나, 지금은 정당과 동대청만이 남아있다.

11 어숙권의 『패관잡기』에 따르면, 청풍(淸風) 고을 백성이 나무로 만든 인형(木偶人)을 신이라 하여 매년 5, 6월 사이에 객사(客舍)에 모셔 놓고 크게 제사를 베풀면, 그 고장 사람들이 모여

〈그림 6〉 순창 향리 5가(家)[설(薛)·염(廉)·임(林)·조(趙)·호(扈) 또는 옹(邕)씨 향리] 분포 상상도
『淳昌郡地圖』, 1872, 奎10476, 서울대학교 규장각 한국학연구원 소장

셋째는 향리 5가家이다. 향리 5가는 오신의례를 행하기 위한 임시 제당인 셈이다. 이때 향리 집을 5곳으로 정한 데에는 순창의 유력 성씨인 토성이 다섯 성씨였던 점과 무관하지 않다. 고려말에서 조선전기까지 순창의 다섯 토성은 설薛·염廉·임林·조趙·호扈 또는 옹邕로 확인된다. 따라서 향리 5가는 순창의 유력 토성인 다섯 성씨의 집에서 유래했을 가능성을 알 수 있다. 〈그림 6〉은 향리 5가를 순창 읍내에 임의로 배치한 것이다.

오신의례는 순창군 내 유력 향리 집에 임시 제당을 세우고 성황대신과 성황여신의 영험함을 골고루 나눠준다는 의미를 갖는 것이다. 오신의례는 5월 1일에서 5월 5일까지 매일 향리 집을 돌며 5일간 지속한다. 다만, 현재 향리 집이 남아

들어 폐해를 끼친 지 이미 오래되었다. 김연수가 군수가 되자 곧 남녀 무당을 잡아다가 곤장을 치고, 그 나무인형을 불살라 버려 요사스러운 제사가 드디어 끊어졌다(『해동잡록』 2, 本朝, 金延壽).

있지 않다. 따라서 순창 단오성황제의 재현행사를 행할 경우에는 향리 5가에 각각 임시로 굿당을 가설하여 세워 진행한다. 다만, 향리 5가 가운데 행사 여건에 따라 1곳 또는 2곳 정도만을 정해 설당設堂하여 시행할 수도 있다.

3) 참여인원

순창 단오성황제 연행의례의 참여인원은 최소한 100여명의 인원이 필요해 보인다. 그 구성인원을 유형별로 살펴보면 크게 태수 및 관속, 무녀 및 악사, 정재인, 기치 및 의물, 군민, 기타 등으로 구분된다. 이를 간략히 정리해 보면 다음과 같다(<표 4>).

먼저, 태수 및 관속은 태수 1, 호장 2, 통인 1, 육방 향리(이방, 호방, 예방, 병방, 형방, 공방) 6, 견마배 1 등 총 11인으로 구성한다. 이때 고유제는 태수가 하고 호장 2인이 대축, 찬자를 하고, 이방이 알자를 행한다.

무녀 및 악사는 무속제의와 악기 연주를 담당한다. 무녀 4, 화각 2, 쇠 3, 징 3, 장구 3, 소고 3, 나각 2 등 총 18인으로 구성한다. 정재인은 기녀 6인, 재인 4인, 광대 2인 등 총 12인으로 구성한다.

〈표 4〉 순창 단오성황제 인원구성

태수 및 관속	무녀 및 악사	정재인	기치 및 의물	군민	비고
태수 1인	무녀 4인	기녀 6인	행사기 1인	주민 22인	1읍10면 주민
호장 2인	화각 2인	재인 4인	성황대신기 1인	풍물/초롱	
통인 1인	쇠 2인	광대 2인	성황여신기 1인		
육방향리 6인	징 2인		신대 1인		
견마배 1인	장구 2인		오방기 5인		
	북 2인		영기 2인		
	소고 2인		청도기 2인		
	나각 2인		번기 2인		
			농기 2인		

			사명기 1인		
			1읍10면기 11인		
인원 : 11인	인원 : 18인	인원 : 12인	인원 : 29인	인원 : 22인	총 92인

기치 및 의물은 순창 단오성황제 연행의례 때 사용하는 각종 깃발이나 신대를 소지하는 인원을 말하는데, 단오성황제행사기 1, 성황대신기 1, 성황여신기 1, 신대 1, 오방기 5, 영기 2, 청도기 2, 번기 2, 농기 2, 사명기 1, 1읍10면기 11 등 총 29인으로 구성한다. 군민은 1읍10면에서 각기 2인이 참여하여 총 22인으로 구성한다. 이들을 모두 합하면 총 92인 정도가 된다. 이외에 순창 지역내에 풍물패가 참여할 수 있는데, 그 인원수는 제한하지 않는다.

3. 순창 단오성황제 연행의례

순창 단오성황제 연행의례는 단오절을 기준으로 4월 30일에서 5월 5일까지 진행하는 것이 원칙이다. 하지만, 실제로 성황제를 열기 위해서는 그 기간에 앞서 사전행사가 필요하다. 따라서 순창 단오성황제 연행의례는 실제로 사전행사와 본 행사로 구분된다. 이를 간략히 표로 정리하면 다음과 같다(<표 5>).

〈표 5〉 순창 단오성황제 연행의례 행사현황

구분	절차		일시(음력)	장소
사전행사	신주빚기		4.20	화주 집
	재계		4.27~29	제관 집
	제사준비		4.29	대모당, 성황사
본 행사	영신의례	고유제	4.30	읍내 성황사
		영신제	4.30	대모당
		합사굿	4.30	읍내 성황사

	오신의례	단오굿	5.01	향리1가
		단오굿	5.02	향리2가
		단오굿	5.03	향리3가
		단오굿	5.04	향리4가
		단오굿	5.05	향리5가
	송신의례	대동굿	5.05	읍내 공터
		소제	5.05	경천 남변

1) 단오성황제의 사전행사

순창 단오성황제의 사전행사는 4월 20일부터 4월 29일까지 열렸다. 이를 구체적으로 살펴보면 다음과 같다(<표 6>).

〈표 6〉 순창 단오성황제의 사전행사 절차

구분	절차	일시(음력)	장소	내용
사전의례	신주빚기	4.20	화주 집	제례에 쓸 신주를 빚는다
	재계	4.27~29	제관 집	제의 참여자의 목욕재계, 금기사항 준수
	제사준비	4.29	제당	당집 소제, 금줄치기, 황토뿌리기, 제수 준비

(1) 신주빚기

음력 4월 20일에 신주神酒를 빚는다. 행사 10일 전 신주빚기는 제례에 쓸 술을 만드는 일을 말한다. 신주를 빚은 뒤 금줄로 봉해 놓는다. 신주빚기 절차부터 사실상 단오성황제가 시작되는 셈이다.

(2) 재계

음력 4월 27일부터 29일까지 3일간은 제관들의 재계齋戒가 이루어진다. 재계는 제례에 참여하는 헌관과 집사자들이 목욕재계를 통해 몸과 마음을 깨끗이 하고 부정한 일을 멀리하는 등 금기 사항을 준수한다. 이때 금기 사항은 재계

기간에 지켜야 할 사항으로 언행을 함부로 하지 않으며, 술을 절제하고 여러 가지 부정한 일을 저지르지 않으며 부정 타는 일에 참예하지 않아 몸과 마음을 깨끗이 하는 것 등이다.

(3) 제사준비

음력 4월 29일에는 제사준비 절차를 진행한다. 우선 성황제가 거행될 대모산성의 대모당과 읍내 성황사를 청소하고 금줄치기와 황토를 뿌려 부정을 막는다. 아울러 제의 때 사용할 제수 준비를 행한다.

2) 단오성황제의 본 행사

음력 4월 30일부터 5월 5일까지 6일간 본 행사가 시작된다. 순창 단오성황제는 영신迎神, 오신娛神, 송신送神의 3단계 의례구조와 절차를 갖는다. 이를 간략히 정리하면 다음과 같다(<표 7>).

〈표 7〉 순창 단오성황제의 본 행사 절차

구분	절차	일시(음력)	장소	내 용
영신의례	고유제	4.30	읍내 성황사	당일 아침 단오성황제의 개최를 성황신에게 알리는 절차를 읍내 성황사에서 갖는다.
	영신제	4.30	대모당	통인이 사모관대하고 역마타고 산성대모당으로 가서 혼을 모신다. 이때 유교제의와 강신의례를 행한 후 성황여신을 모시고 내려온다.
	합사굿	4.30	읍내 성황사	성황여신을 성황사에 봉안한다. 성황신 부부의 합사의식을 거행한다.
오신의례	단오굿	5.01	향리1가	성황부부를 첫 번째 향리가로 모시는 제의이다. 무당, 풍물패, 사람들이 따르며 축제분위기를 만든다. 첫 번째 향리1가에서 성황부부를 모신 뒤 당굿을 벌인다.
		5.02	향리2가	당일 아침 성황부부를 모시고 향리 2가로 가서 성황기를 세우고 당굿을 벌인다.

		5.03	향리3가	당일 아침 성황부부를 모시고 향리 3가로 가서 성황기를 세우고 당굿을 벌인다.
		5.04	향리4가	당일 아침 성황부부를 모시고 향리 4가로 가서 성황기를 세우고 당굿을 벌인다.
		5.05	향리5가	당일 아침 성황부부를 모시고 향리 5가로 가서 성황기를 세우고 당굿을 벌인다.
송신의례	대동굿	5.05	읍내공터	오후에 향리 5가에서 나와 고을 공터에서 대동굿을 벌인다. 이때 모든 정재가 베풀어진다.
	소제	5.05	남문 밖	마지막 환우굿을 통해 성황부부를 돌려 보내는 의식을 벌인다. 소제로 모든 것을 태운 뒤 성황제를 마친다.

(1) 영신의례

영신의례는 4월 30일 대모산성의 성황여신을 맞이하여 읍내 성황사에 합사하는 절차이다. 그 구체적인 절차는 크게 고유제, 영신제로 이루어진다. 다만, 영신제에는 대모당 영신행렬, 대모당 유교제의와 무속제의, 성황사 영신행렬 등으로 구성된다.

① 고유제

영신의례의 첫 번째 절차는 고유제다. 고유제告由祭는 4월 30일 당일 아침 읍내 성황사에서 성황신에게 성황제의 거행을 고하는 제사이다. 헌관이 집례의 홀기에 따라 분향하고 부족하면 대축이 고유문을 읽는다. 참여자는 제사를 진행하는 집례, 축문을 읽은 대축, 고유제의 대표자격인 헌관, 헌관을 인도하는 알자, 제사의 진행을 돕는 집사, 제사에 쓰는 향과 향로를 담당하는 봉향과 봉로 등이다.

고유문(告由文)

모년 모월 모일 간지에 순창 태수 ○ ○ ○는 성황대왕에게 감히 밝게 고합니다. 엎드려 생각하건대 고을이 크게 되는 데는 신의 힘이 없는 법이 없습니다. 옥천 고을에 백성이 평안히 사는 것은 모두 신령님의 덕택입니다. 금년 단오를 맞이하여 성황제를 거행하고자 하여 삼가 제향을 올립니다.

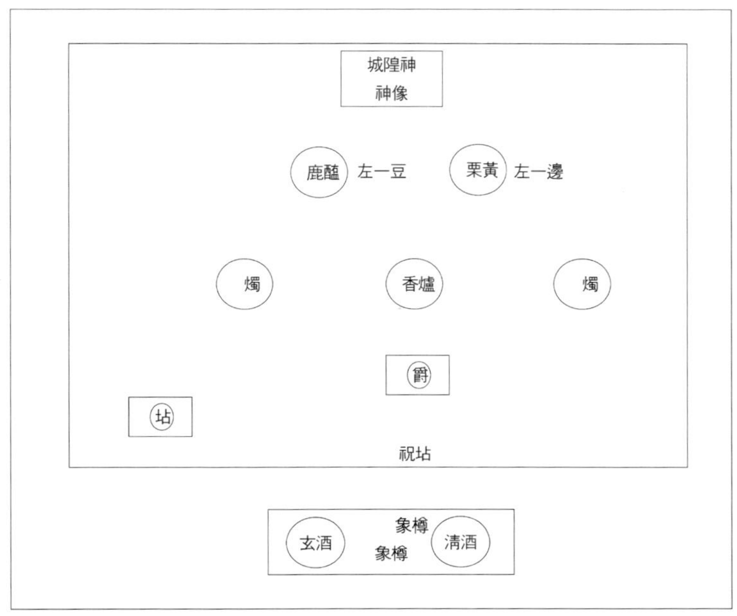

〈그림 7〉 순창 단오성황제의 고유제 진설도

순창 단오성황제의 고유제는 읍내 성황사에서 거행한다. 다만, 현재 성황사가 존재하지 않으므로 순창 객사를 활용하거나 별도의 가설무대를 설치하여 지내는 것이 바람직해 보인다. 여기서 고유제 진설도는 『국조오례의』 길례 성황발고城隍發告에 의거하여 작성하였다. 그 까닭은 현재 남아있는 문헌 기록 가운데 순창 단오성황제의 고유제에 가장 근접한 자료라고 판단하기 때문이다.

왼쪽에 변籩 1개에 껍질을 벗겨 깎은 밤인 율황栗黃을 담는다. 율황의 껍질을 벗기는 이유는 벌레가 먹었을까 염려되어 쪼개고 깎아서 올렸다. 오른쪽에 두豆 1개에 녹해鹿醢를 담는다. 녹해는 사슴고기를 소금에 절여 숙성시킨 젓갈로, 국물이 없는 것이다. 사슴고기를 말려서 포脯로 만든 다음, 그것을 잘게 썰어서 수수로 만든 누룩과 소금에 섞고, 좋은 술에 담가 항아리에서 100일 동안 두었다. 술잔인 작爵 1개는 변과 두 사이에 있다. 축문을 놓는 받침대인 점坫이 하나 있다. 정사각형의 평평한 받침대로 가운데 부분을 둥글게 파놓았다. 상준 2개에 현주와 청주를 담는다. 모두 국자를 놓아 둔다. 멱冪은 단위 동남쪽 모퉁이에 북쪽을 향하여 놓는데 서쪽을 위로 하였다.

② 영신제

영신제迎神祭는 4월 30일 아침 고유제를 마치고 난 뒤, 읍내 성황사에서 대모산성의 대모당으로 올라가 여성황신을 맞이해 오는 의례이다. 영신제는 대모당 행렬, 영신제, 호혼굿, 하당행렬 가지 절차로 구성된다.

가. 대모당 영신행렬

상당上堂에 해당하는 대모산성 성황당의 대모신을 맞이하는 영신행렬이다. 이를 '대모당 영신행렬'이라고 부른다. 통인通引을 비롯한 육방관속과 군민들이 읍내를 출발하여 대모산성의 대모당으로 올라가서 여성황신의 혼을 모시는 절차이다. 이때 성황여신기와 신 내림대인 신대를 들고 간다. 이러한 행차를 '영신행렬'이라고 부른다. 여성황신맞이 영신행렬을 순서대로 제시하면 다음과 같다.

대모당영신행렬

순창단오성황제 행사기 1인 – 나각 2인 – 영기 2인 – 청도기 2인 – 순창군사명기 1인 – 견마배 1인 – 통인 1인 – 제관 2인 – 육방향리 6인 – 1읍10면기 11인 – 화각 2인 – 영기 2인 – 성황여신기 1인 – 신대 1인 – 무격 4인 – 악사 10인 – 오방기 5인 – 정재기 2인 – 악대 6인 – 기녀 6인 – 재인 6인 – 광대 2인 – 농기 2인 – 군민 등

약 100여명의 행렬대가 행악에 따라 열을 지어 대모산성으로 출발한다. 영신행렬은 태수를 대신해서 여성황신을 맞이하러 가는 통인이 중심이 된다. 따라서 성황여신기는 통인의 행렬 뒤를 따른다. 현판 기록에 따르면, "매년 4월 그믐날에 사모관대紗帽冠帶하고 역마驛馬를 타고 가면 그 앞뒤에 도보로 정재인이 벌려서서 열 지어 따른다"고 기록하고 있다. 이때 정재인은 무녀, 기녀, 재인, 광대로 구성되어 갖가지 재주를 선보이며 행렬에 참여한다.

나. 영신제

영신제迎神祭는 대모산성의 성황당인 대모당에서 여성황신을 맞이하는 제사 절차이다. 영신제는 유교식 제의와 무교식 제의인 강신의례 두 가지로 이루어진다. 먼저 유교식 제의는 다음과 같다. 대모산성의 대모당에 도착하면 향리 가운데 재물을 담당하는 화주化主와 음식을 담당하는 별좌別座는 제물을 진설한다. 제물은 행차가 오기 전에 진설할 수도 있다. 진설이 끝나면 대모신에게 영신제를 행한다. 영신제는 태수를 대신하여 통인이 초헌관, 호장 2인이 아헌관, 종헌관 순으로 유교식 제의로 거행한다.

영신제 축문

모년 모월 모일 간지 옥천 여성황신께 고합니다. 엎드려 생각하건대 이 고을을 주장하는 자는 대모님이요. 백성은 그 덕에 의지하고 있습니다. 대대로 전해 내려오는 단오를 맞이하였습니다. 정성을 다하여 희생과 단술을 마련하여 밝게 올리오니 흠향하시고 엄숙히 주위에 내려 오시기를 바라옵니다.

행례(行禮)

대모당에 도착하면 찬자와 알자가 먼저 사배한다. 이어 축 및 제집사가 축 이하는 모두 사배한다. 이어 알자가 헌관을 인도하여 들어가 자리로 나아간다. 알자가 헌관의 왼쪽으로 나아가서, "유사가 삼가 갖추었으니 행사하실 것을 청합니다"라고 아뢰고, 물러나 자리로 돌아간다. 찬자가 "사배하시오"라고 말한다. 헌관은 사배한다.

찬자가 "초헌례를 행하시오"라고 말한다. 알자가 초헌관을 인도하여 북향하여 선다. 먼저 세 번 향을 올린 뒤 작을 올린다. 축은 신상의 오른쪽으로 나아가 동향하여 축문을 읽는다. 마치면 알자가 "부복흥평신"하시라고 말하고, 인도하여, 내려가 자리로 돌아간다. 찬자가 "아헌례를 행하시오"라고 말한다. 알자가 헌관을 인도하여 북향하여 선다. 아헌관이 작을 올린다. 마치면 알자가 "부복흥평신"하시라고 말하고, 인도하여, 내려가 자리로 돌아간다. 찬자가 "종헌례를 행하시오"라고 말한다.

알자가 헌관을 인도하여, 행례하는 것은 모두 아헌례대로 한다. 마치면 찬자가 "변두를 거두시오"라고 말한다. 축이 들어가 변두를 거둔다. 거둔다는 것은 변과 두 각 하나를 옛 자리에서 조금 옮겨놓는 것이다. 찬자가 "사배하시오"라고 말한다. 헌관은 사배한다. 알자가 헌관의 왼쪽으로 나아가서, 예가 끝났음을 아뢴다.

영신제의 진설도는 『국조오례의』 길례 여제성황厲祭城隍에 의거하여 작성하였다. 그 까닭은 현재 남아있는 문헌 기록 가운데 순창 단오성황제의 영신제와

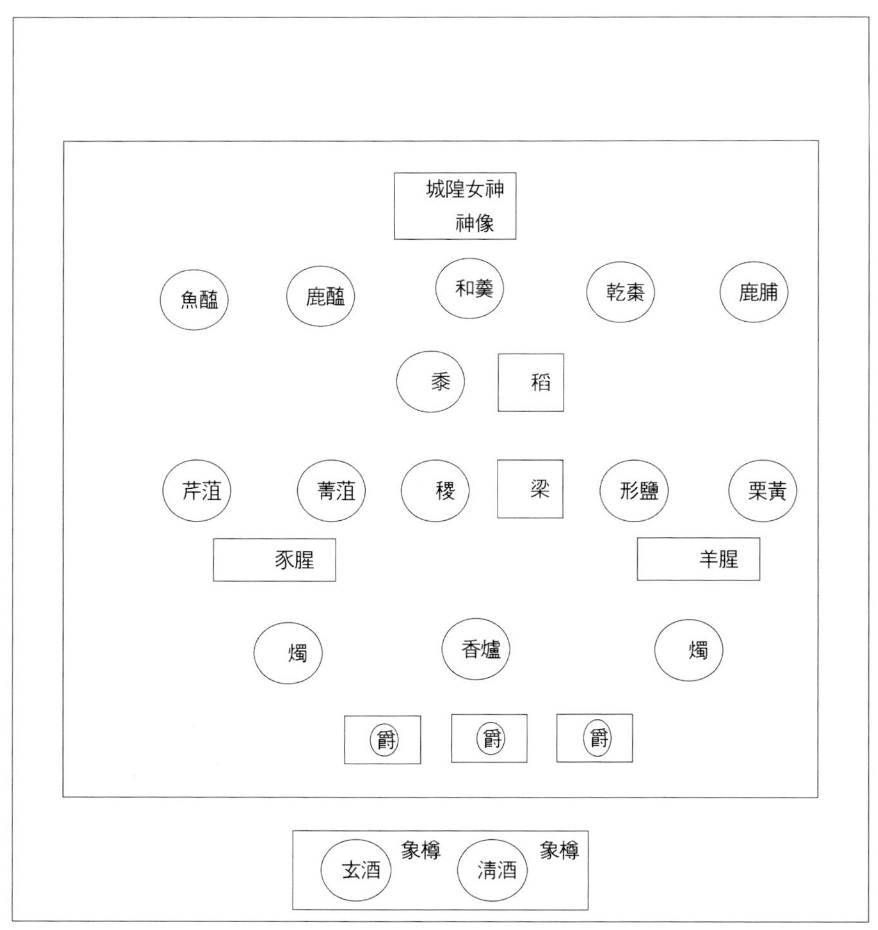

〈그림 8〉 대모당 영신제의 진설도

가장 근접한 자료라고 판단하기 때문이다. 변籩 4개가 두 줄로 놓이는데 오른쪽을 위로한다. 첫째 줄에는 호랑이 형상의 소금인 형염形鹽이 앞에, 마른 대추인 건조乾棗가 다음에 있다. 둘째 줄에는 율황이 앞에, 녹포鹿脯가 다음에 있다. 두 4개가 오른 쪽에 두 줄로 놓이는데 왼쪽을 위로 한다.

첫째 줄에 소금에 절인 무 김치인 정저菁菹가 앞에, 녹해가 다음에 있다. 둘째 줄에는 생미나리를 소금에 절여 숙성시킨 근저芹菹가 앞에, 숭어秀魚로 만든 식해인 어해魚醢가 다음에 있다. 희생 고기를 담는 그릇인 조俎가 2개 있는데, 1개는 변 앞에 하나는 두 앞에 있다. 변 앞의 조에는 양성羊腥을 담고, 두 앞의 조에는 시성豕腥을 담는다. 보簠와 궤簋 각 2개는 변두 사이에 있는데, 보는 왼쪽에 궤는 오른쪽에 있다. 보에는 도稻와 양粱을 담는데, 양은 도의 앞에 있고, 궤에는 서黍와 직稷을 담는데, 직이 서의 앞에 있다. 형鉶 1개는 보궤簠簋의 뒤에 있고 화갱和羹을 담고 국에 넣는 건더기로 미끌미끌한 아욱인 모활芼滑을 놓아 둔다. 작 3개는 보궤의 앞에 있다. 각각 점坫이 있다. 상준 2개에 현주와 청주를 담는다. 모두 국자를 놓아 둔다. 멱은 단 위 동남쪽 모퉁이에 북쪽을 향하여 놓이는데 서쪽을 위로 한다.

다음은 무속식 제의이다. 영신제가 끝나면 무격에 의한 강신의례가 베풀어진다. 강신의례는 여성황신을 부르는 굿으로 신내리는 의식으로 일명 '초혼굿'이라고 부른다. 이때 신대를 들고 성황신의 혼을 부르는 의식을 행한 뒤 여성황신의 혼을 받는다. 이때 신대는 대나무에 5개의 방울을 달았는데, 신 내림의 절차가 이루어지면 방울이 흔들리며 소리가 난다. 북 소리가 나는 가운데 방울이 울리면 신내림이 이루어진 것으로 보고, 신대에 적색, 백색, 녹색, 황색, 청색의 오색 천을 감아 신이 내렸음을 알리는 의식을 행한다. 이 같은 강신의례를 마치면, 여성황신을 모시고 읍내로 돌아온다. 강신의례의 구체적 내용은 "6장 순창 단오성황제의 무속 제의"의 대모당 강신의례를 참고하기 바란다.

다. 성황사 영신행렬

강신의례를 마치면, 대모당의 여성황신을 모시고 하당下堂 내지 본당本堂에 해당하는 읍내 성황사로 내려간다. 이를 '성황사 영신행렬'이라고 한다. 성황사 영신행렬은 대모산성에 오를 때와는 행렬의 순서가 바뀐다. 그 행렬은 다음과 같다.

> 성황사 영신행렬
>
> 순창단오성황제 행사기 1인 – 화각 2인 – 영기 2인 – 청도기 2인 – 성황여신기 1인 – 신대 1인 – 무격 4인 – 악사 10인 – 오방기 5인 – 순창군사명기 – 나각 2인 – 영기 2인 – 견마배 1인 – 통인 1인 – 제관 2인 – 육방향리 6인 – 1읍10면기 11인 – 정재기 2인 – 악대 6인 – 기녀 6인 – 재인 6인 – 광대 2인 – 농기 2인 – 군민 등

이때 영신행렬은 여성황신을 모신 성황여신기와 신대가 중심이 된다. 따라서 통인의 행렬은 성황여신기는 뒤를 따른다. 이때 풍물은 천으로 장식한 신대를 앞세우고 흥겨운 가락을 연주한다. 기녀와 재인들은 흥겨운 노래와 재주를 보이며 신의 행차를 따른다.

③ 합사굿

합사굿은 읍내 성황사의 성황대왕과 대모당의 성황부인을 합사시키는 의식이다. 여성황신과 여성황신 행차가 읍내로 내려와 성황사에 도착하면, 무격들이 영신굿을 하여 신을 좌정시키고 합사의례를 행한다. 단오성황제는 성황부부 두 신격의 영험함을 통해 읍내의 평안과 번영을 기원하는 제사의식이라고 할 수 있다. 강신의례는 성황영신, 성황근본, 성황하강, 합사 등 4개의 절차로 이루어진다. 그 구체적 내용은 "6장 순창 단오성황제의 무속 제의"의 읍내 성황사 합사의례를 참고하기 바란다.

(2) 오신의례

5월 1일부터 5월 5일까지는 읍내에서 오신娛神의례가 열렸다. 오신의례는 곧 성황부부 신을 즐겁게 하는 절차로서, 일명 '단오굿'이라고 부른다. 단오굿은 신인합일神人合一을 통해 베풀어지는 일종의 축제굿이라고 할 수 있다.

5월 1일부터는 남성황신과 여성황신을 모시고 본격적인 단오굿을 벌인다. 이는 성황부부신을 모시고 오신의례를 벌이는 절차이다. 먼저 성황부부를 모시고 읍내를 도는 신유神遊 행사를 한 뒤 첫 번째 향리가로 모시고 당굿을 벌이는 제의이다. 이대 향리가에 당을 설치하여 성황대왕이 성황부인을 거느리게 하고 큰 깃발을 세워 표시하였다. 무당의 무리들이 어지러이 떼지어 모이고 나열하여 정재를 하며 순행하여 제사를 받들었다. 이때 무당, 풍물패, 기녀, 재인, 광대, 사람들이 따르며 축제 분위기를 만든다.

첫 번째 향리 1가에서 성황부부를 모신 뒤 향리가 제례를 드리면 당굿을 벌인다. 당굿은 잡귀를 돌아내고 복을 불러들이기 위한 벽사를 위한 축원굿의 성격을 갖는다. 이때 무격이 노래와 춤을 통해 신을 즐겁게 하며 신탁을 전하는 공수 절차를 행하였다. 그 내용은 향리가의 생사화복을 점치고 처방하는 일이었다. 당굿에는 남녀・귀천을 막론하고 많은 사람들이 굿당을 찾아와 축원을 빌었다.

5월 2일은 두 번째 향리 1가에서 성황부부를 모신 뒤 향리가 제례를 드리면 축원굿인 당굿을 벌인다. 이렇게 5월 1일부터 5일까지 하루씩 향리집을 번갈아 가면서 당을 세워 순행하며 제사를 받들었다. 향리가 무속제의는 성황 명당, 명당터잡기, 성국토, 지경다구기, 집짓기, 입춘붙이기, 성주경, 벼슬경, 노적 청하기, 업 청하기, 군웅대왕, 액막이 등 총 12마당으로 이루어진다. 그 구체적인 내용은 본 보고서 강신의례의 구체적 내용은 "6장 순창 단오성황제의 무속 제의"의 대모당 강신의례를 참고하기 바란다.

(3) 송신의례

5월 5일 오후에는 성황부부 신을 돌려 보내드리는 송신의례가 이루어졌다. 송신의례는 먼저 군민 전체가 참여하는 대동제를 베풀고, 환우굿을 통한 소제가 이루어졌다. 소제를 끝으로 6일간의 순창 단오성황제는 막을 내린다.

① 대동굿

5월 5일 오후에는 향리 5가에서 나와 관청 앞 또는 고을 공터에서 대동굿을 벌인다. 대동굿은 말 그대로 신인합일의 대동잔치를 말한다. 이때 성황제는 절정에 이른다. 따라서 정재 또한 군민화합과 대동단결을 위한 다양한 정재가 베풀어졌다. 이때 대동굿은 무격의 치성 속에서 기녀, 재인, 광대의 각종 정재가 베풀어진다. 무격들은 무가, 무무, 무악 등으로, 기녀들은 검무, 아박, 향발, 육화대 등으로, 재인과 광대들은 무동타기, 풍물, 상모돌리기, 땅재주, 솟대타기, 버나, 죽방울, 탈놀이 등을 연행하였다. 이러한 정재의 구체적인 내용에 대해서는 '7. 순창 단오성황제의 정재'를 참고하기 바란다.

② 소제

대동제를 마친 뒤에는 읍내 경천의 남쪽에 나가 소제燒祭를 행한다. 이때 소제를 할 때 행하는 절차가 환우굿이다. 환우굿은 경천 냇가로 가서 각종 신대, 지화 등을 불사르고 제관은 성황부부신에게 송신의 술잔을 올리고 제관, 무녀, 재인, 광대, 군민들은 불길을 향하여 절을 올리면서 행사를 마친다.

이상에서 살핀 바와 같이 순창 단오성황제는 6일간의 본 행사 일정을 모두 마치게 된다. 연행의례의 세부절차를 구체적으로 정리하면 다음과 같다(<표 8>).

〈표 8〉 순창 단오성황제의 연행의례 세부절차

일시	절차	의식	공간/장소	내용	비고(현 위치)
04.30	영신의례	고유제	읍내 성황사	성황제의 개최를 알림	객사
		대모당 영신행렬	성황사 → 대모당	여성황 신맞이 길놀이	
		영신제	대모당	유교의례, 강신의례	대모산성
		성황사 영신행렬	대모당 → 성황사	여성황 봉안 길놀이	
		합사굿	읍내 성황사	성황여신 성황신 합사의식	객사
05.01	오신의례	오신행렬	성황사 → 향리1가	성황신 부부 순행	
		단오굿	향리1가	축원굿	읍내 가설무대1
05.02	오신의례	오신행렬	향리1가 → 향리2가	성황신 부부 순행	
		단오굿	향리2가	축원굿	읍내 가설무대2
05.03	오신의례	오신행렬	향리2가 → 향리3가	성황신 부부 순행	
		단오굿	향리3가	축원굿	읍내 가설무대3
05.04	오신의례	오신행렬	향리3가 → 향리4가	성황신 부부 순행	
		단오굿	향리4가	축원굿	읍내 가설무대4
05.05	오신의례	오신행렬	향리4가 → 향리5가	성황신 부부 순행	
		단오굿	향리5가	축원굿	읍내 가설무대5
	송신의례	송신행렬	향리5가 → 공터	성황신 부부 순행	
	송신의례	대동굿	읍내 공터	巫歌, 巫舞, 巫樂 검무, 아박, 향발, 육화대 무동타기, 풍물, 상모돌리기 땅재주, 솟대타기, 버나, 죽방울, 탈놀이 무동타기, 풍물, 상모돌리기 땅재주, 솟대타기, 버나, 죽방울, 탈놀이	객사 앞
	송신의례	소제	남문밖 → 성황사	巫歌, 巫舞, 巫樂	경천 남천변

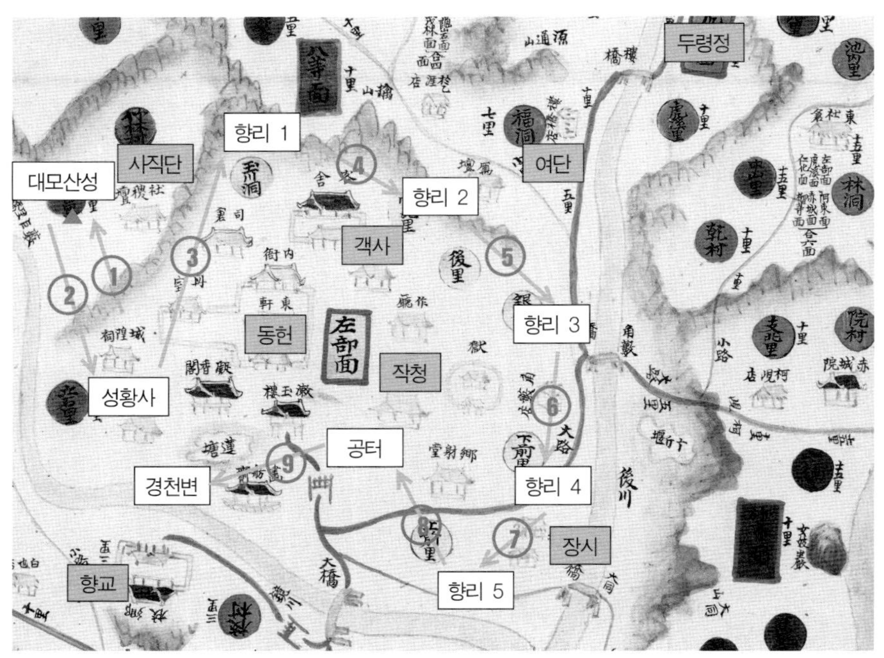

〈그림 9〉 순창 단오성황제 연행의례 장소와 이동절차 추정도

3) 단오성황제 연행의례의 이동절차

4월 30일부터 5월 5일까지 단오성황제가 열리는 장소와 공간의 이동절차를 고지도를 통해 추정해 보면 다음과 같다.

① 4월 30일 오전 읍내 성황사에서 성황제 거행을 알리는 고유제를 거행한다. 고유제가 끝나면 순창 관아 앞에서 여성황신을 모시기 위해 통인이 이끄는 행렬이 대모산성으로 출발한다. 대모당에 도착하여 영신제를 지내고 여성황신인 대모신의 신내림을 받는다.

② 대모당에서 여성황신의 신내림 절차를 마치면, 읍내 성황사로 돌아와 봉안한 뒤 성황대왕과 합사굿을 거행한다.

③ 5월 1일 오전 성황사에서 성황부부 신을 모시고 순창 읍내를 순행한 뒤 향리 1가家로 간다. 여기서 단오굿을 베풀어 영험성을 베푼다.

④ 5월 2일 오전 향리 1가에서 성황부부 신을 모시고 순창 읍내를 순행한 뒤 향리 2가로 간다. 여기서 단오굿을 베풀어 영험성을 베푼다.

⑤ 5월 3일 오전 향리 2가에서 성황부부 신을 모시고 순창 읍내를 순행한 뒤 향리 3가로 간다. 여기서 단오굿을 베풀어 영험성을 베푼다.

⑥ 5월 4일 오전 향리 3가에서 성황부부 신을 모시고 순창 읍내를 순행한 뒤 향리 4가로 간다. 여기서 단오굿을 베풀어 영험성을 베푼다.

⑦ 5월 5일 오전 향리 4가에서 성황부부 신을 모시고 순창 읍내를 순행한 뒤 향리 5가로 간다. 여기서 단오굿을 베풀어 영험성을 베푼다.

⑧ 5월 5일 오후 향리 5가에서 성황부부 신을 모시고 순창 읍내를 순행한 뒤 읍내 공터로나가 대동굿을 베푼다. 이때 무격, 기녀, 재인, 광대가 정재를 펼치며 모두 군민과 함께 대동잔치를 베푼다.

⑨ 읍내 공터에서 대동굿이 마무리되면, 고을 앞을 흐르는 경천 변에 나가 소제를 베풀어 성황부부신을 돌려 보내드린 후 행사를 마친다.

03

순창 단오성황제의 신상과 의물

심승구 _ 한국체육대학교 교수

1. 순창 성황신의 신상神像

1) 성황신 신상의 변화

단오성황제는 성황신을 모시고 그 영험성을 고을 민에게 나누는 행사라고 할 수 있다. 이때 모셔지는 성황신상은 성황대신과 성황여신이다. 다만, 성황대신과 성황여신은 시기에 따라 신체의 성격이 조금씩 달라진다(<표 1>).

<표 1> 순창 성황신 신상(神像)의 변화

구분	고려 13세기	고려말 조선전기	조선중기
성황대신	성황대왕(대부)	설공검	설공검
성황여신	삼한국대부인	산성대모	성황여신
기타	없음	없음	없음
신상 위치	대모산성 성황당	읍치성황사 대모산성 성황당	읍치성황사

구분	조선후기	일제강점기
성황대신	설공검 (乾)	설대왕신위
성황여신	성황여신 (坤)	양씨대부인신위
기타	없음	태자신위
신상 위치	읍치성황사	읍치성황사

원래 순창의 성황신은 13세기에 '성황대왕城隍大王'이라고 하였다. 그 뒤 고려 국왕으로부터 '금자광록대부삼한공신金紫光祿大夫三韓功臣'의 봉작을 받으면서 '성황대부城隍大夫'로 불렸고, 그 부인은 '삼한국대부인三韓國大夫人'이라고 하였다. 그러다가 고려말에

서 조선초 사이에 설공검을 읍치성황사의 성황신으로 새롭게 모심에 따라 종래 산성의 성황신을 성황여신으로 모셨는데, 그가 산성대모이다. 그 뒤 성황신은 줄곧 설공검으로 유지되었고, 성황여신 또한 산성대모로 지속되었다.[1] 「순창성황대신사적현판」에 따르면, 18세기에는 읍치성황사에 성황대신과 성황여신 두 신상만 모셨고, 이를 '건곤상乾坤像' 이라고 하였다. 특히 1743년에는 부부의 신상을 공경히 고쳐 아름답게 하니, 그 분칠한 얼굴과 모습이 살아있는 것과 흡사하여 사람들로 하여금 눈을 닦고 보게 하였다.

성황사의 신상은 일제강점기에 들어와 무속인이 성황사를 관리하면서 변화를 갖는다. 첫째, 종래 신상 외에 신상의 명칭이 덧붙여졌다. 남신상 뒤로 붉은 공단 족자에 '설대왕신위薛大王神位'라 쓰고, 여신상 뒤로 붉은 공자 족자에 '양씨대부인신위梁氏大夫人神位'라고 쓴 것이 그것이다. 여기서 성황여신을 '양씨梁氏'로 지칭한 점이 주목된다. 왜냐하면, 그 이전까지 산성대모에 대한 언급은 있었으나, 그가 누구인지에 대한 언급은 찾아지지 않기 때문이다. 그러다가 처음으로 성황여신을 양씨로 썼다는 것이다. 이 사실은 좀더 구체적인 검토가 필요해 보이나, 아마도 일제강점기를 거치며 무녀 또는 지역민에 의해 임의로 만들어진 방식이 아닌가 추정된다. 따라서 이를 근거로 종래의 성황여신을 모두 양씨로 소급해 이해하는 방식은 바람직해 보이지 않는다.

둘째, 성황대신과 성황여신 두 신상 외에 새롭게 태자상이 추가되었다. 18세기까지 부부신상인 건곤상 외에 없었던 점을 감안하면, 이 또한 일제강점기를 거치며 무녀에 의해 임의로 덧붙여진 현상으로 짐작된다.

셋째, 성황대신과 성황여신의 복식이 묘사되었다. 지역민의 증언에 따르면, 1940년 순창의 성황당에 모셔진 남신상의 경우 사모관대에 정장을 하고, 여신상의 경우 원삼 족도리로 정장을 한 것으로 묘사하였다.[2]

1 다만, 대모산성의 성황당에 대해서는 16세기 이후 현판은 물론 군지 등에서 언급되지 않는다. 반면 읍치성황사는 18세기 이후 여러 차례 증개축이 이루어진다.

2 양정욱, 「순창 성황대신사적 현판의 발견과 의의」, 『성황당과 성황제 – 순창성황대신사적기

〈그림 1〉 순창 성황사 신상복원 배치도(1991년)

성황대왕상 복원도

성황대부인상 복원도

태자상 복원도

〈그림 2〉 순창 성황사 신상 복원도(1991년)

위와 같은 내용을 토대로 그동안 순창 성황사 신상 복원에 대한 논의가 진행되어왔다.[3] 1991년도 순창 지역민들의 구술에 따라 성황사의 신상과 그 배치도를 복원한 내용은 다음과 같다.

위의 성황사 신상은 1940년대 읍내 옥천동 성황당에 모셔졌던 대상으로 복원한 것이다. 〈그림 1〉는 성황사의 신상 뿐 아니라 배치도를 그려 놓았다는 점에서 의미가 있다. 〈그림 2〉의 경우는 성황신과 관련한 또 하나의 복원도이다. 두 사례는 신상의 복식에서 다소 차이를 보인다. 여신상의 경우 저고리와 원삼이 바뀌었다. 위의 복원도는 모두 일제강점기 옥천동 성황당에서 모신 신상을 유추하는데 어느 정도 도움을 준다. 그럼에도 불구하고 위의 복원도가 모두 일제강점기 성황당 신상의 모습이었던 만큼, 고려말에서 조선전기의 성황신상과는 다소 거리가 느껴진다.

〈표 1〉과 같이, 순창 성황신의 신상은 시대에 따라 차이를 보인다. 이 글은 고려말에서 조선전기에 해당하는 시기에 한정하여 순창 성황제를 재현하는 만큼, 그 신상도 이 시기에 초점을 맞추어 복원하는 노력이 필요해 보인다.

연구』, 민속원, 1992, 26쪽.

3 송화섭, 「순창 성황사의 성황신상」, 『순창성황제복원조사보고서』, 2000, 27~41쪽.

2) 성황신 신상의 사례 비교

순창의 성황신은 성황대신과 성황여신이다. 원래 성황신은 대모산성의 성황당에 모셔졌던 대모신이었다. 그러다가 읍내의 성황사가 세워지면서 설공검이 새롭게 성황대신으로 모셔지자,[4] 종래 대모산성의 성황신이던 대모신은 성황여신으로 모셔졌다. 따라서 고려말 조선전기 성황신은 대모산성 성황당의 성황여신과 읍치성황사의 성황대신 두 신이었다.

사실 순창 성황부부의 신상은 1940년 지역민이 목격한 신상의 모습이 거의 유일한 자료라고 할 수 있다. 다만, 신상에 대한 기억에 따른 묘사만으로는 성황신 신상에 대한 보다 구체적인 모습을 유추하기 어렵다. 이에 현존하는 성황당 신상의 사례 비교를 통해 당시 성황신의 신상을 살펴보기로 한다. 현재 남아있는 성황신 신상 가운데 고려말 조선전기 신상에 해당하는 것은 다음 두 가지의 사례이다.

〈그림 3〉는 옥과성황당목조신상玉果城隍堂木造神像이다. 전남 곡성군 옥과면 옥과2길 3-5(옥과리) 옥과 성황당 안에 보존되어 있는 남녀 한 쌍의 목상木像이다. 남신상은 서 있고, 여신상은 앉아 있는 모습인데, 높이가 각각 84㎝, 68㎝이다.[5] 남신상은 고려 명종 때의 학자였던 조통趙通으로 전한다.[6]

4 다만, 읍내 성황사가 언제 세워져 설공검이 성황대신으로 모셔졌는지 정확한 시기는 알 수 없다. 설공검이 사망한 이후 충렬왕의 묘정공신으로 배향된 뒤 읍내 성황사가 세워진 것으로 이해된다.

5 남자상은 모자를 쓰고 발등까지 내려오는 옷을 입고 허리끈을 매었는데, 끝이 길게 늘어져 있다. 둥근 얼굴에 크고 굵은 눈썹이 표현되었고 눈이 돌출되었다. 여자상은 머리에 고깔을 쓰고, 양 손가락 끝을 붙여 아래로 향하게 하였는데, 무언가를 들고 기원하는 모습이다. 얼굴 표현은 남자상에 비해 정교하며 자세도 다소곳하다.

6 조통은 고려 신종 때의 경사백가에 통달한 특별한 문재이자 학자이다. 본은 한양이고 자는 역락, 옥과현 낙천 출신이다. 고려 19대왕 명종(재위 1170~1197) 때 학행으로 왕의 소명을 받았으나 출사하지 않았다. 그 후 문과에 급제하여 정언을 출발로 1197년(신종 즉위)에는 고공원외랑으로 금나라를 다녀왔고, 태자문학을 거쳐 지서북면유수사가 되었다. 1199년(신종 2)에는 장작소감으로서 동경소무사를 지내고, 이듬해에는 소부소감으로 진주안무사가 되었으며, 좌간의대부 국자감대사성 한림학사에 이르러 치사했다. 당대 굴지의 문인이자 학자인 이

〈그림 3〉 옥과성황당목조신상 남신상 84cm, 여신상 68cm

〈그림 4〉 태인 성황당 신상 남신상 85.6cm, 여신상 76.5cm

여신상은 조통의 부인이라는 설도 있고, 장군을 사모하다 한을 품고 죽은 아왕공주我王公主라는 설도 있으나 확실하지 않다. 옥과 성황제는 옥과현이 1914년 곡성군에 통합되기 전까지는 고을 단위로 제사를 지냈다. 흥미로운 점은 신상의 밑 부분에 구멍이 뚫려 깃대에 꽂을 수 있게 만들어진 것이다. 이 신상이 언제 제작된 것인지는 알 수 없다. 1976년 9월 30일에 '전라남도 민속문화재 제2호로 지정되었으나, 2000년에 도난당한 상태이다.

〈그림 4〉는 태인현 성황사 신상이다. 태인현 성황사에 모셔진 신상은 신잠의 부부, 아들과 딸, 호랑이 상 5점이다. 남신상은 서 있고, 여신상도 서 있는 모습인데, 각각 85.6cm, 여신상 76.5cm의 목상木像이다. 주신인 신잠申潛(1491~1554)은 중종때 태인 현감으로 학당을 세워 유학을 가르치고 선정을 펼쳤다,[7] 그가

인로・임춘 등과 함께 칠현으로 불렸다. 특히 이인로는 그를 산수우(山水友)로 삼아 친교를 맺었다고 한다. 조통이 죽자 옥과현민들은 그의 죽음을 애도하며 옥과성황당 제신으로 모시고 제사를 지냈다(표인주, 「곡성옥과성황당목조신상」, 『한국민속신앙사전』, 국립민속박물관, 2009).

7 신잠은 1491년(성종 22)~1554년(명종 9). 조선 중기의 화가. 본관은 고령(高靈). 자는 원량(元亮), 호는 영천자(靈川子) 또는 아차산인(峨嵯山人). 숙주(叔舟)의 증손자이며, 종호(從護)의 아들이다. 1519년(중종 14) 현량과(賢良科)에 급제하였으나, 같은 해 기묘사화로 인하

죽자 읍인들이 부처와 자녀를 만들어 삭망마다 치제하고, 이방吏房이 국세를 경성에 조운으로 보낼 때 반드시 치제하여 피해를 막고자 했는데, 이 제사를 속칭 '연신延神맞이'라 하였다.[8] 이 신상이 언제 제작된 것인지는 알 수 없다. 1973년 전라북도 민속문화재 제4호로 지정되었다.

위의 두 사례 외에도 몇몇 사례가 더 있다. 현재 확인된 성황당 신상은 삼한벽공도대장군 목상, 삼중대광사도광리군 목상, 전주 성황사 김부대왕 일가 신상 5위 등 3점이 더 남아있는 것으로 확인된다.

〈그림 5〉는 삼한벽공도대장군 목상三韓壁控都大將軍 木像은 밀양 성황당의 주신이었던 박욱朴郁으로서, 현재 경남 문화재자료 제213호이다. 높이 180㎝, 가로 75.5㎝, 세로 49.3㎝이다.[9] 〈그림 6〉의 삼중대광사도광리군 목상三重大

1 〈그림 5〉 **삼한벽공도대장군 목상**(밀양 성황당 소재)
2 〈그림 6〉 **삼중대광사도광리군 목상**(밀양 성황당 소장)
3 〈그림 7〉 **전주 성황사 김부대왕 일가 신상 5위**(김동준 소장)

여 파방되었다. 그 뒤 20여년간 아차산 아래에 은거하며 서화에만 몰두하다가, 인종 때에 다시 복직되어 태인과 간성의 목사를 역임하고 상주목사로 재임중 죽었다. 『병진정사록』에 의하면 문장에 능하고 서화를 잘하여 삼절(三絶)로 일컬어졌다고 하였으며, 『패관잡기 稗官雜記』에는 특히 묵죽(墨竹)에 뛰어났다고 하였다. 그리고 『연려실기술』에는 묵죽과 더불어 포도그림도 잘그렸다고 하였다. 현재 그의 진작(眞作)으로 단정지을 수 있는 작품은 남아 있지 않으나, 국립중앙박물관의 『탐매도(探梅圖)』와 『화조도』가 그의 작품으로 전칭되고 있다.

8 「제3편 문화유적, 태인의 단묘」, 『증보태안지』, 2018.

9 밀성박씨 문중에서 밀양주신(密陽主神)으로 섬겨오던 박욱(朴郁)의 모습을 나무로 깎아 만

匡司徒廣理君 木像은 손긍훈孫兢薰으로서, 현재 경남 문화재자료 제214호이다.[10] 높이 175㎝, 가로 75㎝, 세로 50㎝이다. <그림 7>은 전주 성황사에 모셔져 있던 성황신 신상으로 신라 마지막왕인 경순왕 김부대왕, 정후왕후, 태자, 태자비, 최씨 등 5위이다.[11]

그러나 위의 세 사례는 무관으로서 성황신이 되거나 국왕으로 성황신이 된 사례이다. 따라서 고려의 문신으로 성황대신이 된 설공검과 성황여신의 신상을 유추하기는 곤란하다. 그런 점에서 볼 때, <그림 3>와 <그림 4>의 두 사례는 고려시대와 조선전기의 인물을 대상으로 모셔진 성황신 신상이라는 점에서 순창 성황신의 신상을 복원하는데 시사하는 바 크다.

3) 순창 성황대신과 성황여신의 신상 복원

고려말 조선전기 순창 성황신 신상의 경우, 성황대신은 설공검이고, 성황여신은 산성대모이다. 이미 언급한 바와 같이 태인 성황신 신상과 옥과 성황신 신상은 순창 성황신의 신상을 복원하는데 일정하게 도움을 줄 수 있으리라 기대된다. 다만, 그 신상이 언제 제작되었는지는 자세하지 않다. 그럼에도 옥과와 태인

든 상이다. 박욱은 밀성대군 박언침의 아들이자 박혁거세 거서간의 31대손이다. 이 목상은 붉은 바탕에 구름무늬가 새겨진 흉배가 있는 청색의 관복을 입고 있다. 빗살무늬가 교차하는 듯한 무늬가 있는 붉은색의 띠를 허리에 두르고 긴 칼을 두손으로 힘 있게 잡고 의자에 앉아있는 무인의 모습이다. 이 상은 추화산 추화사(推火祠)에 모셔져 있다가 1937년 밀양시 내일동 아북산 남쪽에 세워진 밀성박씨 재실에 옮겨 모셔졌으며 이후 새 사당을 익성사로 개칭하였다고 한다.

10 밀양손씨의 입향조이자 중시조인 손긍훈은 고려 건국공신으로 태조 왕건을 도와 후백제 견훤의 아들인 신검을 황산전투에서 사로잡은 공로로 좌명공신에 선정되고, 광리군에 봉해졌으며 그가 죽은 후에 삼중대광사도에 추증되었다. 1894년 갑오경장 이후 관향이 폐지되자 후손들이 춘복재의 현충사로 이봉하여 모셨으며 현재는 밀양시립박물관에 보관 중이다. 목상은 붉은 관복을 입고 오른손에 긴 칼을 들고서 의자에 앉은 무인의 모습을 나무로 깎아 만들었는데 매서운 눈과 큰 키로 보아 힘찬 호령을 하는 듯한 표정을 하고 있다. 원래 소상(塑像)이었다고 하나 목상으로 바뀐 시기는 구체적으로 알 수 없다.

11 심승구, 「전주 성황제의 변천과 의례적 특징」, 『한국학논총』 40, 2013, 30쪽.

성황신 신상은 여러가지 측면에서 복원의 시사점을 제공한다.

첫째, 옥과와 태인의 사례는 성황부부신상의 분위기를 유추하는데 도움을 준다. 옥과 성황신인 조통은 고려시대 문관이었던 점에서, 태인 성황신인 신잠의 경우도 조선전기의 문관이었던 점에서 고려시대 문관 설공검의 신상을 상정하는데 참고가 될만 하다. 그 같은 분위기는 두 신상의 부인상에서도 어느 정도 엿 볼 수 있다.

둘째, 옥과와 태인의 사례는 성황부부신상의 크기를 유추하는데 도움을 삼을 수 있다. 옥과 성황신의 신상은 남신상 84cm, 여신상 68cm이고, 태인 성황상의 신상은 남신상 85.6cm, 여신상 76.5cm이다. 이 두 가지 사례를 토대로 비교해 보면, 순창 성황신은 대략 남신상 86cm, 여신상 76cm정도 삼아도 크게 무리가 없을 것으로 여겨진다.

셋째, 옥과와 태인의 사례는 성황부부신상의 형태를 유추하는데 도움을 삼을 수 있다. 옥과의 사례는 남신상은 입상立像이고 여신상은 좌상坐像이다. 태인의 사례는 남녀 모두 입상이다. 여기서 순창 성황신 신상의 형태는 모두 전신全身의 모습이 나오되, 남녀 신상 모두 서 있는 입상立像의 모습으로 설정해도 크게 무리가 없을 것으로 판단된다.

넷째, 순창 성황신 신상의 재료를 유추하는 데 도움을 준다. 두 사례 신상은 재료가 모두 나무로 만든 목상이다. 원래 고려말에서 조선전기의 성황사에 모셔진 신상들은 니상泥像, 소상塑像, 목상木像, 목우인木偶人 등으로 확인된다. 니상은 진흙으로 만든 신상으로 소상, 소니상塑泥像, 니소泥像, 소조상塑造像 등과 같은 말이다. 순창의 경우, 고려시대에는 니상이었다가 목상으로 바뀌었을 가능성도 있지만, 1940년까지 목상이 남아있었던 것을 근거로 신상의 소재는 목상으로 설정하는 것이 바람직하다고 판단된다.

다음으로 성황대신과 성황여신의 모습을 유추할 수 있는 방안으로 순창 지역의 석인상을 참고할 만 하다. 현재 순창군에는 두 개의 남녀 석인상이 남아있다. 충신리 석인상(국가민속문화재 제101호)과 남계리 석인상(국가민속문화재 제102호)이

〈그림 8〉 순창 충신리 석인상(높이 175㎝, 둘레 200㎝)
〈그림 9〉 순창 남계리 석인상. 일명 '각시상'(높이 175㎝, 둘레 200㎝)

그것이다. 충신리 석인상이 남자상을 하고 있다면, 남계리 석인상은 여인상의 모습을 띠고 있다.

그 가운데 남계리 석인상을 순창고을에서는 '각시상'이라 불렀다. 실제로 지역에서는 예쁘고 아름다운 아가씨를 보면 "당각시 닮았다."라는 말을 한다. 당각시는 순창읍 성황당에 봉안된 각시상을 가리키는 것이다. 이 점은 남계리 석인상을 새길 때, 성황여신을 참고했던 가능성을 점치게 한다. 따라서 성황대신과 성황여신을 복원하기 위해서는 순창군의 두 석인상의 모습을 참고하는 것도 하나의 방법이 될 수 있다. 특히 두 석인상에서 얼굴과 두부頭部를 참고하는 것이 필요해 보인다. 실제로 해맑게 웃고 있는 여신상의 경우, 얼굴에 연지와 곤지가 찍힌 점, 머리에 두건을 쓰고 있는 모습 등은 여신상의 두부를 상정하는데 큰 도움을 받을 수 있을 것으로 짐작된다.

성황대신 설공검은 13세기에 종1품의 벼슬에 이르렀던 인물로서 신상의 복식은 종1품 공복으로 삼았다. 1품 공복은 복두幞頭에 자주 빛의 자삼紫衫을 착용하였고, 재추 이상의 품대는 옥대玉帶를 띤다고 하였다. 야자대 형태의 홍정紅鞓

옥대를 띠는 것으로 이해된다. 신화는 흑화黑靴를 신고 아홀牙笏을 드는 것이 규정이다.[12] 아울러 성황대신의 얼굴상은 설공검의 후손인 순창설씨의 직계 내지 후손의 얼굴을 참고하여 그리는 것도 하나의 방안이 될 수 있다.

성황여신의 경우는 종1품 부인 복식을 근거로 한다. 다행히 조선전기에는 부부를 함께 그려 영당影堂에 봉안하는 것이 유행하였다. 현재 남아있는 부부상에는 조반(1341~1400) 부부상, 하연(1376~1453) 부부상, 박연(1378~1458) 부부상 등이 여러 폭 전해온다. 그 가운데 조반趙胖은 공민왕 때 밀직부사로 활약하다가 조선 개국공신 2등에 책록되고, 태종을 도와 참찬문하부사(정 2품)에 오른다. 조반 부인은 계림鷄林 이씨로서 사온서 직장을 역임한 이양오李養吾의 딸이다. 등받이가 없는 의자에 앉아 있는데 가슴에서 두 손을 모은 자세이다. 화면 상부의 비단에 '개국공신 배천후인 조반지부인초상開國功臣 白川后人 趙伴之夫人肖像'이라 써 있다(〈그림 10〉).

하연은 조선 전기의 문신인 문효공 하연 선생과 그 부인의 초상화이다. 하연은 조선 태조 때에 문과에 급제한 후, 우의정과 좌의정을 거쳐 세종 31년(1449)에는 영의정에까지 올랐다. 초상화는 아들 하우명이 직접 그린 것을 옮겨 그린 것으로 추정된다. 조선 세종 때 영의정을 지낸 하연(1376~1453)과 부인 성주 이씨의 영정은 현전하는 부부 초상화 가운데 회화미가 가장 뛰어나다. 합천군 타진당본 등 국내외에 다수 남

〈그림 10〉 조반 부부의 초상화(국립중앙박물관소장)

12 이은주, 「순창 단오성황제 재현을 위한 복식 고증」, 『순창 단오성황제 연행의례』, 2022, 33~35쪽.

림 11〉 문효공 하연과 정경부인영정(文孝公과 貞敬夫人影幀)(문화재청 소장)

아 있다. 모사본을 제작할 때 원작은 불태워 없애는 것이 관례였지만 그러지 않았다. 성주 이씨는 고려 말 문인 이조년의 5대 손녀다. 성주 이씨 초상은 정경부인의 단정함과 여성스러움이 강조돼 있다. 효성이 극진했던 셋째아들 하우명이 훗날 어머니가 숨지자 3년 모친상을 치른 후 부모의 초상화를 그렸다고 한다(〈그림 11〉).

〈그림 12〉 박연 부부 초상화(국립국악원 소장)

우리나라 3대 악성 중 한 명인 박연 역시 부부 초상이 있다. 박연朴堧은 1405년(태종 5) 문과에 급제해 집현전에서 학문을 연구하다가 세종이 즉위한 뒤 악학별좌에 임명되면서 궁중음악을 전반적으로 개혁했다. 이후 공조참의를 거쳐 예문관대제학 등을 역임했다. 고구려 왕산악, 신라 우륵과 함께 우리나라 3대 악성으로 불린다. 부인은 정경부인 여산송씨이다.

우선 세 그림은 모두 재상에 오른 인물이다. 따라서 설공검의 신상을 복원하는데 일정한 도움을 받을 수 있으리라 여겨진다. 다만, 세 인물 가운데 자삼 공복을 입고 있는 인물은 박연 뿐이다. 이에 성황대신 복식은 박연의 공복을 참고하는 것이 필요해 보인다. 또한 부인상으로는 타진당 소장 하연(1376~1453) 부인인 정경부인 성주이씨(1390~1465) 초상화가 참고가 된다.

정경부인은 위가 뚫린 관모를 쓰고 장잠長簪을 세워 꽂았으며,[13] 이마 부분에는 차釵를 꽂았으며, 좌우를 관통하는 금잠金簪을 꽂은 모습이다. 비단 무늬가 있는 저고리와 치마를 입었다. 가슴에는 붉은색 대를 둘러 두 줄로 길게 늘어뜨렸다. 겉옷은 풍성한 밝은 색상의 치마와 화문이 가득한 저고리를 입고, 그 위에는 권수捲袖가 달린 황색 계통의 장삼을 착용하였다.[14] 1품의 부인복은 여모女帽, 장잠長簪, 차釵, 금잠金簪, 황장삼黃長衫으로 구성되었다고 할 수 있다.

이상의 내용을 종합적으로 정리하면 다음과 같다.

1 〈그림 13〉 하연 부인인 정경부인 성주이씨 초상화
2 〈그림 14〉 하연 부인 초상화(타진당 소장)
3 〈그림 15〉 하연 부인의 초상화 부분도(머리모양과 얼굴)

〈표 2〉 고려말 조선전기 성황신의 신상(神像) 복원 근거

구분	성황대신	성황여신	비고
인물	설공검	산성대모	건곤신상

13 오선희 · 홍나영, 「궁중 가례용 수식의 장잠에 관한 연구」, 『한복문화』 21(1), 2018, 90~97쪽.
14 이은주, 앞의 논문, 37쪽.

기준 시기	고려말 조선전기	고려말 조선전기	신상은 이 시기에 제작되어 이후 원본을 기준으로 변화된 것으로 추정.
참고 자료	순창 충신리 남석인상	순창 남계리 여석인상 일명 '각시상'	석인상의 두부(頭部)와 얼굴을 근거로 하연 부인 초상화 참조
소재	목상(木像)	목상(木像)	1940년 신상도 목상임
형태	전신(全身), 입상(立像)	전신(全身), 입상(立像)	태인과 옥과의 전신상 참조 태인의 입상 참조
복식	종1품 공복(公服：幞頭, 紫衫, 玉帶, 黑靴, 牙笏)	종1품 부인복 여모(女帽), 장잠(長簪), 차(釵), 황장삼(黃長衫)	남신상은 박연 초상화, 여신상은 하연부인 성주이씨 초상화 참조
크기	86㎝	76㎝	태인과 옥과의 성황부부신상 크기와 형태 참조

〈그림 16〉 순창 성황사 성황신 부부신상 복원도

결론적으로 순창 성황신 신상의 복원은 그 기준시기를 고려 13세기 말에서 조선전기로 한정하였다. 이 시기에 성황신상이 만들어졌다고 판단하기 때문이다. 신상의 얼굴이나 두부의 형태는 순창에 남아있는 충신리 석인상과 남계리 석인상을 참고하였다. 특히 남계리 석인상의 두부 모양을 근거로 이와 유사하다고 판단한 하연 부연의 두부(모자와 머리모양, 장식 등)와 얼굴(연지, 곤지)의 모습을 근거로 성황여신을 복원하였다. 소재는 모두 목각으로 하였다. 이는 1940년대 마지막 신상이 목상인 것을 근거로 삼았다.

신상의 형태는 옥과나 태인 성황신의 사례와 같이 전신全身의 모습을 취하되, 태인의 사례와 같이 입상立像의 자세로 설정하였다. 신상의 복식은 성황대신의 경우, 순창 충신리 석인상과 박연의 복식 형태를 참고하였고, 성황여신은 순창 남계리 석인상과 함께 하연 부인의 복식을 참고하였다. 크기는 태인과 옥과 성황 부부신상의 크기를 참고하여 86cm, 76cm로 정하였다. 그 결과 순창 성황대신과 성황여신의 신상 모습을 복원해 보면 다음과 같다.[15]

15 신상의 복원도에는 하나의 방안으로 제시한다. 이는 지역민의 동의와 합의의 절차를 거치는 과정이 필요해 보인다. 신상의 복원도는 필자의 고증을 바탕으로 안동대 한국문화산업전문대학원 박사과정 김수진양의 도움을 받았음을 밝혀둔다.

〈그림 17〉 순창 성황대신 신상 복원도(길이 86㎝)

〈그림 18〉 순창 성황여신 신상 복원도(길이 76㎝)

2. 순창 단오성황제의 의물儀物

1) 의물의 종류와 현황

순창 단오성황제에 사용되는 의물은 곧 성황대신기와 성황여신기를 비롯한 다양한 깃발을 의장물을 의미한다. 순창단오성황제기 1, 순창성황대신기 1, 순창성황여신기 1, 신대 1, 오방기 5, 순창군사명기 1, 1읍10면기 각 1개 총 11, 재인광대번기 2, 농기 2, 영기 2, 청도기 2 등 모두 29개이다. 이를 정리하면 다음 〈표 3〉과 같다.

〈표 3〉 순창 단오성황제 의물 현황

명칭	수량	재원	비고
순창단오성황제	1	가로 60cm, 세로 300cm	장방형
순창성황대신기	1	가로 80cm, 세로 300cm 깃대 5~7m	장방형
순창성황여신기	1	가로 80cm, 세로 300cm 깃대 5~7m	장방형
신대	1	깃대 7m~10m 날개 길이 각 3~5m	날개 청, 홍, 백, 황, 초록
오방기	5	가로150cm, 세로 150cm	黃帝旗, 靑帝旗 白帝旗, 赤帝旗, 黑帝旗
순창군사명기	1	가로 50cm, 세로 140cm	장방형
1읍기	1	가로 2m, 세로 4m	순창읍기
10면기	10	가로 2m, 세로 4m	복흥면기, 쌍치면기, 구림면기, 팔덕면기, 인계면기, 적성면기, 동계면기, 유등면기, 금과면기, 풍산면기
번기	2	가로 60cm, 세로 120cm, 꼬리 4가닥 각 100cm	악대 및 재인 광대 인솔
농기	2	가로 80cm, 세로 280m	黃帝神農氏遺業 農者天下之大本
영기	2	가로 63cm, 세로 63cm	삼각형
청도기	2	가로 63cm, 세로 63cm	사각형
계	29		

2) 의물의 내용과 실제

(1) 순창단오성황제기

순창단오성황제기淳昌端午城隍祭旗는 영신행렬의 제일 앞에 서는 깃발로 수량은 1개이다. 영신행렬의 선두에 서서 성황제의 행사를 알리는 역할을 한다. 기의 규격은 가로 60cm, 세로 300cm이다. 재료는 광목이고, 색상은 몸체 흰색, 지네발 검검, 글씨 검정이다(〈그림 19〉).

(2) 순창성황대신기

순창성황대신기淳昌城隍大神旗는 순창 성황대신을 상징하는 깃발로 수량은 1개이다. 읍내 성황사에서 성황여신과 함께 향리가로 행차할 때 사용한다. 기의 규격은 가로 80cm, 세로 300cm이다. 재료는 광목이고, 색상은 몸체 파랑색, 지네 발은 붉은색 또는 노란색, 글씨 황색이다. 깃대는 대나무로 만들고 대 끝에는 꿩 깃을 달았다. 그 밑에는 흰색의 기수건을 둘렀다. 상부의 양 끝에는 청색과 홍색의 매듭으로 장식을 하였다. 깃대의 길이는 5~7m이다(〈그림 20, 21〉).

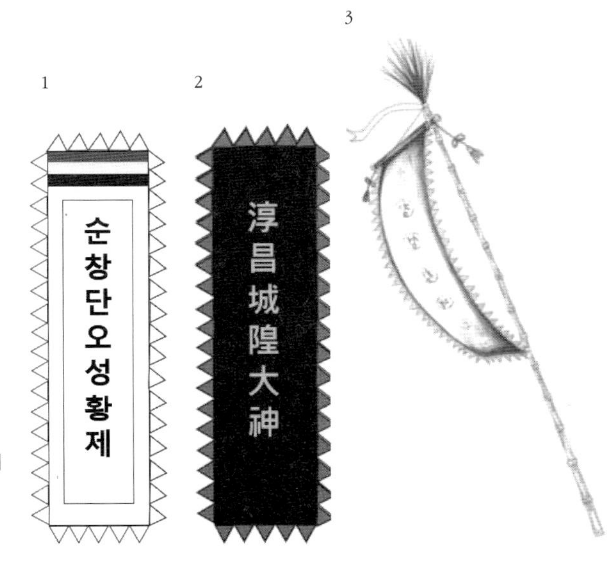

1 〈그림 19〉 순창단오성황제기
2 〈그림 20〉 순창성황대신기
3 〈그림 21〉 순창성황대신기 깃대

1 〈그림 22〉 순창성황여신기와 깃대
2 〈그림 23〉 순창성황여신기

(3) 순창성황여신기

순창성황여신기淳昌城隍女神旗는 순창성황부인 내지 순창성황여신을 상징하는 깃발로 수량은 1개이다. 읍내 성황사에서 성황대신과 함께 향리가로 행차할 때 사용한다. 기의 규격은 가로 80cm, 세로 300cm이다. 재료는 광목이고, 색상은 몸체 붉은색, 지네 발은 파랑색 또는 노란색, 글씨 검정색이다. 그 밑에는 흰색의 기수건을 둘렀다. 상부의 양 끝에는 청색과 홍색을 매듭으로 장식 하였다(〈그림 22, 23〉).

(4) 순창성황신 신대

순창성황신 신대는 순창 성황신을 상징한다. 수량은 1개이다. 대모산성에서 성황여신인 대모신의 신내림을 받을 때 신대로 사용하고, 성황대신과 성황여신이 합사한 뒤에는 부부신의 신대로 사용한

〈그림 24〉 순창 성황신 신대

다. 읍내 성황사에서 성황여신과 함께 향리가로 순행할 때 사용한다. 기의 규격은 가로 80cm, 세로 300cm이다.

깃대는 대나무로 만들고 대 끝에는 꿩 깃을 달았다. 그 밑에는 흰색의 기수건을 둘렀다. 그 밑에는 다섯 개의 방울이 달렸다. 신내림을 할 때 방울이 울리는 소리로 신 내림이 이루어졌음을 표시한다. 방울 밑에는 붉은 색, 흰색, 초록색, 황색, 청색의 수염을 달았다. 그 밑으로는 붉은색, 흰색, 초록색, 황색, 청색으로 다섯 천으로 날개를 길게 둘렀는데, 길이는 3m~5m정도이다(<그림 24>).

(5) 오방기

오방기五方旗는 동, 서, 남, 북, 중앙의 방위를 지키는 신장神將으로 다섯 가지 색의 깃발을 뜻한다. 수량은 모두 5개이다. 황제기黃帝旗, 청제기靑帝旗, 백제기白帝旗, 적제기赤帝旗, 흑제기黑帝旗가 그것이다. 다섯 가지 색은 우리 전통 색의 개념인 오방색과 같은 빨강, 흰색, 노랑, 초록검정, 파란색을 사용하게 되었다. 여기서는 조선전기 세종 오례의에 근거하여 오방기를 제시하고자 한다.

① 황제기黃帝旗

황제기는 황색의 바탕에 황룡黃龍과 운기雲氣를 그리고, 청색・적색・황색・백색의 네 가지 빛깔로 채색彩色하고, 화염각火焰脚이 있다. 일명 '황룡기黃龍旗' 라고도 부른다. 크기는 가로 150cm, 세로 150cm의 정사각형이다. 화염각은 30cm이다(<그림 25>).

② 흑제기黑帝旗

흑색黑色의 바탕에 구사龜蛇와 운기를 그리고, 청색・적색・황색・백색의 네 가지 빛깔로 채색하고, 화염각이 있다. 일명 '현무기玄武旗'라고도 한다. 크기는 가로 150cm, 세로 150cm의 정사각형이다. 화염각은 30cm이다(<그림 26>).

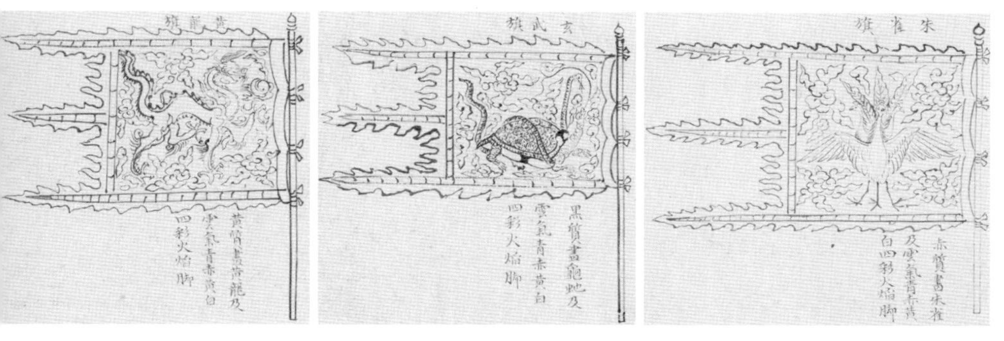

〈그림 25〉 황제기(황룡기)　〈그림 26〉 흑제기(현무기)　〈그림 27〉 적제기(주작기)

③ **적제기**赤帝旗

적색의 바탕에 주작朱雀과 운기를 그리고, 청색・적색・황색・백색의 네 가지 빛깔로 채색하고, 화염각이 있다. 일명 '주작기朱雀旗'라고도 한다. 크기는 가로 150cm, 세로 150cm의 정사각형이다. 화염각은 30cm이다(〈그림 27〉).

④ **청제기**靑帝旗

청색의 바탕에 청룡靑龍과 운기를 그리고, 청색・적색・황색・백색의 네 가지 빛깔의 채색을 하고, 화염각이 있다. 일명 '청룡기靑龍旗'라고도 한다. 크기는 가로 150cm, 세로 150cm의 정사각형이다. 화염각은 30cm이다(〈그림 28〉).

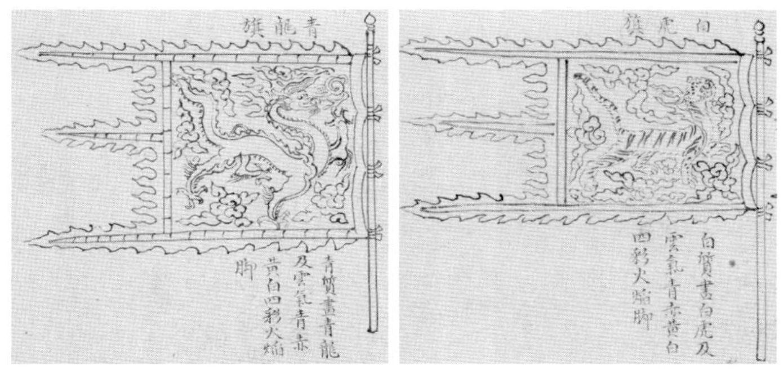

〈그림 28〉 청제기청룡기　〈그림 29〉 백제기백호기

⑤ **백제기**白帝旗

백색의 바탕에 백호白虎와 운기를 그리고, 청색・적색・황색・백색의 네 가지의 빛깔로 채색하고, 화염각이 있다. 일명 '백호기白虎旗'라고도 한다. 크기는 가로 150cm, 세로 150cm의 정사각형이다. 화염각은 30cm이다(<그림 29>).

(6) 순창군사명기

순창군사명기淳昌軍司命旗는 순창태수 휘하의 군대를 지휘할 때 사용하던 명령기이다. 이 깃발은 원래 성황제에서 쓰던 깃발은 아니나 성황제를 통해 당시 순창군수의 권위를 높이기 위해 조선시대 군 지휘부에서 사용했던 사명기를 본떠 임의로 만든 것임을 밝혀둔다.

기의 바탕색은 각 진영의 방위에 따라 달랐으며, 흑색바탕에 흰색으로 된 순창군사명이라는 다섯글자를 사용했다. 규격은 가로 50cm, 세로 140cm이며 상부에 꿩깃을 달았고, 붉은 술로 장식을 했다. 기의 아래쪽 끝에는 너비 30cm에 길이 75cm의 옷고름 비슷한 오색비단으로 미대尾帶를 달았는데, 영두纓頭, 주락珠絡, 치미雉尾, 장조場操 등을 달기도 하였다(<그림 30>).

<그림 30> 순창군사명기

(7) 순창군읍기

순창군읍기는 순창군 1읍 10면 가운데 읍내를 상징하는 깃발이다. 원래 읍내는 좌부와 우부로 나눠져 있었으나, 현재는 하나로 통합되어 있다. 10면은 현재 복흥면, 쌍치면, 동계면, 유등면, 구림면, 팔덕면, 인계면, 적성면, 구림면, 금과면이다.

이 깃발은 원래 성황제에서 쓰던 깃발은 아니나 성황제의 복원을 통해 주민 단합을 기하고자 임의로 상정하여 만든 것이다. 깃발의 몸체에 현재 1읍 10면에 해당하는 순창읍과 10개의 면에 해당하는 글자를 써 넣었다. 깃은 대나무로 만들고 꿩깃을 달았다. 몸체는 가로 150cm, 세로 3m이다(<그림 31~41>). 11개 깃발의 색은 순창읍의 경우만 황색으로 쓰고, 나머지 10개 면의 깃발 색은 각 면의 의견에 따라 색깔을 쓰도록 한다

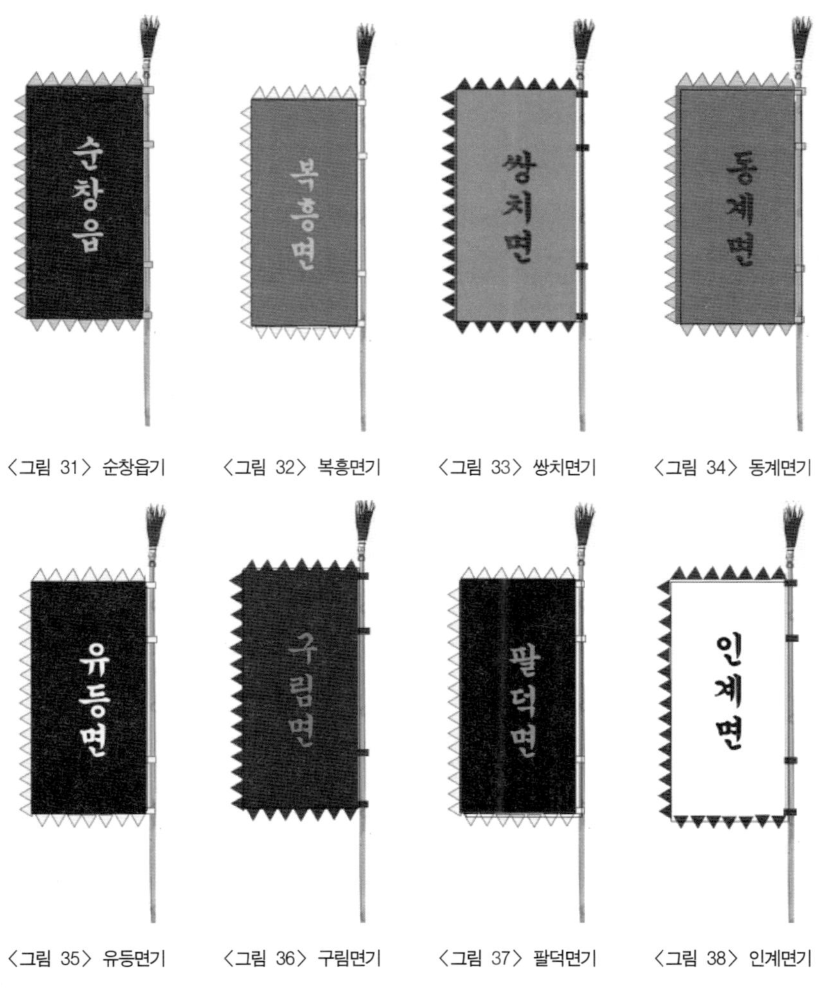

〈그림 31〉 순창읍기 〈그림 32〉 복흥면기 〈그림 33〉 쌍치면기 〈그림 34〉 동계면기

〈그림 35〉 유등면기 〈그림 36〉 구림면기 〈그림 37〉 팔덕면기 〈그림 38〉 인계면기

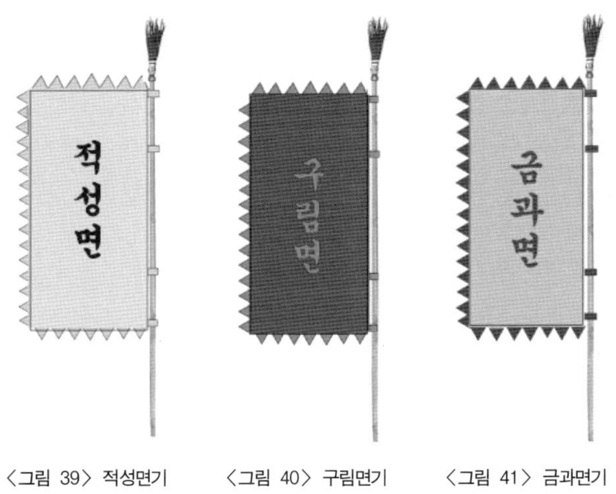

〈그림 39〉 적성면기 〈그림 40〉 구림면기 〈그림 41〉 금과면기

(8) 번기

번기幡旗는 부처와 보살의 공덕을 나타내기 위해 사용한 깃발이다. 원래는 법회, 설법 등 사찰의 행사가 있을 때, 불당을 장식하는 의장물이었다. 수량은 2개이다. 번기는 그 뒤 성황제 때 재인 광대 등이 정재나 연희를 행할 때 행렬

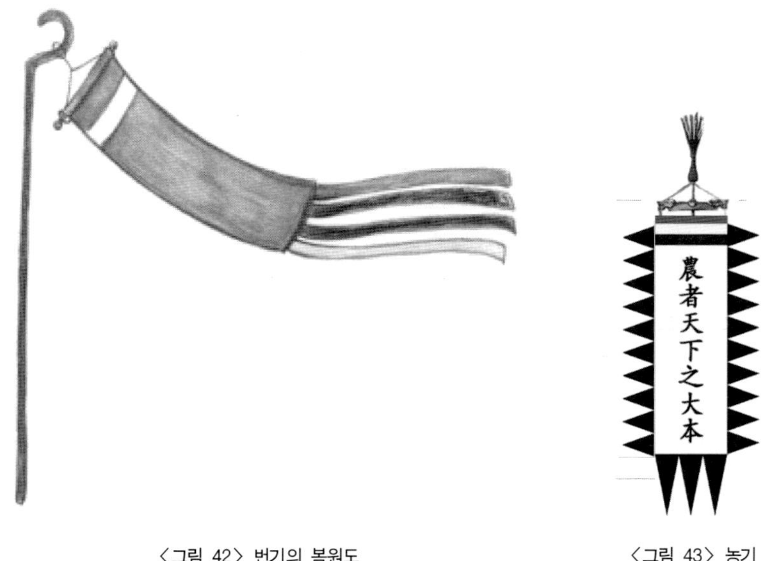

〈그림 42〉 번기의 복원도 〈그림 43〉 농기

앞에서 인도하는 역할도 하였다. 1740년 운흥사 감로탱에는 걸립패의 선두에서 번기를 들고 악대와 재인 광대들의 행렬을 이끄는 모습을 확인할 수 있다. 가로 60cm, 세로 120cm, 꼬리 4가닥 각 100cm이다. 꼬리의 색은 적색, 녹색, 청색, 황색이다. 꼬리에 5방색이 빠진 까닭은 몸체에 있어 별도로 새기지 않은 것으로 보인다. 번기의 길이는 3m이다(<그림 42>).

(9) 농기

농기農旗는 파종 후 기풍기를 지낼 때 사용했던 깃발이다. 수량은 2개이다. '농산기' '대기大旗' '서낭기' '용기龍旗' 등으로도 불린다. 풍년을 빌기 위하여 성황제나 동제를 지낼 때 사용한다. 농기는 흰색의 천에다 먹글씨로 '黃帝神農氏遺業(황제신농씨유업)' '農者天下之大本(농자천하지대본)' 등을 쓰거나 용만을 기폭에 가득 차도록 그리기도 한다. 기의 크기는 가로 80cm, 세로 280cm 정도이다.

윗 부분에는 동정이라 하여 검은색 굵은 줄을 세 줄 그려 넣고, 맨 윗줄 위에 농기제작의 연간지年干支와 월일月日을 쓴다. 기폭은 깃대에 닿는 부분을 제외한 세 면에는 지네 발이라 하여 까만 헝겊을 삼각형으로 만들어 마치 톱니처럼 여러 개 붙인다. 기의 대는 길이 10m 가량의 대나무이다(<그림 43>).

(10) 영기

영기令旗는 군대의 명령을 전하거나 신호를 보내기 위해 사용하는 깃발이다. 수량은 2개이다. 원래 군대에서 명령을 전달하기 위한 용도로 쓰였으나, 향촌에서 농악이나 의식의 명령을 전하기 위해서도 사용되었다. 홍색과 청색 두 가지로 이루어진 깃발이다. 규모는 가로 63cm, 세로 63cm이다. 홍색 영기에는 청색의 글씨를 쓰고, 청색 영기에는 홍색의 글씨를 썼다. 깃대는 각각 3m이다(<그림 44, 45>).

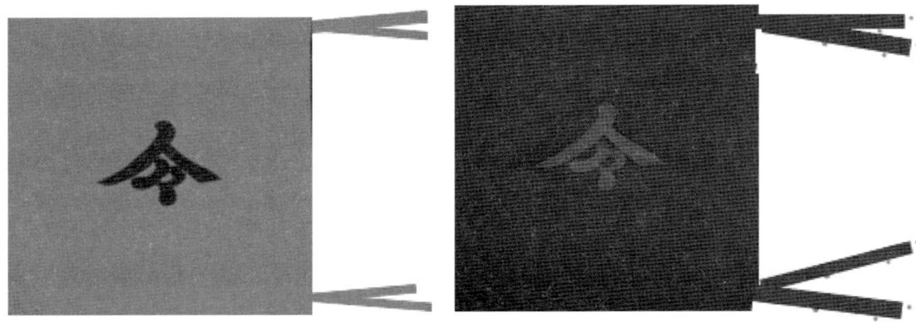

〈그림 44〉 홍색 영기　　〈그림 45〉 청색 영기

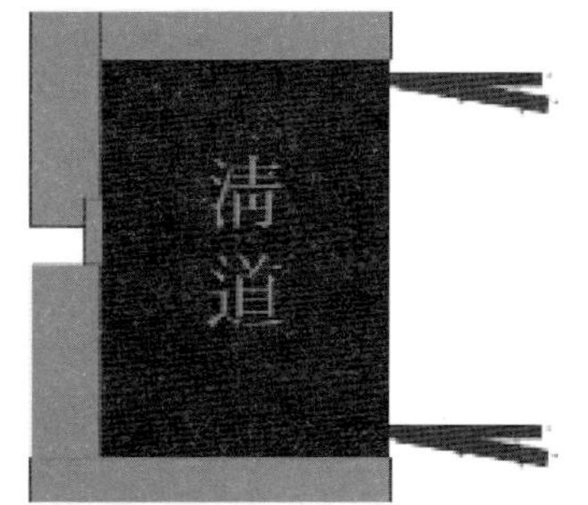

〈그림 46〉 금색 청도기

〈그림 47〉 홍색 청도기

〔11〕 청도기

청도기淸道旗는 군기軍旗의 하나로서 행군할 때 길을 치우는 용도로 쓴 깃발이다. 수량은 2개이다. 금색 청도기는 남빛 바탕에 가장자리와 화염은 금빛이며, 금빛으로 청도淸道라고 쓰여 있다. 홍색 청도기는 남빛 바탕에 가장자리와 하염은 붉은 색이며, 붉은색으로 청도라고 쓰여 있다. 가로 63cm, 세로 63cm이다. 깃대는 각각 3m이다(<그림 46, 47>).

04

순창 단오성황제의 복식*

이은주 _ 안동대학교 명예교수

* 이 글은 2022년 『국학연구』 47에 발표한 「조선전기 순창 단오성황제 재현을 위한 유교제의(儒教祭儀) 참여자 복식 제안」과 『韓國服飾』 47에 발표한 「조선전기 순창 단오성황제 재현을 위한 무속제의 참여자 복식 제안」을 재구성한 것이다.

1. 머리말

이 글은 조선전기에 행해진 순창 단오성황제의 참여 인물들이 착용한 복식의 원형을 찾기 위한 것이다. '성황'은 우리나라 민속 공동체 신앙과 축제문화를 이해하는 데에 중요한 의미를 지니고 있다. 13세기에 비롯된 순창 성황제는 조선시대에 들어와 무속의례와 유교의례를 절충해 가면서 유지되었으나 1908년 향사이정에 따라 공식적인 고을제의로서의 막을 내렸다.

1940년대 일제강점기에 순창읍 순화리淳化里 옥천동玉川洞에 있던 성황당은 일본인들에 의해 헐리고, 그 터도 개인 소유가 됨에 따라 순창 성황제는 잊혀져 있었다. 1992년 옥천향토문화연구소에서 금과면 동전리 순창설씨종중 제각인 '평산재'에서 보관하고 있던 순창 〈성황대신사적城隍大神事跡〉 현판을 발견하면서 사회적 관심을 끌게 되었다. 발견된 현판은 1563년(명종 18)에 제작된 현판을 1743년(영조 19)에 다시 제작한 것으로, 1997년 전라북도 문화재자료로 지정되었고 이어서 2000년 국가민속문화재로 등록되어 현재 순창 장류박물관에 소장되어 있다.[1]

순창의 성황제에 대한 기록을 담고 있는데 지역의 성황제를 기록한 유일한 현판으로 사료적 가치가 크다. 현판의 내용에 따르면 순창의 성황신은 설씨 문중

1 심승구, 「순창 단오성황제 연행의례의 구성과 의의」, 『2021년 순창 단오성황제 학술대회 : 순창 단오성황제 연행의례』, 순창군, 2021, 4쪽.

의 어른으로 일찍이 과거에 올라 1품으로 삼한공신三韓功臣에 이른 인물[2]이라고 한다. 삼한공신이란 고려 태조 때의 개국공신 등 태조공신을 말한다. 태조에게 협력한 각 지방의 대소 호족들이 포함되었을 것으로 추정되고 있다.[3]

이 글의 시간적 범위는 고려 말 이후 전통적인 무속제의와 유교식 제의로 통합되기 이전인 1563년 조선 명종대까지로 정하였다. 연구 내용의 범위는 순창 성황제에 참여하는 인물들의 복식으로 정하였으며, 이들이 착용했음직한 복식에 대해 문헌자료와 유물을 통한 실증적 연구 방법으로 고증해 보고자 한다. 부족한 자료에 대해서는 유사자료가 확보될 수 있는 조선후기 자료로 보충할 수밖에 없다는 한계가 있다.

2. 순창 단오성황제의 연행의례와 참여 인물

1) 조선 명종대까지의 순창 단오성황제 전개

순창은 옥천玉川, 또는 오산烏山이라고도 하는 지역으로, 본래 백제의 도실군道實郡이었으나 신라 때 순화군淳化郡으로 바뀌었다. 고려조에 와서는 순창현으로 강등되어 남원부에 속하게 되었다. 강등 이유는 정확히 알 수 없으나 고려왕조의 건국에 협조를 하지 않았기 때문인 것으로 추정된다. 1175년(明宗 5, 을미)에는 새로 감무監務를 두었는데, 1314년(忠肅王 원년, 갑인)에 승려 국통國統 정오丁午의 고향이라 하여 지군사知郡事로 승격되었고, 조선에서도 그대로 따랐다.[4]

즉 고려 제19대 명종대(재위 1170~1197) 이후로 감무가 파견되어 속현의 위치

2 남풍현, 「淳昌 城隍堂 현판의 판독과 해석」, 『성황당과 성황제 – 순창성황대신사적기연구』, 민속원, 1998, 61쪽.

3 삼한공신(검색일 2021. 10. 4), 한국민족문화대백과 https://terms.naver.com/entry.naver?docId=573459&cid=46621&categoryId=46621.

4 『세종실록』 권 151, 地理志 全羅道 南原都護府 淳昌郡.

에서 벗어나게 되었고, 1314년(충숙왕 1) 국통의 지위에 있던 승려 정오의 고향이라 하여 다시 승격됨에 따라 지군사라는 외관이 파견되었다. 토성土姓으로 5성이 있었으니 설薛·염廉·임林·조趙·옹邕이고, 복흥福興의 2성이 있었으니 임林·조趙로 아전[人吏]이었다.[5] 조선시대에도 순창군은 남원도호부에 속한 군현으로 유지되었다.

한편 고려시대에 사전祀典에 올려져 있던 성황당 제의는 국가에서 가봉加封하는 첩문을 보내 국가에서 관리하는 국제國祭로 치러졌으나 유교를 통치이념으로 삼은 조선시대에는 성황제를 국제에서 제외시켰다. 그럼에도 불구하고 순창에서는 성황제가 그대로 유지되었으며 특히 가정년간(1522~1566)에 성황당 행사가 일신되어 정갈한 행사로 거듭날 수 있었다. 순창의 성황제는 5월 파종의례, 단오제, 성황신앙이라는 세 요소로 이루어져 있기에 단오성황제의 성격을 지니고 있다.

1992년에 발견된 〈성황대신사적〉에 따르면 순창의 산성대모山城大母가 원나라 초[元初]에 아홉 아들을 데리고 성을 쌓고 곡식을 비축하여 나라에 기여한 공으로 영신으로 모셔졌다. 따라서 순창 성황제는 13세기 이후 시작된 것으로 추정되며 국사 사전에 올라 여러 차례 봉작을 받고 국제로 치러졌다. 1281년(지원 18)과 1296년(원정 2) 순창 사당에 첩문을 내려 작위를 가봉하도록 하였다. 통인通引을 역마를 태워 보내어 성황신을 모셔 오는 영신례를 거행하였는데 통인 앞뒤로 지역민들이 함께하여 길게 늘어섰고 풍물을 비롯해 다양한 제주를 펼치는 행렬을 이루었다.[6]

조선 건국 이후 명종대까지는 국가가 성황제를 주도함으로써 성황단에 위판을 놓고 지내는 유교식 성황제가 도입되었다. 따라서 기존의 성황제에 유교식 성황제가 도입되어 절충적 방식의 성황제로 운영되었다. 이 과정에서 새로운

5 김갑동, 「高麗時代 淳昌의 城隍信仰과 그 意味」, 『성황당과 성황제 – 순창성황대신사적기연구』, 민속원, 1998, 98~99쪽.

6 심숭구, 앞의 논문, 9~13쪽.

성황신으로 추가된 인물이 있으니, 곧 설공검薛公儉(1224~1302)이다. 설공검은 성품과 행실이 맑고 수려하였다. 일찍이 과거에 올라 지위가 1품에 이르고 삼한공신三韓功臣에 봉해진 인물이다. 세월이 오래되어 국제는 폐지되었으나, 지금도 받들어 제사를 지낸다고 하였다. 해마다 5월 1일에서 5일까지 향리 5명을 번갈아 정하여 각자의 집에 당堂을 설치하여 대왕이 부인(성황대모)을 거느리게 하고 큰 깃발을 세워 표시하였으며 무당 무리가 떼 지어 모이고 정재呈才를 하며 순행하여 지금껏 제사를 폐지하지 않고 받들었다고 한다.

2) 연행의례에 따른 참여 인물 구성

조선전기 순창 성황제는 군제郡祭의 형태로 시행되는데 군수가 제의의 주체가 아니라 향리가 주도하는 형식을 띠었다.[7] 연행의례는 제의祭儀와 길놀이로 이루어졌을 것으로 추정되는데, 제의는 다시 유교제의와 무속제의로 구분할 수 있다.

〈표 1〉 순창 단오성황제 인원 구성

군수 및 관속	무녀 및 악사	정재인	기치 및 의물	기타	비고
태수 1	무녀 4	기녀 6	행사기 1	군민 4	
호장(제관) 2	화각 2	재인 4	영기 4		
통인 1	쇠 3	광대 2	성황기 1		
육방향리 6	징 3		내림대(화개) 1		
견마배 1	장구 3		황제기 1		
말 1	북 3		청제기 1		
	소고 3		백제기 1		
	나각 2		적제기 1 등		
인원 : 11인 말 : 1필	인원 : 23인 악기 : 19개	인원 : 12인	인원 : 28인 깃발 : 24개 내림대 : 1개 방울 : 5개	인원 : 4인	총 88인

7 위의 논문, 16~17쪽.

제의와 길놀이는 첫째, 통인이 산성대모를 모셔와 성황대왕과 합사하는 영신의례迎神儀禮, 둘째, 5일 동안 향리의 집을 돌아다니며 성황신과 더불어 즐기는 오신의례娛神儀禮, 셋째, 송신의례送神儀禮의 구조로 구성할 수 있다.[8]

이상의 내용을 참고하여 고려 말 이후 명종대까지 진행되었던 단오성황제에 참여한 제의 참여자의 행렬도는 총 88인으로 구성할 계획이며 이를 ❶ 군수 및 관속 ❷ 무녀 및 악사 ❸ 정재인 ❹ 기치 및 의물 봉지군 ❺ 군민으로 대별할 수 있다.[9] 이를 다시 ❶ 유교제의 참여자와 ❷ 무속제의 참여자로 대별하여 살펴보고자 한다.

3. 유교제의 참여자 복식

순창 단오성황제 제의는 유교제의와 무속제의로 구분해 볼 때, 유교제의는 영신의례 중 대모당에서 고유제를 지낼 때, 그리고 성황사에 봉안·합사의식에서 이루어진다. 이때 참여하는 군수와 관속의 복식을 조선전기 명종대에 맞추어 고찰해 보려고 한다.

1) 군수

군수는 지방행정 구역의 단위인 군현의 행정을 맡아보던 지방관이다. 『경국대전』에 따르면 전라도에 군수가 부임하는 12곳 중에 순창이 포함되어 있다.[10] 군수의 품계는 종4품이지만 실제 군수로 부임하는 인물은 행수법行守法을 생각해 볼 때 종4품보다 높은 품계의 인물이 부임하였을 가능성도 있다.

8 위의 논문, 31쪽.
9 위의 논문, 34쪽.
10 『經國大典』 卷1, 50a.

현판 기록에 따르면 가정 42년, 즉 1563년(명종 18) 중춘仲春(2월)에 남원양씨 혹은 능성양씨綾城梁氏라는 인물이 군수로 부임을 하였는데 그는 생원시에 장원으로 뽑혔고 금시金試에서도 장원한 인재로, 성품과 행실이 뛰어난 인물이라고 하였다. 이 군수는 송천松川 양응정梁應鼎(1519~1581)[11]이다. 군수로 부임한 양응정은 당시 무당 무리들이 어지럽고 혼잡스럽게 대신大神을 받드는 실상을 보고 좌도左道의 어지러움을 바르게 한 뒤, 초하루와 보름에만 제사를 거행하게 하고 제물祭物을 정결하게 준비하고 통인을 보내어 제사 전일에 재계하고 정성을 다해 제사 지내게 하였다.[12] 군수는 이처럼 순창의 성황제가 정성스럽게 치러질 수 있도록 성황제를 감독·관리하는 역할을 하였다.

군수는 단오성황제의 4월 그믐에 진행되는 봉안·합사 절차 중 유교제의 방식으로 치른 봉안의식에 참여하였을 것이다. 이때 군수가 착용할 관복을 살펴보자.

군수의 관복은 중앙의 관리들과 다르지 않았다. 두 종류를 생각해 볼 수 있다. 『국조오례의』 권1에 풍운뇌우에 지내는 제사의 경우, 풍운뇌우, 산천, 성황 세 신좌에 거행하도록 하였는데 전사관典祀官과 제사관諸祀官은 기복其服을 입는다고 하였다.[13] 기복이란 제관은 제복祭服을 입고 배제관陪祭官은 조복朝服을 입는 것을 의미한다.[14] 그러나 순창 단오성황제는 국가 제례가 아니라 군제郡祭이기 때문에 제복과 조복은 적절하지 않다. 따라서 제복에 비해 지나치지 않은 관복인 흑단령이 적절할 것으로 생각한다.

고려 말, 1387년(辛禑 13) 6월, 호복胡服 제도를 폐지하고 명나라의 복제服制에 근거한 관복 제도를 정하였는데 1품에서 9품까지 모두 사모紗帽·단령團領을

11 양응정, 검색일(2021.11.11), 고전문학사전 https://terms.naver.com/entry.naver?docId=334303&cid=41708&categoryId=44531. 양응정은 실제 1540년 생원에, 1552년(명종 7) 문과중시(文科重試)에 장원을 한 인물로 기록되어 있다.

12 남풍현, 앞의 책, 52, 63쪽.

13 『國朝五禮儀』 卷1, 祀風雲雷雨儀【山川城隍附】, 92a~b.

14 『國朝五禮儀』 卷1, 春秋及臘祭社稷儀, 3a.

착용하고 품대品帶에 차등을 두는 제도를 만들었다. 5품에서 9품까지, 그리고 외방의 현령縣令과 감무監務 역시 사모・단령・각대 차림을 하였다.[15] 이 제도는 조선시대에 큰 변화 없이 이어졌다. 따라서 14세기 후반 이후 순창의 군수 관복은 사모・단령・각대로 볼 수 있다. 단 시대에 따라 사모의 형태나 단령의 색상에 차이가 있다.

15세기 중기 세종대에는 예복용 단령으로, 아청색 단령을 입기 시작하였다. 아청색 단령은 관리의 의례복인 시복時服으로 정착하였는데, 당상관은 무늬가 있는 아청색 흑단령을 착용하였고 준비가 어려운 3품 이하 관원은 무늬가 없는 흑염黑染 흑단령을 착용하였다.[16] 선성군 이흠宣城君 李欽(1522~1562) 묘에서 출토된 단령은 16세기 당상관용 아청색 운문단 흑단령이다.[17] 그리고 후대 이모본이기는 하지만 정국공신 유홍兪泓(1524~1594) 초상화[18]에서는 16세기 당하관용 시복인 무늬 없는 아청색 흑단령을 볼 수 있다. 단령 안에는 홍색 안감을 댄 녹색 겹답호와 청색 철릭을 착용한 것으로 묘사되어 있다.

봉안의식에 참여한 순창군수를 종4품 당하관으로 가정하면 유홍의 초상화에서 볼 수 있는 무늬와 흉배 모두 없는 면주綿紬 아청색 흑단령을 착용하는 것이 옳고, 만일 행수법에 의해 당상3품이라고 가정한다면 아청색 운문 흑단령에 백한흉배를 사용할 수 있을 것이다.

2) 호장

호장은 향리의 우두머리로서, 관청의 일을 섭행하는 섭호장攝戶長, 매년 초 조정에 조문하는 정조호장正朝戶長, 질록秩祿을 올리는 진봉호장進俸戶長, 나이

15 『高麗史』 志26 卷72, 輿服1, http://db.history.go.kr/id/kr_072r_0010_0020_0100_0160.
16 『세종실록』 권 111, 세종 28년 1월 23일 신묘.
17 경기도박물관, 『조선 왕실 선성군 母子의 특별한 외출』, 2014, 66쪽.
18 국립중앙박물관, 『초상화의 비밀』, 2011, 131쪽.

들어 물러난 안일호장安逸戶長 등이 있었다.[19]

호장은 유교제의와 무속제의에 모두 참여하는, 단오성황제에 있어 주요 인물이라 할 수 있다. 조선 건국 후 태조는 목조穆祖의 비妃 부모 묘소가 평창에 있었기에 현을 군으로 승격시키고, 평창군 호장으로 하여금 제사를 주관하게 하였다. 명절마다 제사를 지내게 하고, 전토田土를 내려주어 제수祭需를 장만하게 하였으며, 복두幞頭와 금포錦袍, 옥권玉圈, 서대犀帶를 내려주어 착용토록 하였다.[20] 호장에게 공복을 하사한 것이다. 세종대에는 향리들에게 내린 서대 대신 대모대나 대모흑서대玳瑁黑犀帶를 내리자고 건의[21]하는 내용이 보인다. 결국 『경국대전』에 향리의 공복으로 복두, 녹포綠袍, 흑각대黑角帶 차림에 목홀木笏을 들고 흑피혜를 신도록 규정하였다.[22] 고려시대에는 자삼을 착용하도록 하였으나 조선에서는 녹포(7~9품)를 착용하게 한 것이다. 일본 쇼덴지朝田寺 소장의 1519년(중종 14) 감로탱[23]에는 복두에 녹색 둥근깃의 포를 입고 공수하고 있는 두 인물이 보이는데 그들이 호장으로 추정된다. 따라서 순창의 호장이 공복을 입는다면 그런 모습이었을 것이다.

17세기 초 권기權紀(1546~1624)의 『영가지永嘉誌』에는 "권태사가 남긴 옥피리, 여지금대 등이 부사府司에 보관되어 있는데 지금까지 상호장上戶長이 의례를 거행할 때는 공민왕이 하사한 옥관자玉貫子와 권태사의 금대를 사용하고 있다."[24]고 기록되어 있다. 또 『연조귀감掾曹龜鑑』에는 "공민왕이 안동으로 피신하였을 때 호장들이 정성으로 왕을 보호한 공로가 있어 상으로 백옥대, 오서대, 목단금대, 여지금대, 상아홀, 옥관자 등을 내려 부사府司에 보관하고 있었는데 고례古例에 의거하여 안동 호장이 행례를 할 때 오사모烏紗帽[25]와 여지금대荔枝金

19 『掾曹龜鑑』 卷1, 14a.

20 『掾曹龜鑑』 卷2, 3b.

21 『세종실록』 권 81, 세종 20년 4월 1일 갑인, "議政府據禮曹呈啓 : "外方各官鄕吏公服, 有特賜犀帶者, 竝皆還收, 改賜玳瑁黑革帶. 又有戶長僭用玉環者, 竝皆禁斷." 從之."

22 『經國大典』 卷3, 13a, 15a, 17b.

23 姜友邦・金承熙, 『甘露幀』, 藝耕, 2010, 36쪽.

24 『永嘉誌』 卷6, 古跡, 1a~b.

帶(權太師所傳), 옥관자, 상아홀象牙笏(恭愍王所賜)을 갖추었다."[26]고 하였다.

한편 호장・향리의 공복과는 별개로 상복常服도 있었다. 향리의 상복 역시 『경국대전』에 보이는데 흑죽방립黑竹方笠을 쓰고 직령直領 차림에 도아絛兒를 띠고 피혜皮鞋를 신도록 한 것이다.[27] 이에 대해서는 다음의 향리 항에서 다루고자 한다.

단, 호장이 제례를 주관하여 초헌관이 된다면 복두・녹삼의 공복 착용이 가능하지만, 군수가 초헌관으로 참여한다면 군수의 흑단령과 호장의 공복은 격이 맞지 않으므로 흑죽방립・직령 차림이 적절할 것이다.

그리고 호장은 인신印信을 추가하여 향리와 구별지을 수 있다. 『연조귀감』에 실린 「호장소戶長疏」에 따르면 "호장이 민호의 우두머리이므로 조정에서 인신을 주어 관사가 업무를 볼 수 없으면 그 도장을 사용하게 하고 공식적으로 업무를 대행하게 하였다."[28]고 한다. 따라서 일반 향리와 차별화할 수 있는 인신이 호장에게 있었음을 알 수 있으나 아쉽게도 호장의 인신 형태는 확인할 수 없었다. 『연조기담掾曹奇談』에 호장이 인장을 차고 길가에 엎드렸다[29]는 기록을 볼 때 허리에 인신을 패용하였음을 알 수 있다. 호패처럼 왼쪽에 패용하는 것으로 가정하고자 한다.

3) 향리

향리의 공복은 호장 항목에서 다루었으므로 여기에서는 향리의 상복을 중심으로 정리해 보고자 한다. 『경국대전』에는 향리의 상복으로 흑죽방립, 직령, 도아, 피혜를 규정하였다.[30]

25 홀을 들었다면 오사모는 적절하지 않다. 복두의 오기일 가능성이 있다.
26 『掾曹龜鑑』卷2, 5a.
27 『經國大典』卷3, 13a, 15a, 17b.
28 『掾曹龜鑑』卷1, 24a.
29 『掾曹龜鑑』卷1, 31a.

(1) 흑죽방립

고려 말인 1375년(신우 1)에 각사의 서리에게 백방립을 쓰도록 하였다.[31] 조선 건국 후 1415년(태종 15) 4월에 향리의 입제笠制를 상정하면서 상복의 관모를 정하였다. 예조禮曹와 의례상정소儀禮詳定所에서 함께 의논하여 홍무洪武 20년(1387)에 고친 의관衣冠의 예例를 참고하였다. 호장은 평정건平頂巾을 쓰고 통인과 장교將校・역리驛吏는 두건頭巾을 쓰며 관청의 문을 출입할 때와 대소大小 사객使客을 영접할 때에는 흑색 죽감투[竹坎頭]를 쓰도록 하였다.[32]

이듬해인 1416년(태조 16)에 다시 향리鄕吏의 관모를 논의하였는데 각사各司의 이전吏典이나 평민과 다름이 없어 점점 날이 갈수록 무례해지니 전례를 따라 방립方笠에 흑칠黑漆을 하여 쓰고 다니도록 하였다.[33] 전례란 곧 1375년에 백방립을 쓰도록 한 것을 말한다. 단 흑칠을 하도록 하였으니, 백색을 흑색으로 바꾼 것이다.

1416년(태종 16)에 변화된 향리의 복식제도가 『경국대전』에 실려 있다. 즉 향리의 상복으로 흑죽방립을 쓰고 직령 차림에 도아를 띠고 피혜를 신도록 하였다.[34]

흑죽방립에 직령을 쓴 향리의 모습은 1508년 <제천정전별연도濟川亭餞別燕圖>[35]에서 볼 수 있다. 농암 이현보李賢輔(1467~1555)가 42세 때 연로한 어버이 봉양을 위해 외직을 자청하여 영천군수로 나갈 때 한강 제천정에서 친구들과 전별하는 모습을 그린 것이다. 두 향리가 땅에 엎드려 있는데 이현보를 모시러 온 영천의 향리로 추정된다. 1519년(중종 14) 일본 쇼덴지 소장 감로탱[36]에 보이는 인물들 중 앞줄의 복두 쓴 관원들 뒤에 방립을 쓴 두 인물이 보인다. 이 인물들

30 『經國大典』卷3, 13a, 15a, 17b.
31 『高麗史』卷72, 12b.
32 『태종실록』 권29, 태종 15년 4월 13일 경진.
33 『태종실록』 권31, 태종 16년 1월 12일 을사.
34 『經國大典』卷3, 13a, 15a, 17b.
35 강호문학연구소, 『聾巖 李賢輔의 江湖文學』, 2000, 18쪽.
36 姜友邦・金承熙, 앞의 책, 2010, 36쪽.

이 향리로 추정된다. 색상은 밝게 표현되었으나 복두의 색상으로 미루어 볼 때 방립 역시 흑색으로 추정된다.

흑죽방립은 중국 원나라, 명나라에서도 사용되었을 뿐만 아니라, 고려에서도 왕 이하 상류층 관모로 사용되었다. 그러나 조선 개국 후 방립의 지위가 하락하여 향리만이 유일하게 사용하다가[37] 임진왜란 이후에는 향리조차도 방립의 사용을 꺼림에 따라 상주喪主의 외출용 관모로 백방립만 남게 되었다.[38]

(2) 직령·광다회

한편 직령은 여말선초에 남자들의 의례복이자 외출복이었다. 하급 관원들의 관복이기도 했다. 곧은 깃에 긴 소매가 달렸으며 트인 옆선에 무武가 달린 옷으로, 깃을 제외하고는 단령과 거의 동일한 형태로 변화하였다.

직령은 시대에 따라 무의 형태가 변화하였다. 우선 앞 시기의 직령은 양옆에 트임이 있고 그 트임에 한 폭의 옷감을 이어 W자형의 주름을 잡아 안쪽으로 넣어 고정시켰다.[39] 그러나 15세기 중기 이후, 늦어도 성종대에 이르러서는 옆트임 안으로 접혀 들어갔던 무가 일부분 겉으로 나온 형태로 변화하였는데, 이를 '안팎주름무'라고 한다.[40] 이러한 형태의 무는 1493년 『악학궤범』의 흑단령黑團領 도상[41]에서 볼 수 있다.

1567년 6월 광주목光州牧 관아의 희경루喜慶樓에서 열린 동방同榜 계회契會를 그린 〈희경루방회도喜慶樓榜會圖〉에서 방립 쓴 향리의 모습[42]을 확인할 수 있는데 곧은 깃의 소색素色 포를 착용하고 있다. 이 포가 직령일 것으로 추정된다.

37 『經國大典』 卷3, 13전.
38 배진희·이은주, 「희경루방회도(喜慶樓榜會圖) 속 인물들의 복식 고찰」, 『文化財』 51(4), 2018, 52쪽.
39 山西博物院, 『寶寧寺 明代 水陸畵』, 北京：文物出版社, 2015, 168쪽.
40 이은주·김미경, 「선조대(宣祖代) 공신초상(功臣肖像)의 복식 고찰」, 『文化財』 52(1), 2019, 123쪽.
41 『樂學軌範』 卷9, 7a.
42 국립중앙박물관, 『선인들의 마음, 보물이 되다』, 2017, 162쪽.

직령은 1500년대 중기 이후 이중 칼깃, 그리고 칼깃, 둥그레깃으로 변화하였고, 소매 또한 광수로 변화하였는데, 깃과 소매의 변화는 다른 광수포와 거의 동일한 양상을 보인다. 향리의 직령 관복은 조선후기까지 지속되었다.

향리의 직령 소재는 향리에 대한 사치 규제를 통해 짐작할 수 있다. 교交·기綺·초자綃子를 금하고 8승 이하의 목면·면주綿紬·저포를 사용하도록 하였으므로[43] 평직의 무명이나, 명주, 모시를 착용할 수 있었다.

허리에는 도아를 둘렀는데, 당시에는 광다회를 흔히 사용하였으며, 『경국대전』에 명시되어 있듯이, 3품 이상만이 홍색 도아를 띨 수 있었기 때문에[44] 신분 낮은 향리층은 녹색이나 청색 계통의 광다회[45]를 둘렀을 것이다.

따라서 순창 단오성황제의 향리는 방립에 직령을 착용하고 남색 광다회를 띠며 신발은 피혜를 신도록 한다.

4) 통인

통인은 순창 성황제에서 첫 번째 제의를 위해 4월 그믐에 태수(군수)를 대신하여 관대를 단정히 하고 역마를 타고 사람들과 대모산성에서 대모를 모셔 오는 일을 담당하였다.

통인은 흔히 '지인知印'이라고도 하였다. 본래 관장官長의 곁에서 잔심부름을 하는 이속으로, 문장文狀, 서찰書札, 평문왕래平問往來,[46] 패자牌者, 인출印出, 지지紙地 등에 관한 내용을 기록하는 일을 하였다.[47] 금남군錦南君 정충신鄭忠信(1576~1636)도 임진왜란 당시 광주光州의 지인이었는데 당시 나이는 17세였다[48]

43 『세종실록』 권 112, 세종 28년 5월 25일 임진.
44 『經國大典』 卷3, 14a.
45 임금희, 『다회·망수 그 천년의 시간 속으로』, 2012, 52쪽.
46 사령에게 오가는 일을 말한다.
47 安鼎福, 金東株 譯, 『臨官政要』 附錄 「治郡要法」, 乙酉文化社, 1974, 263쪽.
48 金和鎭, 『韓國의 風土와 人物』, 乙酉文化社, 1974, 285쪽.

고 전해진다.

조선후기 〈안릉신영도安陵新迎圖〉에 묘사된 통인[49]은 어린 동자이다. 땋은 머리 끝에 자적색 댕기를 드려 등 뒤로 늘어뜨리고 도포에 흑색 세조대를 두른 모습으로 묘사되어 있다. 동시에 소창의에 전복을 입은 차림도 보인다. 통인의 예복과 상복으로 추정된다. 또 통신사 행렬의 소동 역시 유사한 모습으로 나타난다.[50] 그리고 국립중앙박물관 소장 〈평안감사향연도〉[51]나 프랑스 국립기메동양박물관 소장의 〈취중판결醉中判決〉[52] 등에는 소창의에 전복을 입은 모습으로 확인된다.

조선후기 통인의 모습은 어렵지 않게 접할 수 있으나 조선전기의 통인에 대한 자료는 그리 많지 않다. 특히 관복에 대해서는 더욱 그렇다. 통인의 관복 역시 공복과 상복이 있었을 것으로 짐작되는데, 1415년(태종 15) 4월 향리의 입제 상정에서 통인과 장교將校·역리驛吏는 두건頭巾을 쓰도록 하였다. 대소사객을 영접할 때에는 첨簷 너비[廣]가 2촌寸인 흑색 죽감투[黑色竹坎頭]를 쓰도록 하였는데 이 규정은 상복의 관모 규정으로 보인다.

일본 소덴지 소장 감로탱[53]에서 두건을 쓴 인물을 볼 수 있다. 또한 대소사객을 영접할 때 쓴다는 흑죽감투와 유사하였을 것으로 짐작된다. 두건이나 흑죽감투와 함께 착용한 옷은 직령으로 추정된다. 직령은 향리 항에서 설명하였기에 여기에서는 생략한다.

한편 통인의 공복으로 추정되는 규정은 1392년(홍무 25, 태조 1) 11월 기록에 보인다. 예조에서 태조의 명을 받아 통인의 관복을 제정하였는데 이때 통인 관복은 착수녹삼窄袖綠衫에 수각복두垂角幞頭, 너비 2촌의 흑대黑帶, 흑피화黑皮靴를 신도록 하고 홀은 없는 것으로 정하였다.[54]

49 국립중앙박물관 소장 〈安陵新迎圖〉.
50 국립중앙박물관, 『朝鮮時代通信使』, 1986, 45쪽.
51 국립중앙박물관, 『평안, 어느 봄날의 기억』, 2020, 31쪽.
52 국립국악원, 『조선시대 음악풍속도』 Ⅱ, 민속원, 2003, 152쪽.
53 姜友邦·金承熙, 앞의 책, 36쪽.

따라서 순창 단오성황제의 통인은 수각복두, 녹포에 흑대를 띠고 흑화를 신는 것으로 제안한다.

5) 견마배

통인의 역마를 끌고 가는 견마배의 복장은 『국조오례의서례』 권2 가례 노부 부분에서 장마仗馬를 이끄는 견마배의 복장을 차용하고자 한다. 기록에 따르면 청의靑衣에 종색립櫻色笠, 운혜雲鞋를 신는다[55]고 하였다. 현재 종색은 갈색으로 제시되고 있다.[56] 그러나 견마배의 종색립은 조선후기 의궤 반차도를 볼 때 누런색의 초립 종류로 볼 수 있다.

이외에 조선후기 자료를 참고해 볼 때 장식없는 전립氈笠에 청의를 착용할 수도 있다. 청의는 소창의 형태이므로 조선전기의 청의도 옆트임이 짧고 밑단이 넓은 소창의형 청의일 것으로 추정된다.

따라서 순창 단오성황제의 견마배는 초립에 16세기 소창의형 청의, 녹색 대를 착용하고 행전과 초혜를 갖춘다.

4. 무속제의 참여자 복식

1) 무녀

조선전기 무녀에 대해서는 『조선왕조실록』에서도 적지 않게 언급되어 있음을 볼 수 있다. 특히 국가의 기우제를 무녀들이 지냈기에 그 역할이 중요하였다.[57]

54 『掾曹龜鑑』卷1, 26a, "記官・通引 窄袖綠衫 垂角幞頭 黑帶廣二寸 黑皮靴 無笏".
55 『國朝五禮儀序例』卷2, 2b.
56 赵丰, 『纺织品考古新发现』, 杭州 : 中国丝绸博物馆, 2002, 151쪽.

성현成俔(1439~1504)의 문집 『허백당집虛白堂集』 권10의 <영신곡迎神曲>에 실린 내용으로 확인할 수 있다. 단옷날 새벽에 피리를 불면서 단오에 성황신이 인가에 강림하니 서로 향초[芭]를 전하고 많은 사람들이 춤을 추며 늙은 무녀는 신의 말을 한다고 하였다.[58] 그러나 복식을 짐작할 수 있는 기록은 거의 없다.

맑은 새벽 화산 언덕에서 젓대를 불어 대니	淸晨鼓笛花山阿
단옷날에 서낭신이 인가에 강림하였네	端午隍神降人家
서로 다퉈 풍어 붙들고 향초를 서로 전하니	競扶風馭相傳芭
검은 머리 수많은 소매가 너울너울 춤추네	鴉鬟萬袖紛婆娑
늙은 무당은 안색 고쳐 신 맞는 말을 하고	老巫變顔降神語
좋은 아침에 무리들과 함께 배불리 먹어라	穀朝騣邁同飽飫

무녀들은 평상복으로는 접신을 하지 않기 때문에 신격에 합당한 복식을 갖추어야 접신이 가능하다. 따라서 무녀가 접신을 하기 위해서는 평소와는 다른 복장이 필요하였다. 『연산군일기』에는 역귀 쫓는 사람들逐疫人이 입은 홍건紅巾과 홍의紅衣를 고쳐 만들어 놓지 않았다고 국문하라[59]는 기사가 보인다. 악귀를 쫓기에는 홍색이 역시 중요한 역할을 하였다.

조선후기의 『무당내력巫堂來歷』[60]을 보아도 각 굿거리마다 다양한 복장이 착용되었음을 알 수 있다. 첫 부정거리不精巨里에서는 평상복으로 시작하지만, 각 거리마다 장삼, 융복, 군복, 몽두리, 원삼, 장옷 등으로 변복하였다.

감로탱에는 18세기 이후 무녀가 신녀神女 등으로 표기되면서 확인되기 시작하는데 대체로 조선후기의 복장을 착용하고 있다. 가장 이른 무녀의 모습은

57 『성종실록』 권 143, 성종 13년 7월 3일 경오.
58 『虛白堂集』 卷10, 詩, 迎神曲, 한국고전번역원 https://han.gl/mHxGj.
59 『연산군일기』 권 51, 연산군 9년 12월 24일 정사.
60 『巫堂來歷』(古1430-18), 서울대학교 규장각한국학연구원 https://han.gl/AmTDv.

1701년 상주 남장사南長寺 감로탱의 <사무신녀師巫神女>[61]에서 볼 수 있다. 고계高髻에 녹의황상綠衣黃裳, 홍색의 피백을 두르고 있다. 저고리에는 홍색 대를 매어 앞으로 고리를 내어 늘어뜨리고 치마 앞으로 홍색 결사조結絲組[62]를 늘어뜨렸는데 이 모습은 여말선초의 여복에서 볼 수 있는 모습이다. 『고려도경』에도 고려 여인들이 가을과 겨울에 황상을 입는다[63]고 하였는데 황상의 흔적은 1750년(영조 26) 『상방정례尙方定例』에서도 볼 수 있다. 대왕대비·왕대비, 왕비의 탄일(겨울)에 진상하는 치마 중에 유청토주 겹치마 포함되어 있는데[64] 고려 황상의 유제遺制가 아닌가 한다. 이후 왕실 여성의 치마에서는 황상은 보이지 않으나 내인內人이나 의녀醫女, 가의녀假醫女 등은 여전히 예복용 치마로 착용하였음을 확인할 수 있다. 따라서 18세기 초의 무녀 도상이기는 하지만 남장사의 무녀 모습을 참고할 수 있다.

18세기 중기 선암사 감로탱의 무녀[65]는 방울이 7개가 달린 특이한 모자를 쓰고 녹의홍상에 황색 반수半袖 몽두리를 입고 홍색 띠를 둘렀다. 18세기 말 호암미술관 소장 감로탱의 무녀[66]는 앞의 무녀와 유사한 방울 모자를 쓰고 녹의홍상에 반수 홍장삼을 입고 황색 띠를 둘렀다. 손에는 불자나 부채, 방울 등의 무구를 들고 있다.

이상의 자료를 토대로, 순창 단오성황제 무녀는 고계에 녹의·황상, 홍색 대 등으로 무녀의 복식을 제시하고자 한다.

61 姜友邦·金承熙, 앞의 책, 58쪽.
62 黃輝, 『中国历代服制服式』, 南昌 : 江西美术出版社, 2011, 288쪽.
63 『高麗圖經』卷20, 婦人 貴婦, "秋冬之裳 間用黃絹 或深或淺 公卿大夫之妻 士民游女 其服無別".
64 한국학중앙연구원 藏書閣, 『尙方定例』, 2008, 43, 55쪽.
65 姜友邦·金承熙, 앞의 책, 114쪽.
66 위의 책, 201쪽.

2) 악사

악공은 제례와 연향의 성격에 따라 다양한 복식을 착용하였다. 『고려사』에 악관樂官은 주의朱衣를 착용한다[67]고 하였다. 주의의 구체적인 형태는 알 수 없으나 단령형의 옷이 아니었을까 짐작한다.

1519년(중종 14) 〈화산양로연도花山養老宴圖〉[68]에는 흑립을 쓰고 홍색 철릭으로 추정되는 포를 입고 연주하고 있는 5명의 악공이 보인다. 또한 고려대학교 박물관 소장 《의령남씨전가경완도宜寧南氏傳家敬翫》의 〈중묘조서연관사연도中廟朝書筵官賜宴圖〉[69]에는 1535년(중종 30) 당시 왕세자이던 인종(1515~1545)이 자신을 가르치던 서연관들에게 내린 사연賜宴 장면이 그려져 있다. 후대에 모사된 것이기는 하지만 원본의 모습을 잘 유지하고 있는 그림으로 우측 하단에 5명의 악공 모습이 보인다.

그뿐만 아니라 1567년(명종 22) 광주 희경루에서의 연회 장면을 그린 〈희경루방회도〉[70] 속에는 6명의 악공이 보이는데 희경루 아래 왼편에서 대금으로 추정되는 악기를 연주하고 있다. 이들은 홍색 포에 차양이 없는 작은 모자를 쓰고 있다.

따라서 악공들은 흑립 또는 소모자에 홍의를 입고 있는데 홍의는 홍철릭으로 제안한다.[71]

(1) 흑립·소모자

1519년(중종 14) 〈화산양로연도〉[72]에는 흑립을 쓰고 있는 악공이 보인다. 흑

67 『高麗史』 卷71 志 卷25 樂2.
68 강호문학연구소, 앞의 책, 18쪽.
69 고려대학교 박물관, 『조선시대 기록화의 세계』, 2001, 13쪽.
70 국립중앙박물관, 앞의 책, 162쪽.
71 배진희·이은주, 앞의 논문, 44쪽.
72 강호문학연구소, 앞의 책, 18쪽.

립은 조선시대 대표적인 남자 관모로, 다양한 계층에서 착용하였는데 신분에 따라 죽사竹絲의 굵기나 재료에 차이를 두었다.[73] 영조대의 『농포문답農圃問答』에는 "관질官秩이 높은 자는 말총[馬尾]으로 죽립竹笠의 밖을 감싸며 관질이 낮은 자는 사紗로 싸고, 선비[士]는 포布로 싼다."고 하였다.[74] 즉 신분에 따라 죽사竹絲로 엮은 모자와 양태[凉臺]의 겉을 싸는 재료가 달랐다. 따라서 화산 양로연에서 음악을 연주한 악공들은 신분이 높다고 할 수 없으니, 포로 겉은 싼 입자에 흑색 칠을 한 것을 썼을 것으로 추정할 수 있다. 혹은 죽립에 흑칠을 하였을 가능성도 있다.

한편 <중묘조서연관사연도>와 <희경루방회도> 속 악공들이 쓰고 있는 차양 없는 소모자小帽子 혹은 모자帽子라고 하는 관모가 보인다. 이 모자는 감투[甘土]라고도 하였다. 『삼재도회三才圖會』의 모자[75]가 그것이다. 6개의 삼각형 조각으로 만들어졌기에 '육합모六合帽' 혹은 '육합일통모六合一統帽'라고도 하였다.[76] 조선전기에 흔하게 출토되었는데 비단류로 만든 것이 많지만 광주광역시 지역에서 출토된 고운高雲(1479~1530) 묘의 감투처럼 솔기 없이 펠트로 만든 것[77]도 있다.

(2) 철릭

철릭은 상의와 치마형의 하의가 연결된 옷[78]으로, 원나라 간섭기에 도입되어 정착된 옷이다. 1449년(세종 31)의 복식 금제에 악공은 차비일 때 단령을 입고 평소에는 액주름[腋注音]이나 철릭[帖裏], 직령을 착용하도록 하였다.

인조 때에는 악공樂工에게 홍주의紅紬衣 대신 융복을 착용하도록 하였는데[79]

73 『세종실록』 권 112, 세종 28년 5월 25일 임진.
74 鄭尙驥, 1752, 李翼成 譯, 『農圃問答』, 乙酉文化社, 1973, 319~320쪽.
75 『三才圖會』 衣服, 卷1, 23후.
76 『五洲衍文長箋散稿』 卷4, 「古今冠巾制度辨證說」.
77 光州民俗博物館, 『霞川 高雲 출토유물』, 2000, 117쪽.
78 국립민속박물관, 『오백년의 침묵, 그리고 환생』, 2000, 37쪽.
79 『인조실록』 권 5, 인조 2년 3월 23일 정축.

정조대의 <봉수당진찬도>에도 홍철릭을 입은 악공들이 묘사되어 있다. 따라서 <종묘조서연관사연도>나 <희경루방회도>의 악공들이 착용한 포는 홍색 철릭을 착용한 것으로 보아도 무리가 없다.

순창 단오성황제 악사는 흑색 초립(흑립)에 홍색 철릭을 입고 청색 포백대를 두른다. 종아리에는 제비행전을, 신발은 초혜를 신은 것으로 제안하고자 한다.

3) 관기

관기官妓는 관아에 소속되어 있는 기녀이다. 관기 제도는 고려시대에 생겼다고 한다. 이의민李義旼(?~1196)의 아들이 버들고리를 만들어 팔던 양수척楊水尺을 기적妓籍에 편입시켜 세금을 거두고 여자를 기妓로 만들었다[80]는 설이 있다. 또 원元에 복속된 후 관원을 위한 관기로 발전하였다는 설도 있다.[81]

1286년(충렬왕 12), 관기를 대동하고 오는 등 각종 부정을 저지른 관원을 파직시켰다[82]는 기사가 보이고 충렬왕대에 관현방 태악재인이 부족하여 각 도의 관기를 선발하여 마종립馬鬃笠의 남장男裝을 시켜 잔치를 하였다[83]는 기록을 볼 때, 충렬왕대에는 이미 관기 제도가 정비되었음을 알 수 있다.

『고려사』에 따르면 포구락 등의 정재에 무대舞隊가 조삼皂衫을 입고 그 외 여기는 단장丹粧을 한다고 하였다. 이 제도는 조선시대로 이어졌다. 『악학궤범』의 흑장삼黑長衫과 단장을 말한다. 『세종실록』에 따르면 고려시대 여기女妓들이 황장삼黃長衫을 입었는데 중국 사신이 잘못되었다고 지적함에 조장삼皂長衫으로 바꾸었다[84]고 한다. 고려시대에 관기들은 황장삼을 입었음을 알 수 있다.

80 안길정, 『조선시대 생활사』 하 사계절, 2000, 81쪽.
81 관기, 검색일(2021. 11. 5), 두산백과 https://terms.naver.com/entry.naver?docId=1064300&cid=40942&categoryId=33382.
82 『高麗史』 卷30, 世家 卷第30, 忠烈王 12年 6月.
83 『高麗史』 卷71, 志 卷第25 樂2.

고려 관기가 착용한 복식은 정재에 참여할 때 착용하는 정재복이 있을 것이고 또한 평상시의 상복이 있었을 것이다. 국립중앙박물관 소장 1584년(선조 17)의 〈기영회도耆英會圖〉 속 관기들의 모습에서는 두 종류의 차림새를 볼 수 있다. 좌측의 관기들은 상복을 착용하고 있다. 머리에 가리마를 얹고 수화를 꽂았으며 홍색과 분홍색, 초록색, 황색 등의 치마에 녹색 계통의 옆트임이 있는 장저고리를 입고 있다. 소매 끝에는 끝동으로 보이는 이색 선장식이 보인다. 정재복을 입은 우측의 관기들은 곧 정재에 참여할 차림이다. 머리에는 가채를 더해 고계高髻를 만든 후 대요臺腰를 두르고 대요 뒤쪽으로 장잠長簪을 꽂았다. 물론 머리에는 수화首花도 장식하였다. 그리고 치마・저고리 위에 짧은 소매의 황장삼黃長衫을 입고 푸른색 계통의 허리띠를 둘렀다.

『악학궤범』에는 흑장삼에 대한 도설이 제시되어 있으나 관아 잔치 기록화에는 관기들이 모두 흑장삼이 아닌, 황장삼을 입고 있다. 고려시대부터 여기들이 착용하였던 황장삼이 여전히 착용되고 있었음을 알 수 있다.

(1) 수식

고려시대 관기의 수식 형태를 알 수 있는 자료는 드물다. 조선전기 제도가 고려시대의 것과 다르지 않았을 것으로 짐작된다. 『악학궤범』에는 여기와 동기의 머리 장식으로 잠簪과 유소流蘇, 차釵, 대요, 그 외에 수화가 있다. 그 중 '잠'은 각 색의 구슬이 장식되어 '칠보잠'이라고도 하는데 여기女妓나 연소기年少妓 모두 사용하던 장식이다. 반면에 '대요'와 '유소'는 연소기가 사용하던 장식이며, '차'는 여기만 사용하던 장식이다. 공연에 따라 달라지기는 하지만 여기는 잠과 차, 수화의 3종을 사용할 수 있었고 연소기는 잠과 대요, 유소, 수화의 4종을 사용하였다(〈표 2〉).

84 『세종실록』 권 109, 세종 27년 8월 6일 정미.

〈표 2〉『악학궤범』의 여기와 연소기의 머리 장식 종류

	잠(箴)	유소(流蘇)	차(釵)	대요(臺腰)	수화(首花)
여기		-	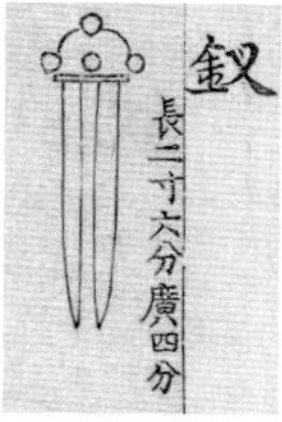	-	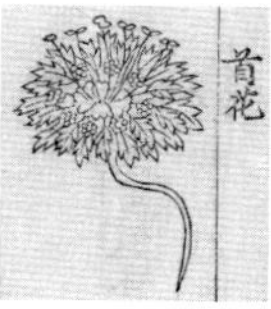
연소기		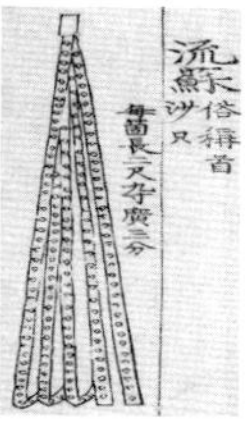	-	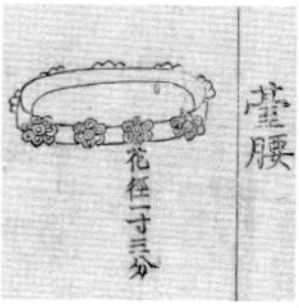	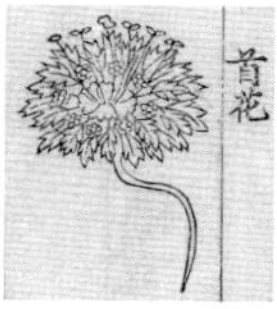

출처 : 『樂學軌範』 卷9, 18a · b

한편 하연河演(1376~1453) 부인 이씨의 초상화[85]에서 정수리에 꽂혀있는 '장잠長簪'과 이마 위 정면에 꽂힌 '차'를 볼 수 있는데 이것이 『악학궤범』의 여기가 장식한 '잠'과 '차'이다. 수화는 연향이 있을 때 꽂는 것이므로 하연 부인의 초상화에서는 볼 수 없다. 여기의 머리 장식 중 수화를 제외하면 부인의 머리 장식이 됨을 알 수 있다. 한편 <희경루방회도>의 여기[86]는 고계에 중앙에 반자斑子 1개를 장식한 대요臺腰를 장식하고 있어 『악학궤범』 기록과는 달랐다.

(2) 황장삼

장삼長衫이란 명칭은 글자 그대로는 '길이가 긴 삼衫'을 뜻한다. 그러나 특정 형태의 복식을 의미하기도 한다. 『악학궤범』의 여기 복식 중에는 흑장삼黑長衫[87]이 있다. 왼쪽 깃이 젖혀지는 번령飜領이며 소매 끝에 남색 초[藍綃]를 대어

85 조선미, 『한국의 초상화』, 돌베개, 2009, 532쪽.
86 국립중앙박물관, 앞의 책, 162쪽.
87 『樂學軌範』 卷9, 20전.

접어 올린 소매[捲袖]가 특징이다.

젖힌 깃 장삼은 <기영회도> 등의 여기[88]뿐만 아니라 반가 부인들도 착용하였다. 세종대에 고위 관직을 역임한 하연河演(1376~1453) 부인의 초상화[89]와 태조의 장녀인 경신공주慶愼公主(미상~1426) 초상화[90]는 '젖힌 깃 장삼'의 형태를 보여주는 중요한 자료이다. 젖힌 깃 끝에는 매듭단추가 달려있다.

1445년(세종 27)의 기록에 흑장삼이 고려 때의 옷임을 짐작케 하는 내용이 보인다. "고려의 기생들이 황장삼黃長衫을 입었는데 잘못되었다고 하는 중국 사신의 지적에 따라 조장삼皂長衫으로 변경했다."[91]는 것이다. 조장삼은 곧 흑장삼이다. 세종대에는 흑장삼을 착용하지 않은 여기를 처벌한 경우도 있었다.[92]

그러나 15세기의 흑장삼 규정이 16세기에는 지켜지지 않은 듯하다. 여전히 고려시대의 황장삼이 착용되었음을 알 수 있다. <화산양로연도>(1519)[93]를 비롯하여 <희경루방회도> 등 대부분의 <계회도> 여기들은 소매 짧은 황색의 긴 포를 입고 허리에 띠를 맸는데, 앞을 여미지 않는 '젖힌 깃 황장삼'이다.

1998년 처음 발표된 안동대학교 박물관 소장의 일선문씨一善文氏(1550년대 사망 추정) 묘 젖힌 깃 장삼[94]은 바느질이 섬세하지 않아 수의용으로 추정된 바 있다. 따라서 평상시의 실제적 사용에 대해서는 의문이 남아 있었다. 그러나 2011년 대전 지역의 용인이씨 묘에서 '젖힌 깃 흑장삼'이 2점[95]이나 출토됨으로써 젖힌 깃 장삼이 16세기에 실제 착용되었음을 확인할 수 있었다. 이렇듯 반가 부인의 초상화와 유물로도 젖힌 깃 장삼이 확인되었는데 반가 부인과 여기가 동일한

88 국립중앙박물관 소장, https://www.museum.go.kr/site/main/relic/search/view?relicId=2371.

89 조선미, 앞의 책, 532쪽.

90 경기도박물관, 『초상, 영원을 그리다』, 2008, 120쪽.

91 『세종실록』 권 109, 세종 27년 8월 6일 정미.

92 『세종실록』 권 111, 세종 28년 1월 3일 신미.

93 한국국학진흥원, 『만날수록 정은 깊어지고』, 2013, 106쪽.

94 안동대학교 박물관, 『안동 정상동 일선문씨와 이응태 묘 발굴조사 보고서』, 2000, 247쪽.

95 부산대학교 한국전통복식연구소・대전시립박물관, 『대전 금고동 출토 안정나씨 일가 墓 출토복식 조사보고서』, 2016, 29, 36쪽.

형태의 예복을 함께 착용한 점에서 주목된다.

순창 단오성황제의 여기, 즉 기녀들은 대요와 장잠을 착장한 고계에 황장삼과 남상을 착용하고 홍색 도다익대를 두르고 홍색 비단 신[紅段鞋]을 신은 기녀와 가리마에 견마기와 치마를 착용한 기녀를 제안하고자 한다.

4) 재인·광대

재인과 광대는 성황사에서 설공검과 대모산성의 성황여신이 합사한 후 향리 집을 옮겨 다닐 때 가무를 제공함으로써 흥을 돋우는 사람들이다. 이들에 대한 조선 전기의 구체적인 자료가 없기에 감로탱을 참고하여 제시해 보고자 한다.

가장 시대가 올라가는 감로탱은 일본 약센지藥仙寺 소장의 1589년(선조 22) 감로탱이다. 현재까지 알려진 감로탱 중 가장 시대가 올라가는 작품이다.[96] 감로탱 우측 하단에 보이는 세 여인[97]은 유랑예인이다. 두 여인은 악기를 연주하고 다른 한 여인은 춤을 추고 있다. 세 여인의 머리모양은 다르지만, 고계에 붉은 댕기 장식을 하였다. 연주하는 두 여인 중 한 여인은 홍색 치마에 녹색 저고리를 입고 녹색 허리끈을 둘렀으며 어깨에는 자적색 영포領布[98] 혹은 피백披帛[99]이라고 하는 긴 목수건을 두르고 있다. 또 한 여인은 자적색 하의를 입고 깃과 수구에 녹색 선장식을 한 홍색 상의를 입었는데 허리띠 아래로 황색 자락이 보인다. 어깨에는 녹색 피백을 두르고 있다. 마지막으로 춤추는 여인은 황색 치마에 긴 소매의 홍색 상의를 입었다. 허리에는 짙은 녹색 띠를 두르고 어깨에도 역시 녹색의 피백을 길게 드리우고 있다.

96 姜友邦·金承熙, 위의 책, 22쪽.
97 위의 책, 28쪽.
98 韓國文化財保護協會, 『韓國의 服飾』, 文化公報部文化財管理局, 1982, 74쪽.
99 『中華古今注』 卷中, 女人披帛, "古無其制. 開元中, 詔令二十七世婦, 及寶林禦女良人等, 尋常宴參侍, 令披畫披帛, 至今然矣. 至端午日, 宮人相傳, 謂之奉聖巾, 亦曰續壽巾, 續聖巾, 蓋非參從見之服."

청룡사 감로탱에 그려진 걸립패[100]와 1724년 직지사의 감로탱에 그려진 남녀 연희패[101]는 거의 평상시의 차림이되, 색상은 초록색과 홍색 등으로 강렬하게 표현되어 있다. 여자들은 저고리 길이를 길게 해서 허리에 끈을 묶고 있다. 움직임에 불편하지 않도록 한 모습으로 짐작된다. 연주하는 악사들과 재주꾼 등 역시 긴 포를 착용하고 악기와 부채 등을 각자 필요에 따라 들고 있다.

1730년 운흥사 감로탱의 걸립패[102]는 남자들로 구성되었는데 흑죽감투에 긴 포를 입고 옷감으로 만든 허리띠[布帛帶]를 두르고 있음을 알 수 있다. 복색은 감로탱이라는 특수성 때문인지 비교적 강렬한 홍색, 초록색 등으로 표현되어 있다.

이상의 자료를 참고하여, 순창 단오성황제의 재인과 광대는 감투를 쓰고 원색의 직령에 청색 대를 두른 모습으로 제안하고자 한다.

5) 기치 · 의물 봉지군

순창 단오성황제의 행렬에 참여하는 기치와 의물을 담당하는 봉지군은 조선 전기 군사 복식으로 설정하였다. 1406년(태종 6) 윤7월에 우리나라가 동방에 있어 청색을 숭상함이 마땅하니 모든 도의 군사 복색을 청색 방의防衣로 하자고 함에 이를 따랐다.[103] 『악학궤범』에는 둑제에 궁시무弓矢舞와 간척무干戚舞 공인이 착용하는 방의가 그려져 있는데 철릭이다. 홍면포나 청면포로 하되 안감에 황포를 사용하였다. 허리에는 전대纏帶를 둘렀다.[104]

따라서 순창 단오성황제의 기치 · 의물 봉지군은 흑죽립에 청철릭에 청색 대를 두르고 행전과 초혜를 착장한 모습으로 제안하고자 한다. 흑죽립에는 삽우插

100 姜友邦 · 金承熙, 앞의 책, 52쪽.
101 위의 책, 78쪽.
102 위의 책, 52, 102쪽.
103 『태종실록』 권 12, 태종 6년 윤7월 14일 신미.
104 『樂學軌範』 卷9, 17a~b.

꺼 장식을 하는 것도 무방하다.

6) 군민

군민이란 행렬에 참가한 순창의 백성을 말한다. 남녀 군민이 참여한다고 할 때 16세기 남녀 기본복식을 착용하면 된다.

16세기 남자복식은 흑립이나 감투를 쓰고 바지·저고리(또는 과두)만을 착용할 수도 있고 좀 더 여유가 있는 사람이라면 바지·저고리 위에 액주름,[105] 철릭, 철릭 위에 답호,[106] 그 위에 직령 등을 착용할 수 있다. 아니면 저고리 위에 짧은 덧옷으로 방령을 착용할 수도 있다.

16세기 여자복식은 신분이 낮으면 치마·저고리만을 착용해도 무방할 것이고 격식을 차린다면 장옷까지 착용할 수 있다. 16세기 기록화 속 여성들은 다채로운 색상의 저고리에 황색, 녹색, 홍색, 청색 등의 치마를 착장한 것으로 확인된다.

이상에서 살펴본 유교제의 참여자와 무속제의 참여자의 복식 고증을 토대로 도식화를 제시하면 다음 〈표 3〉·〈표 4〉[107]와 같다. 무속제의에 참여하는 인물의 복식은 제시된 도상보다 훨씬 다양한 종류의 복식과 색상의 변용 가능성이 있다.

105 단국대학교 石宙善紀念博物館, 『名選』 中, 2004, 122쪽.
106 안동대학교 박물관, 『정담 부부의 무덤과 출토유물』, 2009, 20쪽.
107 〈표 3〉, 〈표 4〉의 참여자 착장도는 안동대학교 문화산업연구소 연구원 김수진의 도움을 받았다.

〈표 3〉 순창 단오성황제 중 유교제의에 참여하는 인물 착장도

번호	군수	호장(상복)	향리(상복)	통인	견마배
冠帽	사모	방립	방립	복두	초립
衣服	흑단령	직령	직령	녹포	청의
帶	흑각대	남색 광다회	남색 광다회	흑대	녹색 대
足衣	흑화	피혜	피혜	흑화	행전 · 초혜
기타	백한흉배	인신	–	–	채찍
도상					

ⓒ 김수진(착장도)

〈표 4〉 순창 단오성황제 중 무속제의에 참여하는 인물 착장도

번호	호장(공복)	향리(상복)	무녀	악사
冠帽	복두	방립	수식	흑립
衣服	녹포	직령	녹의 · 황상	홍철릭
帶	흑각대	남색 광다회	홍색 대	청색 대
足衣	피혜	피혜	–	행전 · 초혜
기타	인신	–	무구	악기
도상				

5. 맺음말

이 글은 조선 전기에 행해진 순창 단오성황제의 참여 인물들이 착용한 복식의 원형을 문헌자료와 유물을 토대로 찾고자 함에 목적을 두었다. 순창 단오성황제의 성격을 유교제의와 무속제의로 구분하여 각 제의에 참여하는 인물들의 복식을 구분하여 살펴보았다.

유교제의에 참여하는 인물은 군수와 관속으로 설정하였다. 군수는 군현의 행정을 맡아보던 지방관으로, 고려시대의 태수에 해당된다. 고려시대라면 공복公服, 즉 복두・자삼紫衫・홍정옥대紅鞓玉帶・흑화黑靴에 아홀牙笏 차림을 하였을 것이나, 조선조 16세기에는 사모・흑단령・흑각대・흑화 차림이 적당하다고 판단되어 사모・흑단령을 제안하였다.

호장은 향리의 우두머리로, 제의를 주관할 때는 『경국대전』의 기록에 따라 공복인 복두・녹포・흑각대・흑피혜黑皮鞋・목홀에 인신을 패용한 차림으로

기녀1	기녀2	재인・광대	기치・의물
대요・장잠	가리마	감투	삽우・흑죽립
황장삼・남상	견마기・치마	직령	청철릭
홍색 도다익대	–	청색 대	청색 대
홍단혜 등	초혜	피혜	행전・초혜
한삼	–	부채・악기 등	기치 등

ⓒ 김수진(착장도)

제안하였다. 그러나 상복을 착용한다면 향리와 동일한 복장을 하고 대신 인신을 패용함으로써 향리와 구별되도록 하였다.

향리는 『경국대전』에 상복으로 흑죽방립黑竹方笠・직령・도아絛兒・피혜皮鞋를 착용하도록 하였다. 따라서 성황제에 참여하는 향리들은 상복 차림인 방립・소색 직령・남색 광다회・피혜를 제안하였다.

통인은 순창 성황제에서 군수를 대신하여 산성대모를 읍치의 성황사로 모셔오는 영신의례를 맡은 인물이다. 상복으로는 두건・흑죽감투黑竹坎頭에 직령을 착용하였으나 태조대에 지정된 수각복두垂角幞頭・착수녹삼窄袖綠衫・흑대黑帶・흑피화黑皮靴의 공복 차림으로 제안할 수 있다.

견마배는 통인의 역마를 끌고 가는 역할을 하는데, 『국조오례의서례』에는 청의靑衣에 종색립椶色笠, 운혜雲鞋를 신는다고 하였다. 조선후기 의궤 반차도를 참고하여 초립・청의(소창의)・녹색 대・행전・초혜에 채찍을 든 차림으로 제안하였다.

다음은 무속제의에 참여하는 인물의 복식이다. 무녀의 경우, 그 모습은 1701년 상주 남장사 감로탱의 사무신녀師巫神女에서 확인되었는데, 녹색저고리에 황색 치마, 홍색 수건을 두르고 고운 신발을 신었다. 성황제에 참여하는 무녀 역시 수식・녹의・황상・홍색 대・채혜・홍색 결사조・피백 차림으로 제안할 수 있다.

악사는 제례와 연향의 성격에 따라 다양한 복식을 착용하였는데, 주로 홍의紅衣를 입고 흑립이나 감투를 썼다. 성황제 연희에 참여하는 악공도 흑립・홍의(홍철릭)・청색 포대布帶・초혜에 악기를 든 차림으로 제안하였다.

관기는 관아에 소속된 기녀인데 『세종실록』에 따르면 고려 관기들이 황장삼黃長衫을 입었다고 하였다. 조선시대에도 황장삼을 입은 기녀의 모습을 확인할 수 있는데, 가채를 더한 고계에 대요라는 머리띠 장식을 두르고 긴 비녀를 세로로 꽂았다. 치마・저고리 위에 짧은 소매의 황장삼을 입고 허리띠를 둘렀다. 따라서 성황제 정재에 참여하는 관기도 대요・장잠・황장삼・남상・홍색 도

다익대 · 홍단혜 차림으로 제안하였다. 황장삼을 착용하지 않는 경우에는 가리마에 다양한 색상의 장저고리와 치마를 착용하는 것으로 제안하였다.

재인과 광대 등의 연희패는 성황사에서 설공검과 대모산성의 성황여신이 합사한 후 향리 집을 옮겨 다닐 때 가무를 제공함으로써 흥을 돋우는 역할을 한다. 감로탱의 재인들은 대체로 이색 선장식을 한 강렬한 색상의 옷을 입었다. 여자재인은 고계에 홍색 댕기를 두르고 녹색 반비에 황삼黃衫, 한삼, 홍상, 녹혜 등의 차림을 제안하였으며 흑죽감투, 직령에 띠를 두르고 부채와 악기를 든 모습으로 제안하였다.

기치 및 의물 봉지군은 성황제의 행렬에 참여하게 되는데, 조선 전기 군사 복식 차림으로 설정하고 흑죽립 · 청색 방의(청철릭) · 청색 대 · 초혜 차림으로 제안하였다.

성황제에 참여하는 군민은 16세기 남녀 기본복식을 착용하면 된다. 16세기 남자복식은 흑립이나 감투를 쓰고 바지 · 저고리(또는 과두)만을 착용할 수도 있고 좀 더 여유가 있는 사람이라면 액주름이나 철릭, 답호, 직령 등을 착용할 수 있다. 또 저고리 위에 짧은 덧옷으로 방령을 착용할 수도 있음을 제시하였다. 여자복식은 치마 · 저고리만을 착용해도 무방하며, 그 위에 장옷을 착용할 수 있다. 16세기 기록화 속 여성을 참고로 다채로운 색상의 저고리, 황색, 녹색, 홍색, 청색 등의 치마를 착용할 수 있을 것이다.

성황제는 우리나라 민속 공동체 신앙과 축제문화 연구 및 문화 계승의 차원에서 중요한 의미를 지닌다. 이러한 순창 단오성황제의 재현에 있어서 복식은 재현 행사를 가장 가시적으로 표현할 수 있는 방법 중 하나이다.

복식이란 규정은 있어도 그것을 어느 정도 지키느냐는 별개의 문제이다. 특히 재현 행사를 함에 있어 복식을 갖춘다는 것은 적지 않은 비용이 들어가는 부분이므로 융통성 있게 조절하면서 신중하게 갖추어 나가는 것이 바람직할 것으로 생각한다. 아직 미흡하기는 하지만 사료를 통해 살펴본 성황제 참여자 복식의 제안은 순창 단오성황제 복원에 주요한 디딤돌이 될 것으로 기대한다.

05

순창 단오성황제의 음악

임미선 _ 단국대학교 교수

순창 단오성황제에서 음악은 1) 의례의 봉행, 2) 행렬대의 이동 때에 필요하다. 필자는 행렬대에 필요한 구성과 음악 그리고 의례 봉행 때에 음악을 재현하는 데에 필요한 사항을 제시하고자 한다. 시대를 반영할 문헌자료가 거의 없는 관계로 조선조와 현행을 참고해서 순창 단오성황제 재현에 필요한 음악을 다음과 같이 준비하는 것을 제안한다.

1. 의례봉행의 음악

지방의 유교식 제례에는 음악을 쓰지 않았다. 궁중에서도 대사大祀에 속한 제례와 중사中祀 중에는 일부 제례에만 쓰고, 소사小祀에 속한 제례에는 음악을 쓰지 않았다. 제례의 격에 따라 음악을 차등적으로 사용한 규범을 따른 것인데, 궁중의례에 쓰인 음악이 모두 그러했다.[1]

유교식 제례의식을 행할 경우에는 의식 절차 및 축문을 읽을 때에 음악을 사용하지 않는 것이 타당하다. 의례 성격에 맞지 않는 음악을 사용하면 격에 맞지 않는 결과를 초래할 것이라고 본다. 따라서 의례봉행 때에 음악은 무속의례에 집중적으로 사용하면 된다고 본다.

1 조선조 궁중의례의 규모와 격에 따른 차등적 음악의 사용에 대해서는 다음의 논문에서 다루어졌다. 임미선, 「조선조 전정헌가의 문헌적 연구」, 서울대학교 박사학위논문, 1997.

1) 영신의례

(1) 대모당 강신의례(무속의례)

무속의례에서 강신굿과는 다른 성격을 띨 것이다. 현행 호남에서 전승되는 무속의례 중에 강신의례에 적용할 만한 무가와 음악을 사용하는 것을 제안한다.

(2) 읍내 성황사 합사의례(무속의례)

무속에서 신을 합사하는 굿은 없는 것으로 안다. 합사의례를 무속의례 형태를 빌어서 행하는 것은 적절하나, 그에 맞는 음악을 사용하는 데에는 고려할 사항이 많다. 이 또한 현행 호남에서 전승되는 무속의례 중에 합사의례에 적용할 만한 무가와 반주음악을 사용하는 것을 제안한다.

2) 오신의례

(1) 성황대신 · 여신 순행의례

향리집 다섯 곳을 돌며 행하는 오신의례에서 향리집의 당굿에 앞서 행하는 성황대신 · 여신 순행의례는 당굿의 무속음악과는 차이가 있어야 한다. 본격적인 무속의례를 행하기 이전이므로 굿음악을 사용하는 것은 적절하지 않기 때문이다.

성황대신 · 여신 순행의례에 쓸 음악은 전체 단오성황제 중에서 큰 비중을 차지하지 않을 것이다. 성황대신 · 여신의 순행은 향리집 5곳을 돌 때에 반복적으로 행하게 될 것이므로 음악 또한 반복해서 사용하면 된다.

그러나 최근에 이러한 의례를 행한 사례가 없고, 과거 자료에서도 참고할 만한 것이 없다. 그렇기 때문에 음악도 문헌에 근거한 과거 사례를 토대로 사용하는 것 자체가 불가능하다.

향리집 다섯 곳을 돌며 행하는 성황대신 · 여신의 순행에 사용할 음악은 앞서 말하였듯이 굿음악은 적합하지 않으므로 행렬의 이동에 사용하는 음악을 쓰는 것이 적합하다. 그런 점에서 이 때의 음악은 행렬대의 농악대를 소규모로 편성해서 음악을 연주하는 것을 제안한다.

(2) 향리 1~5가 당굿(무속의례)

제사굿 연행을 위한 무당 여러 명과 굿반주 음악 담당 악사들 여럿에 의한 굿 연행을 상정하고, 굿의 제의적 특징과 지역음악의 특성을 아울러 고려하여 이상적인 방향으로 당제사굿을 진행하면 좋을 것이다.

남도지역에서 굿음악은 중요한 부분을 차지하므로 당제사굿에서 음악은 절대적으로 필요하다. 무당이 당제사를 지내고 조무와 악사들이 수반되어야 할 것이다. 전라도의 시나위 가락 위주로 음악을 연주해야 할 것인데, 문제는 무당이 당제사를 어떠한 절차로 구성해서 굿을 진행하는가이다. 굿을 할 때에 무당이 굿 절차에 따라 무가를 부르고, 춤을 추고 공수를 해야할 것인데, 과연 누가 이것을 수행할 수 있겠는가의 문제도 심각하다. 전라북도에는 무당이 매우 적다. 위도띠뱃놀이의 경우도 보유자(무녀 : 조금례)와 그 계보를 이은 전금순 마저 작고하면서 그를 대신해서 무당의 역할을 수행할 사람이 마땅히 없는 어려움을 겪고 있기 때문이다.

재현에 필요한 음악은 굿제사 의식에 수반되는데, 그 의식 자체까지 제시하는 것은 어려운 일이다. 현실적으로 위도띠뱃놀이의 당제사굿을 참조해서 상황에 맞게 재현을 위해 편취하는 방법에 의존할 수 밖에 없다고 본다. 위도띠뱃놀이의 경우, 무당굿은 본래 12거리(열두석)로 행하였다고 하나, 근자에는 성주굿 · 산신굿 · 손님굿 · 지신굿 · 서낭굿 1 · 서낭굿 2 · 서낭굿 3 · 깃굿 · 문지기굿 등 아홉거리로 진행하였다.[2] 원당에는 서낭신들을 모시고 굿을 하는데,[3] 이를 참고하는 것이 유용하다.

굿의 구체적인 진행과 구성은 다른 연구자의 영역이므로 이에 대한 상론을

2 이 마저도 계보를 이어 굿을 제대로 연행할 사람이 없는 상황이다.
3 제대로 재현을 하려면 서낭신의 그림도 제작해야 할 것이다.

하지 않고, 음악에 대한 내용을 언급하겠다. 이와 관련하여 전북 굿으로 서낭제를 지내는 위도띠뱃놀이의 사례를 참고하는 한편으로 음악 전승이 비교적 잘 되어 있는 진도 씻김굿의 사례도 아울러 참고하여 제안하고자 한다.

위도띠뱃놀이에서 무녀가 무가를 부를 때 반주자는 풍물패 중에서 악기를 잘 다루는 사람이 악사역을 맡기도 한다. 본래 그렇게 했던 것은 아니고 비용 문제로 거리상 전문 악사를 구하기 어려운 여건에서 취한 방법일 뿐이다. 남도지역의 굿에 타악기만으로 편성하는 것은 시나위 가락을 구현하지 못하는 한계를 드러내므로 가급적 선율악기로 관악기를 사용하는 것이 좋다고 본다.

당제사굿의 음악은 남도 시나위제의 선율을 연주하면 될 것이다. 남도 시나위 연주에는 선율 악기가 쓰인다.[4] 오늘날 무대용 음악으로 시나위를 연주할 때에는 가야금 · 거문고 · 아쟁 등의 악기를 곁들이지만, 실제 굿판에서는 이러한 현악기를 쓰지 않았다. 경기나 남도에서 굿을 할 때에는 상황에 맞게 장구와 피리, 비용을 더 들인 굿일 경우에는 해금, 대금 등의 악기를 추가한다. 따라서 피리2, 대금1, 해금1, 장구1, 북1 이와 같이 편성되는 삼현육각의 기본 형태를 취할 필요는 없다. 〈자료 1〉 신윤복의 무녀도에서도 장구와 피리와 사용해서 굿을 하는 모습이 있음을 참고할 필요도 있다.

〈자료 1〉 신윤복의 〈무녀도〉에 보이는 무당의 굿 ⓒ간송미술문화재단

그런데 순창 단오성황제의 무가가 전승되는 상황이 아니고 굿절차를 새로 구성해야하는 형편이라는 한계를 고려할 때, 징과 장구의 타악기 만을 사용하는 방법을 차선책으

4 굿 반주 음악으로 선율악기가 쓰이는 지역은 경기와 남도 뿐이다. 간혹 강원도에서 태평소 시나위를 쓰기도 하지만, 경기와 남도를 제외한 지역에서는 주로 타악기만을 사용한다.

로 고려할 수도 있다.[5] 선율악기를 사용하지 않으면 음악에 대한 부담이 줄어드는 효과는 있다. 굿거리에 쓰는 장단은 지역에 따라 차이가 있는데, 전라북도 굿으로 유일하게 국가무형문화재인 위도띠뱃놀이에서 무가 장단으로 흘림, 굿거리, 동살풀이 장단이 혼합되어 쓰인 것으로 보고되었는데, 남도 무가의 장단에 쓰이는 장단을 가급적 폭넓게 활용하는 것도 좋다고 본다. 이와 관련하여 다음 〈표 1〉 진도씻김굿에 쓰이는 장단을 참고할 필요가 있다.[6]

〈표 1〉 진도씻김굿 무가와 춤에 쓰이는 장단 유형

번호	무가		춤	
1	고풀이	진양장단, 중모리장단, 대왕놀이장단	초가망춤	흘림장단, 삼장개비, 떵떵이장단
2	넋올리기	흘림장단	정주춤	떵떵이장단
3	제보살	진양장단	바라춤	
4	중염불	중모리장단	살풀이춤	살풀이장단
5	아미타불	중중모리장단	넋전춤	자진굿거리장단
6	-		고풀이춤	진양장단, 중모리장단, 대왕놀이장단, 자진굿거리장단, 떵떵이장단

추가적으로 고려시대 무녀에 대한 유일한 도상자료인 거창 둔마리 고분벽화 자료에 나타난 무녀의 연주 모습을 순창 단오성황제 재현에서 활용하는 방안을 제안하겠다. 〈자료 2〉는 거창둔마리 고분벽화의 원 그림과 이것을 토대로 새로 작업한 그림이다. 고려시대 무당의 복색에 대한 정보 뿐 아니라 무당의 악기 연주 모습도 보이므로 벽화에 묘사된 형태를 행렬대나 무당굿에 활용하는 것도 유용하다. 〈자료 2〉에 제시된 무당 3명 중 2명은 바라와 요고를 각각 치고, 1명은 횡적을 연주하는 모습을 보이는데, 이들이 실제로 굿을 행할 때에 이들 악기 특히 횡적을 연주했을지 의문이다. 이 그림에는 불교사상과 도교적 요소가 습

5 위도띠뱃놀이에서도 악사는 징과 장구를 주로 맡아서 했다.
6 국립문화재연구소 편, 『진도씻김굿』, 국립문화재연구소, 2002.

원자료	가공된 자료	가무내용
		· 주악무도천녀도(奏樂舞蹈天女圖)의 형 · 거창 둔마리 고분벽화(고려시대) · 불교사상을 중심으로 도교적 요소가 가 극락으로 인도하기 위해 축복하는 모습 · 바라, 횡적, 요고 등의 악기 연주

〈자료 2〉 거창 둔마리 고분벽화(고려시대) 중 무녀 모습과 가무내용

〈자료 3〉 홍국사 감로탱 중 무당패

합되어 있는 특징이 있으므로 상황에 맞게 활용하는 것이 좋다고 본다.

조선후기 무당의 모습은 홍국사, 봉은사 등의 사찰 소장 감로탱에 보인다. 〈자료 3〉의 홍국사 감로탱(1741)에는 무당의 굿에 북과 북 위에 바라를 놓고 악기를 연주하고 장구를 연주하는 조무(바라지)가 보이며 그 옆으로 피리 · 해금 · 대금 등의 악기를 연주하는 악사들이 보인다. 봉은사 감로탱(1892)도 그와 유사한 형태를 띠는데, 북을 치는 모습에서 약간의 차이가 나타난다.[7]

이들 자료에 보이는 무당의 굿 연행 모습은 조선후기에 해당한다. 현재 전라도 굿 음악이 위의 자료에 보이는 악기들로 연주되는 점에서 현실적으로는 이들 악기를 사용한 연주가 최선일 수 있다. 고려시대에 굿음악에 어떤 악기가 쓰였

7 감로탱에 보이는 연희 종목은 특정 그림을 모본으로 하여 재구성한 것들이 많다. 그런 이유로 유사한 패턴이 많다.

는지 알 수 없고, 음악도 전승되지 않기 때문에 현재 전승되는 음악을 사용할 수 밖에 없다. 다만 고려시대라는 특성을 어떤 식으로든 반영해야 한다면 현악기나 다른 관악기를 추가하는 정도를 고려하고, 이들 악기가 추가될 경우에는 현재 전승되는 가락이 없으므로 해당 악기 연주자가 피리·대금·해금 연주자의 가락을 변주해서 연주하는 별도의 준비가 필요하다.

3) 송신의례

(1) 성황대신·여신 순행의례

오신의례와 동일하게 진행한다.

(2) 읍내 대동굿: 각종 정재 및 연희 수반 음악

읍내 대동굿에서는 여러 정재와 연희가 연행될 것이므로 그에 따른 음악을 각각 구성해야 한다.

① **정재 반주음악**

정재 반주음악은 궁궐에서 행하는 것과 지방에서 행하는 것에 차이가 있었던 점을 고려해서 지방에 맞는 형태를 띠어야 한다. 또한 길놀이와 다르게 정재는 공연 방식으로 진행될 것이므로 행렬대의 길놀이에 쓰이는 음악과는 성격을 달리해야 한다.

정재 반주를 위한 악대 편성은 삼현육각을 기본으로 하고, 고려 이전부터 쓰였던 가야금·거문고·비파 등의 현악기를 반드시 추가해야한다. 그런 점에서 고악古樂의 면모를 외형적으로 드러내기 위해서는 현재와 같은 삼현육각이 아닌 형태(즉 현악기가 포함된 구성)로 연주하도록 한다.

정재의 음악은 현재 전승되는 악곡을 사용할 수밖에 없는 상황이므로 삼현육각을 기본적인 악대로 하되, 가급적 조선후기가 아닌 고려시대의 상황을 외형적으로나마 나타내려면 가야금 · 거문고 · 비파 등의 악기를 구색으로 곁들일 필요가 있다. 삼현육각이 조선후기 대략 18세기 후반에 등장하는 점을 고려할 때 전형적인 삼현육각을 그대로 사용하는 것은 바람직하지 않다. 조선 전기에는 정재 반주에 현악기가 쓰였던 사실이 아래에 제시한 자료를 포함해 그 밖의 여러 기록화에서 나타나므로 고려시대의 상황을 연출하기 위해서는 현악기를 추가하는 것이 시대성 반영의 근접 방안이라고 본다.

아래 〈자료 4〉의 ≪중묘조서연관사연도≫에서는 대금, 비파와 거문고(또는 가야금)의 현악기가 쓰였고, 〈자료 5〉의 ≪기석설연지도≫에서는 박 · 장구 · 교방고 · 대금 · 북 등과 더불어 거문고가 2개나 쓰였다.[8] 이들 화자료를 통해 조선전기 정재 및 가무 연행의 반주악대는 삼현육각이 아니었던 사실을 확인할 수 있으므로 정재 반주음악의 악대에 거문고나 가야금 그리고 비파를 편성하는 것의 타당성은 어느 정도 획득되는 셈이다.

악대의 악기편성은 회화자료를 참고해서 관악기 · 현악기 · 타악기 등이 고루 쓰이는 형태로 하면되지만, 음악은 고려는 물론이거니와 조선전기의 음악도 남아 있지 않은 문제가 있다. 어쩔 수 없이 현실적으로 연주할 악곡은 현행 삼현

〈자료 4〉 중묘조서연관사연도(18세기 모사) 중 정재와 춤반주 악사 고려대학교 박물관 소장

8 조선조 정재반주 형태와 음악에 대해서는 임미선, 『조선후기 공연문화와 음악』, 민속원, 2012, 44~57쪽 참조.

〈자료 5〉 기석설연지도(1621) 중 정재 반주악대 서울대학교 규장각 한국학연구소 소장

육각의 음악을 차용할 수 밖에 없는데, 악대의 악기편성까지 삼현육각을 기본형으로 하게 되면 시대 상황을 전혀 고려하지 않은 결과가 되므로 의미있는 재현을 위해서는 악대 구성과 악기 편성에 신경써야 한다.

악대의 악기편성보다도 더 복잡한 부분은 실제 연주할 곡이다. 단오성황제에서 연행될 정재 종목에 따라 연주음악 자체가 달라질 수 있는데, 현재 사용하는 음악을 그대로 쓸 것인지에 대한 문제가 있다. 그렇다고 새로 작곡하는 것은 고려할 수도 없다. 이런 상황에서 현행 정재 반주음악을 참고해서 변주하는 형태로 차용하거나 전주의 삼현육각 가락을 차용할 수 밖에 없을 것이다(전주 삼현육각에 대해서는 후술됨).

그러나 현행 정재 반주음악이 삼현육각 편성이어서 앞에서 제안한 가야금·거문고·비파 등의 현악기가 없다. 따라서 이들 현악기 파트의 가락을 만들어야 하는데, 그 가락을 어떤 형태로든 만들어야 하는 과제가 있다. 이를 위해서는 전문 연주가의 협조가 필요하다.

② 전주의 민삼현과 농삼현

정재반주 음악과 관련해서 전주의 삼현육각에 대한 내용을 소개하고자 한다. 조선시대까지 전북 지역의 삼현육각은 전주 감영을 중심으로 매우 성행했다. 그러나 전주의 삼현육각 체제는 전남 지역보다 일찍 해체되었다. 과거 전주지역에서 전승되던 민간 삼현육각에는 민삼현과 농삼현 두 가지 종류가 있었다. 전주 외의 타 지역에서는 민삼현과 농삼현에 해당하는 기능상의 구별이 없다.

민삼현은 지방관아의 연례宴禮, 사가의 연향, 향교의 제향, 사찰과 굿청의 의식 등에 사용하던 음악을 지칭하고, 농삼현은 무용반주에 사용되던 음악이었다. 민삼현은 시대적 상황에 따른 그 쓰임새의 축소로 말미암아 20세기 중엽에 전승이 단절되어 그 실체를 확인할 길이 없고, 농삼현 만이 1985년 복원에 성공하였으나 이 또한 전승에 어려움이 있다.[9]

③ 광대 연희의 음악

행렬대에 수반된 연희자들을 위한 별도의 음악은 불필요하지만, 대동굿에서 본격적으로 행할 연희에는 음악이 필요하다. 행렬대에 수반된 광대들이 자신들의 공연을 본격적으로 펼치지 않는 행렬에서는 농악대의 연주에 맞추어 간단한 동작 또는 시연 정도 진행될 것이므로 본격적인 공연에 상응하는 음악이 필요하지 않겠으나, 대동굿에서 진행된 연희에서 음악 쓰임은 중요하다.

그런데 어떤 종목을 연행할 것인가를 먼저 고려할 필요가 있다. 시기상 차이가 있으나 순창 단오성황제에서 연행할 연희 종목은 조선조 감로탱의 자료를 참고하는 것이 도움이 된다. 감로탱은 현재 여러 종류가 전하는데, 그 중 일본에 소장된 조선사(1591)의 것이 가장 오래되었다. 그 후에 제작된 것으로 남장사(1701), 구룡사(1728), 쌍계사(1728), 운흥사(1730), 선암사(1736), 선암사(18C), 자수박물관(18C), 봉서암(1759), 통도사(1786), 용주사(1790), 호암미술관(18C말), 봉은사

9 서경숙, 「전주 농삼현에 관한 연구」, 전북대 석사학위논문. 2000, 2쪽,

(1892) 등이 있다.[10] 이들 감로탱에는 여러 연희집단 들이 등장하는데 무당을 비롯해 솟대쟁이패 · 초라니패 · 풍각쟁이패 · 굿중패 · 사당패 · 서커스단 등 다양하다. 순창 단오성황제를 위한 연희로는 역사성과 재현의 용이성을 고려하여 땅재주, 접시돌리기(버나), 덧뵈기(탈춤) 등의 종목을 우선적으로 고려할 것을 제안한다.

대동굿에서 본격적으로 진행될 연희 공연에서 음악을 연주할 악대는 정재와 동일한 형태로 하는 것은 맞지 않다. 그렇다고 조선후기 형태인 삼현육각을 연주하는 것도 적절치 않다. 여러 상황을 고려해서 고려시대에 실제로 쓰였던 장고, 피리 · 해금 · 대금 등의 악기 편성으로 구성하는 것을 제안한다.

연희의 반주음악은 지역적인 차이가 뚜렷한데, 현재 전승이 제대로 되고 있지 않다. 과거의 음악을 참작해서 사용할 음원도 마땅히 없기 때문에 각 연희 내용에 맞도록 수성 반주를 하거나, 현재 남사당패의 연희[11]에서 사용하는 음악을 참고해서 상황에 맞게 편곡 또는 변주해서 사용하는 방법이 가능할 것이다.

2. 연행의례의 행렬

1) 행렬구성

행렬대는 길놀이의 형태를 취하는 것이 적합하다. 길놀이는 목적에 따라 다양한 형태가 있는데,[12] 순창 단오성황제의 길놀이를 위한 행렬대는 제의형,풍장형, 행차형 등 여러 가지 중에서 제의형이 적합하다고 본다.

행렬대는 주로 ① 영신의례 중 산성 대모당 영신맞이, ② 오신의례 중 향리집으로 이동하는 때의 성황대신 · 여신 순행의례, ③ 송신의례 중 읍내 대동굿에 쓰일

10 강우방 · 김승희 공저, 『감로탱』, 예경출판사, 1995.
11 심우성, 『남사당패 연구』, 동문선, 1989.
12 남성진, 『길놀이의 유형과 연행구조』, 안동대학교 박사학위논문, 2010.

것으로 예상된다. 행렬대의 구성에는 마을구성원 외에 농악대 · 무당 · 기녀 · 연희패 등이 수반되는 것이 좋다고 본다. 구체적인 제안 내용은 다음 <표 2>와 같다.

〈표 2〉 순창 단오성황제 행렬대의 가무악 및 연희 담당 집단의 구성

행렬대 가무악 및 연희 담당 집단	구성
농악대	농악대의 기본 구성을 원칙으로 한다. 뒷치배의 구성은 연희패가 있으므로 별도구성은 불필요함.
무당	주무와 조무(바라지)를 구성하며, 무당의 굿에서 음악을 담당한 악대는 행렬대에 따르는 악대로 대치함.
기녀	연행 종목 중 전체 또는 일부
연희패(길놀이)	버나돌리기, 땅재주, 덧뵈기 등

(1) 농악대 배치와 구성

조선조의 사례이기는 하나, 부분적으로 조선조의 상황을 참고할 수 밖에 없으므로 필요시 수용한다. 그런데 삼일유가는 광대가 과거급제자 앞에서 사람들의 관심을 끌고 급제자의 유가를 알리는 행사이므로 순창 단오성황제에서 군수 앞에 광대를 배치하는 것은 어색하다고 판단한다. 유가에 보이는 광대는 불필요하므로 선두에서 농악대가 그 역할을 수행하는 것으로 족하다.

〈자료 6〉 행렬대 전방의 농악대 배치(안)

〈자료 7〉 삼일유가(三日遊街) 중의 광대
국립중앙박물관 소장

농악대는 순창이나 필요시 남원 등지에서 활동하는 연행자들로 구성하면 좋을 것이다. 현재 순창에는 전문 농악대가 없고, 동호인으로 활동하는 사람들이 있는데, 이들이 순창 단오성황제의 음악을 주도적으로 담당하기는 쉽지 않다. 이런 점을 고려하여 인근 남원농악의 협조로 진행하는 것도 하나의 방법이 될 것이다. 농악대는 앞치배 위주로 나발 · 태평소 · 소고 · 장구 · 북 등으로 편성하는데, 전북지역 농악의 치배 구성을 기본으로 한다. 순창에서 농악동호인으로 활동하는 사람들은 소고, 북 등의 타악 연주자로 참여토록 한다. 행렬대의 농악대에는 연희자들이 수반될 것이므로 굳이 뒷치배(잡색) 구성까지는 불필요하다고 본다.[13] 뒷치배의 주요 역할은 판굿을 행할 때에 후굿(뒷굿)으로 도둑잽이의 놀이과정에 있으므로 행렬대에서 특별한 소임이 없는 뒷치배가 따를 필요는 없기 때문이다.

(2) 무당패의 구성과 배치

무당의 주요 역할은 당제사를 연행하는 것이다. 성황대신사적현판 원문 중에 무당들이 행렬대의 구성원으로서 배치된다는 직접적인 내용은 없다. 다만 성황대신사적현판 원문 중 성황제를 지내기 위해 당堂을 설치하고, 무당들이 당이 설치된 곳을 순행하며 제사를 연행한 모습을 참고할 수 있다. 성황대신사적의 기록에 무당의 무리들이 떼지어 모인다는 내용으로 볼 때, 무당 무리들의 구성은 주무와 바라지 등을 여럿 편성하여 집단적인 형태를 드러내야 할 것이다. 그리고 정재를 하고 순행을 하는 것으로 되어 있으므로 정재를 한 뒤에 향리집의 당을 순행하는 과정이 필요하다. 재현에서 향리집 다섯 곳을 모두 마련해서 재현하는 것이 아니고 단지 한 곳을 마련해서 행한다면 순행 과정을 생략하는 것은 불가피하다.

무당 무리들은 굿을 전적으로 주도할 주무主巫와 그를 보조할 조무助巫로 구성

13 후술하는 걸립패의 문굿을 행할 경우에는 대포수와 각시 정도가 대열에 참여하는 정도면 족하다.

하면 된다. 물론 굿을 행할 때에 그 반주음악을 담당하는 악사들이 수반되나, 특별히 무당의 무리들에 악사를 추가해서 행렬대에 편입할 필요는 없다고 본다.

(3) 기녀의 배치

기녀배치는 전체 행렬대의 윤곽이 어느 정도 구체화 되면 상황에 맞게 배치하되 정재를 연행할 종목의 복색을 갖춘 기녀(관기)를 행렬대에 포함한다. 관찰사가 있는 큰 기관에는 관기의 규모도 크고 다음 <자료 9>에서와 같이 말을 타고 행렬에 따르지만,[14] 그와 같이 하기는 어려우므로 정재 연행자들이 공연할 종목 중 일부를 다양한 복색을 차려 입고 행렬대 뒤쪽에 배치하면 좋을 것이다.

정재는 발생연도를 고려해서 가급적 역사가 오랜 된 종목을 선정해야할 것이다. 기녀들이 연행할 종목은 무용 부분 연구자의 내용을 참고하여 구체적인 인원과 종목별 복색 구성을 고려해야 하므로 협의에 의한 도출이 필요하다.[15]

<자료 8> 동래부사접왜사도 중 기녀모습
국립중앙박물관 소장

(4) 연희패의 배치

연희패의 구성은 고려시대에 연행되었을 가능성이 높은 종목으로 선별할 필요가 있다. 순창 단오성황제 행렬대에는 연행 가능한 연희 종목을 담당할 연희자들을 행렬의 후반에 배치하면 될 것이다. 연희 종목은 버나돌리기·땅재주 정도로 좁혀질 수 있다.

14 저자미상, ≪동래부사접왜사도≫, 국립중앙도서관소장.

15 정재는 종목에 따르는 구성인원과 복색도 다르다. 정재 기녀들의 복색을 종목별로 차이를 두는 방안을 모색할 필요가 있다. 이를 위해서는 음악, 무용, 복식과 의물에 대한 학제간 연구가 필요하다.

2) 행렬대의 음악

행렬대에 수반되는 연희에는 섬세한 가락의 음악이 아닌 고취악 형태가 적절할 것이다. 행렬대에 연희자가 복식을 차리고 거리공연을 하는 형태가 될 것이므로 그 음악은 행렬대 전체를 아우르는 성격의 음악으로 한다. 악대의 편성에서 관악기는 일부만 사용하고 타악기 위주로 편성하면 된다.

문제는 고려시대뿐 아니라 조선전기에 연주한 이러한 형태의 음악이 남아 있지 않기 때문에 악곡 자체는 20세기 전반기 지방의 길놀이에 쓰였던 음악을 참조할 수 밖에 없다. 이와 관련되어 고려할 문제는 연주자들에게 순창 단오성황제만을 위한 음악을 별도로 만들어서 연주하도록 요구하기 어렵다는 것이다. 따라서 길놀이 음악으로 전승되는 악곡을 적절하게 편곡해서 쓰는 것이 효율적이다.

필자는 농악의 <길굿>에 쓰이는 음악 사용을 권장한다. 길굿으로 연주할 음악은 타악기의 장단에 의한 가락이 위주가 될 것이고, 태평소가 그에 맞게 수성隨聲 가락[16]을 연주하면 된다. 가락은 남원농악의 길굿을 참고하는 것이 유용하다고 본다.

길굿(또는 질굿)은 농악대가 이동할 때에 치는 굿으로 주로 거리나 골목 등을 이동할 때에 사용한다. 남원농악의 길굿은 다음 <표 3>과 같이 가락이 진행된다. 순창 단오성황제 길놀이에서는 이러한 길굿을 차용해서 상황에 맞게 재편하면 될 것이라고 본다.

<표 3> 남원농악 길굿 구성 장단

순서	핵심 가락	구성
1	길굿 장단	길굿 내는장단→길굿 본장단
2	삼채 장단	삼채 내는장단→삼채→잦은 삼채 내는장단→작은 삼채 본장단→잦은 삼채 맺는장단

16 수성가락은 특정하게 선율이 고정되어 있지 않고, 그때 그때 연주자의 노래에 따라 그 가락에 맞게 기악 반주를 하는 형태를 말한다.

3	휘모리 장단	휘모리 내는 장단1 → 휘모리 → 맺음 장단1
4	삼채+휘모리장단	된삼채 내는장단 → 삼채 본장단 → 넘는장단1 → 휘모리 → 맺음 장단2

(1) 농악대 조직

전북 농악의 특성을 살려 상황에 맞도록 구성한다. 현재 순창 고유의 농악 가락이 없으므로 남원, 임실 등의 농악을 참작하는 것이 현실적이다. 농악대는 상쇠를 비롯해 전문성을 요하는 태평소, 장구 등을 담당할 연주자를 미리 섭외하고, 순창에서 활동하는 농악단에 대한 정기 연습이 필요할 것이다.

단오성황제를 매년 정례적으로 행하게 될 경우, 그 행사에 동원될 농악대의 안정적인 조직과 운용도 필요할 것이다.

(2) 순창농악과 호남좌도농악

전라도에서 연행되는 호남농악은 산간지역에서 전승되고 있는 '좌도농악(좌도굿)'과 주로 평야지역에서 전승되고 있는 '우도농악(우도굿)'으로 나뉜다. 지형적으로 북쪽에서 남쪽을 향한 방향에서 왼쪽에 위치한 전라도 동부의 산간지역 농악을 좌도농악이라 하고, 오른쪽에 위치한 평야가 많은 전라도 서부지역의 농악을 우도농악이라 한다. 전북에서 우도농악은 익산(이리) · 옥구 · 김제 · 부안 · 정읍 · 고창 등지에서 분포되어 있고, 좌도농악은 무주 · 장수 · 진안 · 완주 · 전주 · 임실 · 순창 · 남원 등지에서 발달하였다. 이러한 지역적 구별은 마치 판소리의 전승계보 및 소리제에 따라 동편제와 서편제로 가르는 것과 같다. 비록 오늘날 호남 농악에서 좌도와 우도의 구분이 불분명해지기는 했으나, 순창이 좌도농악의 계통에 속하는 점을 완전히 배제할 수 없다. 따라서 순창 단오성황제 행사에 절대적으로 필요한 농악대의 기본 구성, 복색, 연주 가락은 좌도 농악을 기본으로 해야한다고 본다.

좌도농악은 무주 · 진안 · 장수 등의 북동부 농악과 남원 · 순창 · 임실 등의 남동부 농악으로 나뉜다. 이들 농악은 지역에 따라 각각 서로 다른 차이와 독창

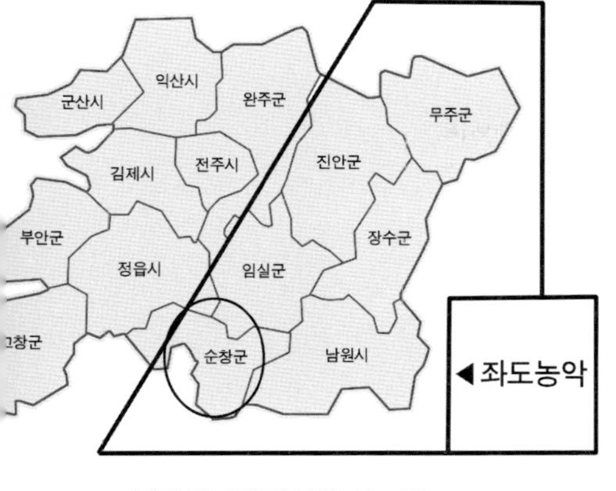

〈자료 9〉 전북의 좌도농악 지역

성을 지니고 있다. 현재 전라북도 좌도농악의 주요 전승계보로는 남원의 금지농악, 임실의 필봉농악, 진안의 중평농악 등을 들 수 있다.

(3) 좌도농악의 특징

행렬대에 사용할 농악은 좌도농악의 특징을 고려해야할 것이다. 좌도농악은 치배들 전원이 전립을 쓰고 윗놀음(상모돌리기)에 치중되어 힘차고 빠른 가락이 많으며 기교적이고 단체연기가 중심이 된다. 우도농악의 경우, 치배들이 머리에 고깔을 쓰고 느리고 구성진 가락과 춤을 위주로 한 밑놀이와 개인기량이 중시되는 것과 비교된다. 또한 좌도농악은 우도농악에 없는 채굿과 영산굿이 있는 것이 특징이나 우도농악에서 많이 연행하는 오방진굿 · 좌질굿 · 우질굿 등과 같이 화려한 진陳놀이가 없다. 편성 및 등장인물은 농기 · 나팔 · 상쇠 · 부쇠 · 종쇠 · 징 · 수장고 · 부장고 · 수법고 · 부법고 · 법고 · 잡색 등이다.[17]

이러한 좌도와 우도의 특징들은 직업적인 농악인들, 즉 뜬쇠패들을 대상으로 설명되는 것이고 두레조직을 중심으로 형성된 마을단위 비전문 농악대는 이와 다소 다른 모습으로 존재한다. 비전문 집단은 개인의 기교적인 연기보다도 집단적인 공동체적 일체감이 더 중시되기도 한다. 이상의 내용을 고려하여 순창 단오성황제의 길굿 음악을 마련하면 좋을 것이다.

17 임미선, 『전북의 음악, 그 신명과 멋』, 국립민속박물관, 2008, 58쪽.

06

순창 단오성황제의 무속 제의

이윤선 _ (사)서남해안포럼 이사장

1. 무속의례 재현에 앞서

송화섭 교수의 제언은 현재 남도에 잔존하거나 전승되는 무속제의 속에서 이를 추적할 필요가 있겠다는 것이었는데, 현재의 남도 씻김굿이나 남도지역(전남북)에서 행해지는 무속제의로 순창 단오성황제의 무속제의를 참고할 수 있는지 사실은 자신이 없었다. 그럼에도 일부의 절차에서 현행 남도무속의 제의들을 인용하거나 참고하는 것은 불가피하다는데 생각을 모으게 되었다. 예컨대 산신당에서 성황당에 이르는 길놀이 형식의 이벤트가 주는 영감은, 마치 현전하는 농악의 길놀이나 도깨비굿을 포함한 탈굿의 한 풍경들을 연상할 수 있기에, 관련 자료들을 검토해보는 것이 필요하다고 본다. 호남에서 잡색의 일종으로 퇴화화하거나 혹은 농악으로 이입되어 재구성된 나례희나 탈굿 같은 경우가 그것이다.

지역 패권을 장악하고 있던 향리 등의 중인층들이 자신들의 기득권 유지를 위해 행한 의례들이 많다. 순창 단오성황제도 나는 이런 맥락에서 접근해야 한다고 생각하고 있다. 향리층을 부정적으로 평가하는 것이 아니라 그들의 지역 내 역할을 긍정적으로 평가하자는 취지다. 하지만 이런 일련의 제의구조들이 민간으로 전향된 무속제의에서도 지속되었는지 분간하기 쉽지 않다. 이는 성황제 뿐만 아니라 지금은 매굿이나 걸궁으로 호명되는 민간 나례희 따위의 민속의례에도 적용되는 생각들이다. 오랜 세월 동안 끊임없이 변화하고 재구성되어 존속했을 것이기 때문이다. 따라서 무속제의를 지금의 무속제의 형태가 아닌, 다른 지역 성황제 제의구조나 읍치 관속의 연행의례들 속에서 그 실마리를 찾을 수밖에 없다.

내가 주목하는 주요한 현판의 내용은 이렇다. "무격의 무리들이 어지럽게 무리 지어 모이고, 춤패와 노래패를 나열시키고 돌아다니며 제사를 받드는 것도 역시 지금껏 폐지되지 않은 것은, 그 영신의 덕이 사람들의 눈마다 엄숙하였기 때문이다.", "세월이 아주 오래되어 폐지되자, 그 대신 눈앞의 통인通引을 보내어 매년 4월 그믐날 관대冠帶를 단정히 하고 역마를 타고 가도록 하니, 앞뒤에서 보행하면서 걸어 다니고 춤패와 노래패를 나열시키기도 하였는데 지금까지도 그대로 행하고 있다.", "가물 적에는 곧 비 오기를 기도하면, 그 영신의 은덕이 또한 온 경내의 백성들에게 미치는 것이었다." 지난 발표에서는 이상의 내용을 중심으로 순창성황대신사적과 관련한 기왕의 해석들, 일제강점기 이후 남도지역 민간에 의해 연행되던 의례구조 분석 등을 전거 삼아 어쩌면 선험적일 수 있을 추론을 해보았다. 분석이라기보다는 기왕의 논의들을 추출하여 소개한 것에 불과했다는 점 송구하게 생각한다.

어쨌든 무속의례 재현에 대한 실질적인 도움을 드려야 하는 요구 혹은 수요에 대해 답할 처지가 되었다. 몇 차례의 논의와 발표를 통해 어느 정도 생각이 정리되었기에, 무작정 재현의 아이디어를 지어내지는 않을 수 있게 되었다. 기왕의 무속의례들 특히 호남지역의 무속의례와 내용을 전거삼을 수밖에 없다는 데 생각이 이르게 된 것이 일종의 성과라면 성과다. 어쩌면 새로운 축제를 위한 재구성의 맥락이라고나 할까. 지난 논의들이 그를 위한 여러 사례를 점검해보는 과정이었다는 생각이 든다. 따라서 무속의례 구성의 배경이나 전거는 지난 발표자료로 대신하고, 여기서는 무속의례 절차만을 다루어 복원 혹은 재현에 실질적인 도움을 드리고자 한다.

주의할 것은, 새로 무가를 작곡하거나 호남 이외의 무가를 참고하여 재구성했을 때 나타날 수 있는 이질감 혹은 괴리감에 관한 것이다. 이를 줄이는 것이 재현의 가능성을 높여준다고 생각한다. 노래의 가사나 장단은 지금 추적할 길이 없으므로 제주도나 황해도 혹은 경기도의 것보다는 전라도 씻김굿의 가사와 장단을 인용하여 재현해보는 것이 적절하다고 판단하였다. 순창의 문화적 위상을 우선 고려해야 하지만 예산이나 행정적인 지원력을 감안하지 않을 수 없기 때문이다. 사실상 고려시대의 음악을 완벽하게 재현한다는 것 자체가 불가능하다. 결국 가사나 장단 선율 등, 기왕의 전라도 씻김굿 음악을 전용하거나 참조할 수밖에 없다. 그나마 이것이 가장 원형에 가까운 형태일 것이라는 생각 때문이기도 하다. 재현 수월성의 측면에서 가장 적합하다고 판단했다는 뜻이다. 따라서 실제 연행에 본고를 참고할 경우에는 전라도 씻김굿의 의례구성 절차와 음악을 적용하면 큰 무리 없이 진행할 수 있다고 본다.

2. 대모당 강신의례 - 초대모석招大母席

강신의례는 지금의 무속의례로 바꾸어 말하면 '초혼招魂' 혹은 '신맞이'다. '대모신'으로 호명되는 순창 성황당 주신격을 영신하는 절차라고 할 수 있다. 호남의 씻김굿에서는 안당굿을 시작으로 초가망석 혹은 선부리 등으로 이어지는 절차에 해당되고, 제주도의 무당굿에서는 초감제부터 시작하는 일월신을 모시는 거리로 호명된다. 경기도나 황해도 등 다른 지역도 크게 다르지 않다. 초가망석은 '강림하실 신을 초대하는 자리'라는 뜻으로 풀이할 수 있다. 초+감+제의 의미나 초招+가망+석席의 의미가 유사하다고 생각된다. '감'이나 '가망'은 주로 초혼하는 조상을 가리킨다. 가사는 주로 초청하는 조상신격에 대한 호명으로 그리움, 사무침 등의 서정적인 내용이 주가 되어있다. 일월맞이는 '천신일월님' 등의 호명에서 알 수 있듯이 해와 달의 신격을 불러들여 소원을 비는 굿으로 정의된다. 제주도의 경우에는 불도맞이, 초공맞이, 이공맞이, 삼공맞이, 시왕맞이 등의 불교적 색채를 가진 본풀이로 진행된다. 전라도의 씻김굿에서는 고천告天의 말이나 주문, 안당, 선부리(초가망석) 등으로 진행된다.

순창 단오성황제는 특히 오월 단오와 관련이 있고, 기우나 기천, 풍요기원의 내용이 주가 되어 대모신을 영신하는 절차로 구성될 필요가 있겠다. 즉 순창 성황제의의 영신하는 절차로서의 초혼은 대모를 모시는 자리 즉 '초대모석'이 되는 셈이다. 순서는 고천의 말을 아니리조로 구송하고, 느린 진양장단의 초대모석 노래로 대모신을 영신하고, 순창고을의 제 신격들을 더불어 초청하는 내용으로 구성할 필요가 있겠다.

1) 대모신에게 고하는 말

(노래로 하지 않고 창조 아니리, 혹은 제례 축문 낭송조로 구송한다)
동에는 청제대왕
남에는 적제대왕
서에는 백제대왕
북에는 흑제대왕
중앙에는 황제대왕
팔만사천 천지대왕님 전에다가
지성 맑게 드리실라고
상청에 상날 받고
중천에 중날 받어
생기복덕날을 받어다가
상탕에 머리빗어 정성을 다하고
중탕에 목욕재계하고
하탕에 손발을 씻어
순창성황 열두 대문
순창향리 다섯 대문

오월 단오날 잡어다가
상하로 갈아입고
지성의 말로 빌으시니
날로 달로 들이시면
팔성수는 오월이라
초하룻날 승수에
상하의복을 갈아입고
대모 대왕 신전에다가
지성 맑게 빌으시면
공덕으로 내리고 신덕으로 내리어
기근 가뭄 몰아내 주시고
풍요 다산 풀어내 주신다고
대모단에 단을 지어
날로 오월 초하루에
이 정성을 드린답니다.
정성을 드리는 이는
순창성황제보존회장 000이고
순창군수 000 이고
순창군의장 000 이고
순창문화원장 000입니다(상황에 따라 주최 주관자들을 바꾸어 호명한다).
이 정성을 드리오니
추원떡도 입히시고
정성떡도 입히시고
일월성신 성황대모 발복으로 지켜주시라고
밤으로는 수잠자고
낮으로는 종종걸음

알뜰 살뜰 모아다가
지성으로 비옵니다.

2) 초대모 안당(흘림 장단)

아, 대모신이로구나
공심은 절에 지고
남의 남산 본이로세
팔만은 사도 세경
한양도 서울이요
지성마련 하옵실제
첫 번째 날에는 일월성신 해탈왕씨 나오시고
두 번째 날에는 지탈왕씨 나오시고
세 번째 날에는 사군천황 순창성황 나오실적
하날에 검은 띠 두루고
은행나무 뜰을 타고
오월 초하루 자시에는
하날이 섬기시고
오월 초하루 축시에는
땅이 섬기시고
인날 인시에는
이수 인간을 마련할 적
명덕씨는 명을 주고
복덕씨는 복을 주고
태호라 천황씨는
이목구비로 구하실적

성황이라 순창성황씨는
시운을 세우시고
순창풍수 띠어볼적
상책에는 상날을 받고
중책에 중날 받고
순창군수 생기복덕일 받어다가
동에는 청계수요
남에는 적계수요
북에는 흑계수요
중앙에는 황계수라
관대 의복 갈아입고
앞두지 헐어다가
시리 떡반 지어놓고
뒷두지 헐어다가
착실한 떡반 지어내자
있는 것은 만난하고
없는 것은 적중하나
어동육서 홍동백서
좌포우혜로 모셔놓고
지성으로 바라옵니다.
태고라 천황씨, 순창성황씨
옛날옛날 그 옛날부터
공든탑이 무너지며
심근낭자 꺾어지랴
공들이고 힘들이면
순창성황 관전대주요

일년이라 열두달
과년이라 열석달
삼백일흔 육십날
오동지 육석달
오월초하루 오월오일에
순창성황씨 영신하옵니다.

3) 초대모석(진양조)

(후렴) 신이로구나
신이여 어허어허로구나
마이장성 어나리로구나
에헤 에헤헤
에헤에 에헤야 에이야
다냐 신이여
에헤헤 에헤헤 이어여

(메김)등잔가세
등잔을 가세
성황님 전에
등잔을 가세
늙은 사람은 죽지를 말고
젊은 사람 늙지마자 등잔가세
(후렴)신이로구나
신이여 어허어허로구나
마이장성 어나리로구나

에헤 에헤헤
에헤에 에헤야 에이야
다냐 신이여
에헤헤 에헤헤 이어여

(메김)등잔 가세
등잔을 가세
성황님 전에
등잔을 가세
오월초하루 성황강신
오월오일 용왕전이라 등잔가세

(흘림으로 장단 바꿈)
왕아 임신아
공심은 절에 들고
지리산 공심 순창 공심
남의 남산 본이로구나
조선은 국이요
팔만은 사도세경
한양도 본서울이요
한양 조선의 국이요
팔만은 사도세경
순창 성황 옥과성황
남원성황 전주성황
국토에 아아
열시왕 아아

이덕 마련 하옵실제

(살풀이/굿거리로 장단 바꿈)
자의 생천허니
불언행사시
유유창창 하늘천
축시에 생지허여
오행을 맡았으니
양생만물 따지
유현미묘 흑적색
북방형무 검을현
궁상각치우 동서남북
중앙토색 누를황
천지사장 몇 만리
하루광활 집우
연대국주 흥망성쇠
왕고래금 집주
우치홍수 기자추연
홍범구주 넓을홍
제제군생 수역중의
화급팔황 거칠황
요지성덕 장혈시고
취지여일 날일
억조창생 격양가
강구연월 달월
오거시서 백가어

적안영상 찰영
순창성황 모시었으니
일월성신 같은지라
달빛 같고 햇빛 같고
별빛 같고 칠성 같고
오월 오일 단비에
기우 기청 영제 같고
사모관대 역마타고
산성 대모당 영신할제
혼백함 성황대기
초롱, 농악, 악대 깃발
초란이 재인 벌려서서
재주를 부리는구나

경상도는 대풀이요
전라도는 중천의 풀이로구나
잔도 잔도 새로 속잎이 났네
에라 만수 에라 대신이야
많이 흠향하고
너울너울 춤추시오

3. 읍내 성황사 합사의례

4월 30일이 적일이나 날짜를 바꿀 수 있다. 봉안제를 거행한다. 봉안제에는 대모당에서 가지고 내려온 혼백함, 성황기를 성황사에 봉안하는 절차요 혼백상자를 열어 성황신 부부의 합사의식을 하는 절차다. 행차에 참여한 순창농악팀이 참여하여 배열하고, 상황에 따라 무가와 농악을 순환하며 연행할 수 있다.

1) 성황영신(진양조)

(메김)오시더라
오~시더라
천하 성황
일월 성황
산중 성황님이
내려를 왔네

(후렴)에 이이야
나야아 에헤헤
에헤에 에헤
성황님이 왔네
에에 이이야아

(메김)해가 돋아
일월 성황
달이 돋아서
석곡 성황

성황이 내려를 올적에
해와 같이 빛을 들고
달과 같이 들어메고
별과 칠성 들어메고
산중 성황님이
내려를 왔네

(후렴)에 이이야
나야아 에헤헤
에헤에 에헤
성황님이 왔네
에에 이이야아

(메김)
성황이~
내려를 와서
순창골 명당을 둘러보니
대모성 놓아 인담치고
치소 둘러 소슬대문 달고
대문별장 달으시고
오간오청 둘러메어
전라도가 훤듯하고
순창골이 번듯하네

(후렴)에 이이야
나야아 에헤헤

에헤에 에헤
성황님이 왔네
에에 이이야아

2) 성황근본(살풀이)

왕아 성황아
성황님네
본을 받고
성황님네
안철받세
성황님네
근본은 어디며
성황님네 본이더냐
할아버지
할머니
대모님네
성황님네
일월성신네
성황님네
사문 밖에
무슨 나무 심었던고
산에 가서
나무를 심고
유전 유전을 길러내서
고물고물 단청일세

동으로 뻗은 가지
동토보살 열리시고
남해로 뻗은 가지
화보살이 열렸더라
서해로 뻗은 가지
수호보살 열리시고
북으로 뻗은 가지
금호보살 열렸더라
순창골 명산대천
사문으로 이르셨네

3) 성황하강(엇모리)

성황내려 온다
성황내려 오시는구나
성황의 거동보소
성황의 맵시보소
대모산성 대모당에
읍치 성황 성황사에
사모관대 차려입고
허널허널 내려온다
성황의 근본은
외곽 두른 성벽이요
해자 흐른 황수로다
팔신 중의 하나요
수용신의 본체로다

대관령 국사성황
순창읍성 대모성황
일월성신 일광 감정
풍운뇌우 순창성황
김부대왕 단종대왕
남이장군 금성대군
최영장군 순창성황
산성대모 설공검
성왕대왕 삼한국부인
성황대왕 성황부인
성황대신 성황여신
설대왕신위 태자신위
양씨부인 성황여신
허널허널 대모산성
바람잡고 구름잡고
뇌우 잡아 내려온다

4) 합사

합사의식은 무가 구연없이 연행하는 것이 좋겠다. 혼백함을 열어 성황기를 모시고 성황사에 봉안하는 의례다. 합사의식이 끝난 후, 순창농악팀, 재인, 광대 등 참여자들의 장기자랑을 해도 좋겠다. 제사의 기본 형식인 영신, 오신, 송신의 구조에서 영신을 마무리 짓는 거리에 해당하므로, 순창군민들이 하강한 성황을 맞이하고 또 성황에게 보여드린다는 의미로 각양의 노래와 춤, 퍼포먼스 등을 곁들이는 형식이 될 것이다. 굳이 전통적인 양식이 아니더라도 순창군민들의 총화를 도모할 수 있다고 판단되는 것이면, 예컨대 종교적 화합, 장르간

화합, 공동체 화합 등을 도모하는 것이라면 무엇이든 상관치 않고 구성할 수 있기를 제안한다.

4. 향리(1가~5가) 무속의례

향리가의 무속의례는 기본적으로 축원, 덕담 등의 전형적인 오신의례로 꾸밀 필요가 있다. 1가에서 5가까지 비교적 유사한 형태로 연행되었을 것인 바, 향리가의 번영과 풍농 특히 봄가뭄 없이 농사에 만전을 기하라는 오월 단오 풍경을 배경 삼아 노래한다. 여기서는 전라도 제석굿을 원용하여 성황신격에 알맞은 가사로 개사해 제시한다.

1) 성황 명당(아니리조로 구송한다)

일설칠성 내위지에 동방에는 청제지신
남방에는 적제지신 서방에는 백제지신
북방에는 흑제지신 중앙에는 황제지신이라
산중성황 하강하사 소원성취 발원이여
당산학발 양친일랑 오동나무 상상지에
봉황같이 점지하고 순창군민 자손만세 번창이라
무쇠 목숨에 독근달아 천만세나 점지하고
이댁 향리 가중에 금년신수가 대통할 적에
동절문을 닫은 듯이 오뉴월 문을 열어 놓은 듯이
쟁반에 물을 담은 듯이 옥반에 진주 담은 듯이
낮이면은 물이 맑고 밤이면은 불이 밝아
수하는 명연하야 비단에다 수결같고

한강수 물결같이 그냥 그대로 내리시옵고
이댁 자손들이 금옥같은 자손들이 태산같이 높았으되
나라에는 충신동 부모에는 효자동
형제에는 우애동 일가에는 화목동
친구에는 유신동 세상천지 으뜸인데
동방석에 명을 빌고 강태공에 날을 빌어
선팔십 후팔십 일백예순날을 점지시켜 주옵시고
석순에 복을 빌어 물복은 흘러들고
인복은 걸어들오올 적에
시시개문에 만복래요 일월소지 황금출이라
동네전 방네전에 나무눈에 꽃이 피고
이내몸에 잎이 피어 밤길마다 향내나게 점지시켜 주옵시고
어여쁘고 얌전하게 기진하고 갈죽일랑
이댁 집안 가문으로 다 실어다 주옵서서

2) 명당터잡기(흘림 장단)

*제석굿에서는 아니리조 구송을 하므로 앉은조달이라 호명하지만, 여기서는 4박자 흘림 장단으로 노래 구성을 해보았다.

(아니리조)

성황이 내려오셨는디 어찌 그냥 갈 리가 있겠습니까. 이 좋은 순창고을에 명당터를 잡아 드립시다.

(흘림장단)

대모산성에 쇠를 놓고 보니 산이 물로 흐르는 듯
물에다 쇠를 놓고 보니 산이 물로 흐르는 듯
검수거북쇠를 놔 용해머리터를 닦아
학의동에 집을 지어
호박지추에 유리기둥에 산허리 걸려놓으니
명당일시 분명하고 지덕일시 완연하네
용삼 득삼아 이 명당을 의지할적
거울명당 거풀명당 소문난 명당 아니던가
동남간 둘러보니 각경반이 안온하고
대모산이 괴었으니 부귀하실 명당이요
학봉이 중창하여 수뢰봉이 높았으니
무과 당산도 날 명당이요
앞에 안산을 바라보니 노적봉이 비쳤으니
대대장자도 날 명당이요
옆주산을 바라보니 노인성이 비쳤으니
백발당상도 날 명당이요
백호를 둘러보니 놀랜 용이 뛰엇
머리를 슬쩍 두르나니 남자손은 발복하고
청용을 바라보니 놀란 뱀이 뛰노라니 여자손이 홍성하야
단단서이니 수치를 하니
오관 대장도 날 명당이라

3) 성국토(살풀이 장단)

(아니리조)

명당터를 잡었으니 성국토를 한번 바래 봅시다.

(살풀이)

동은 갑을목인데 목성이요, 남은 병진화데 화성이요
서는 경진김인데 금성이요, 북은 임계순데 수성이라
중은무구톤데 토대토성이라
성국토를 잡었으니 동계 성황산 동계막고
남에 지리산 일문막고 서에 구월산 서축을 막아있고
동계골 남지리 북상산 이십사산 강산을 다투와
유의사 일자지 옷을 찾아 입으려고
차츰차츰 들어가는구나
대로연풍이라 탄탄대로에 바람맞는 성국이요
백화분수음이라 흰새비가 대우에서 물먹는 성국이요
반월운리 피주라 반달이 구름속에 달음질하는 성국이요
노계탁곡성은 늙은 장닭이 지네 는 성국이라
노서망곡 하절이라 늙은 쥐가 만곡을 바라보고
들로 생긋 웃고 내려오는 성국이요
옥여탄금성은 어여쁜 기집아이 칠보단장하고
거문고를 앞에 놓고 팔괘를 짚어가니
봉황이 너훌너훌 춤을 추는 격이요
옥녀직금성은 어여쁜 기집아이 칠보단장하고
비단짜는 성국이요
와우동초간에 조그만한 아이 초비여 가지고

엎진 소앞에 차츰차츰 들어가는 성국이요
갈마음 수성은 목마른 말이 물먹으로 들어가는 성국이로다.

4) 지경다구기(굿거리)

(아니리조)

성국토를 잡었으니 성국도 잔이 좋고 지덕도 잔이 좋으니, 명당 터에다 지경을 닦아 집을 좀 지어 드립시다.

(굿거리)
어허야 어여라 어기야 청청청 지경이나 다구세
상제동 백조 다굴제는 청용한쌍이 들었으니
알아감시로 다과나 줌세
어허야 어여라 어기야 청청청 지경이나 다구세
정제동 백조 다굴제는 황용한쌍이 들었으니
알아감시로 다과 줌세
어허야 어여라 어기야 청청청 지경이나 다구세
총제동 제조 다굴적에 흑룡한쌍이 들었으니
알아감시로 다과 줌세
어허야 어여라 어기야 청청청 지경이나 다구세
마당지경을 다굴적에 거북한쌍이 들었으니
알아감시로 다과나 주세
어허야 어여라 어기야 청청청 지경이나 다구세

5) 집짓기(빠른 살풀이)

집을 집을 지읍시다
용의머리 학의 등에
성황성모 집을 짓자
갈마음수성에 방을 놓고
옥녀직금성에 마루를 놓고
경술방에다 정자짓고
청용방에 담을 쳤네
마구방에다 우마방을 짓고
귀신당에 서당짓고
배로당에 별당짓고
장독밭에 더덕심고
더덕밭에 장독놓아
담밖에다 대를 심어
무목소 문간방에
변소간을 지었으니
호박대추 유리기둥
사느러시 걸렸구나

6) 입춘 붙이기(굿거리)

성주대모리를 살펴보니
경신년 경신월
경신일 경신시
강태공의 조작이요

반초로 흩날리네
노령산을 붙여놓고
벽장위에다 붙인 입춘
한모법당 춘풍월은
명월하라 밝았으니
뚜렷이 붙여있네
방문위에다 붙인입춘
성모성황이 붙여주네
자리못에다 붙인 입춘
성모성황이 붙여주네
오날동서 남북대라
성모성황이 붙여주네
정재문 우에 붙인 입춘
성모성황이 붙여주네
옥녀춘풍 입춘이라
성모성황이 붙여주네
아아아아 붙인 입춘
전라도는 중천의 풀이로구나
잔도 잔도 새로 속잎이 났네
에라 만수 에라 대신이야
많이 흠향하고 평안히 돌아가소서.

7) 성주경(엇모리)

천왕씨 시절에는 천에다 단제하니
칠성개비 복고로 옥황님이 나계셨네

지황씨 시절에는 지에다 단제하니
후토산영 오방토지 지령님이 나계셨네
인왕씨 시절에난 천오지도 상납하니
오십삼불 나계시고 제석나불이 나계셨네
유소시 사절에는 수목이 위주하야
집짓게 마련되니 성주신이 나계셨나
수인씨 시절에는 찬수가 생합하야
고인화식 하셨으니 조왕신이 나계셨네
태호 복희씨 시절에는
하도낙서 구궁 팔괘가 마련되니
팔대장신이 나계셨네
마당에 벼락장신 굴뚝에 굴때장신
지붕에는 용초부인 춘추에 양잠부인
변소간에 축신장
내외문에 수문장 안토지신 명당신
사중 팔신중에 입주상양 대길창에 성주탈관이 제일이라
성주대신 성주관관 십이 성주대감
목신성주 각신성주 연내월내 시기성주
동방에 목신성주 남방에 수성성주
중앙에 토성성주 금목수화토 오행성주
일월성신 조림성주 북두칠성 장명성주
개견육축 번성성주 각위 성주
금일로 하강을 하옵소사.

8) 벼슬경(자진모리)

팔도강산 기봉할제
함경도 백두산은 압록강은 둘러있고
평안도 잠월산은 대동강 둘러있고
황해도 구월산은 황하수가 둘렀구나
강원도 금강산은 쾌로강이 둘러있고
경기도 삼각산은 임진강이 둘러있네
충청도 계룡산은 소산강이 둘러있고
경상도 태백산은 낙동강이 둘러있고
전라도 지리산은 섬진강이 둘러있네
거기서 떨어져 순창성황산이 생기시고
성황대왕 대모성황 생기셨네
성황대모 문필봉이 이댁 자손에 정기주어
못아드님 나시거든 독서당에 글을 배워
천자거적 동문성서 주역대학 논어맹자
권권히 독성하야 자자이 외야두고
국가에 태평하여 정관을 주시거든
서찰을 품에다 안고 장궁에 들어가서
선지판을 바라보니 글절이 걸렸거든
벼루에다가 먹을 갈아 선산에다 붓을 들고
일필 휘지하니 문무 가지묘라
문천은 불행인데 채극은 성복이라
일착에 선착하야 장원급제 하였기에
월궁에 솟아올라 단괴를 건거지고
오삭은 깊은 곳에 천하에 사배하고

하위로 내려와서 머리에는 어사화요
몸에는 청삼인데 달아나니 선달이요
불어나니 영화로세
천지자막에 제일 진태는 진성궁에 초풍이라
단산채월은 채월이 넘난한데
인간세상에 귀한 것은 급자밖에 또 있느냐
선산에다 굿을 뜨고 고소당에 참예하고
부모님전 영화배우고 인간간에 기품배고
반인수색 생생하니 어이나 생여날까
홍문간 조리삼천 사한수 깊은 장양
이주참외 호주참외 맥칠도 하려니와
외객인들 아니할까
작은부사 부천상사 갑진부사 좌우영장
남편부사 삼도탱괴
좌우정 우의정
부성궁 뜰로 배슬길로 치불렸구나

9) 노적 청하기(중모리)

어어야 에헤에야 허기야 청 청 노적이로구나
서울장안에 억만대길의 노적도
이댁 가문안으로 다 들어오소사
어어야 에헤에야 허기야 청 청 노적이로구나
억만 장안에 팔만대길 노적도
이댁 가문안으로 다 들어오소사
어어야 에헤에야 허기야 청 청 노적이로구나

진계명계 오맥들이 인등정
이댁 가문안으로 다들어 오소사
에어하 어에헤야 어기야 청청 노적이로구나
배늘이 삼척이래도 유지지가 으뜸이라

10) 업 청하기(자진굿거리)

배늘밑에가 업이 없으면
삼년지탁을 못한다니 업이나 잠깐 청하세
아하하 에헤헤 업이야 청청 업이로구나
이댁좌측 새북지에 사랑업은 들었거든 방안으로만 들어오사
에헤헤 에헤헤 업이야 청청 업이로구나
도깨비방업은 들었거든 마룻간으로 다들어소서
아하하 에헤헤 업이야 청청 업이로구나
도쌩이업은 들오거든 정재간으로 다들어오소
아하하 아하하하 업이야 청청 업이로구나
비둘기법은 들오거든 마당간으로 다들어소서
아하하 에헤헤 업이야 청청 업이로구나
일월성성 밝은 달 해달업은 들오거든 오방신장을 밝히시오
에헤야 에헤헤 업이야 청청 업이로구나
만첩청산 깊은 골에 깐치업도 다들어오소서
에헤야 에헤헤 업이야 청청 업이로구나
업이야 청청 업이로구나 어서 들이자 업이야
아하하 어기야 청청 업이로구나

11) 군웅대왕(엇모리)

군웅을 놀고가세
군웅신을 놀고가세
성황산성 오신 대신
군웅신을 놀고가세
서울은 선애군웅
제주는 백마군웅
우리나라 황제군웅
군웅님네 하늘애기
독상에다 내려와라
부엉사냥 가자서라
술상에다 내려와라
부엉사냥 가자서라
앞마당 고기머리
덩덕궁에 잡어놓고
산에 올라 산고기를
비리다고 안자시고
개름개름 갯개기는
비리다고 안자셨네

12) 액막이(살풀이)

액을 액을 액을 막세
액을 막어 예방하세
어허어 어허허

예방하자
정칠월 이팔월
삼구월 사시월
오동지 육섣달로
에헤헤 에헤헤
액을 막어내자
정월달로 드는 액은 대보름날 막어내소
이월달에 드는 액은
한식날로 막어내세
삼월달로 드는 액은 삼질날로 막어내세
사월달로 드는 액은 사월
팔일날 막어 예방하자
오월달로 드는 액은 단오일로 막어내자

5. 무속제의 재구성에 대한 의견

이상 순창 단오성황제에서 무속제의와 관련된 의례를 전라도 씻김굿에 의거해 재구성해 보았다. 영신행렬에서 무당이 징과 북을 울리는 음악이 무속의례 중의 어떤 것이었는지는 알지 못한다. 대모당에서 성황당으로 이르는 행렬에서 또 무당이 어떤 역할을 했는지도 알지 못한다. 향리집에서 가설 제단을 꾸리고 연행했을 음악에 대해서도 구체적인 것을 알 길이 없다. 추정할 수 있는 것은 현전 궁중 정재나 음악과 현전 무속제의들이 혼합된 어떤 구성이었을 것이라는 점이다. 광대와 재인들이 연행했을 솟대타기, 농악의 잡색 등은 기왕의 각설이, 풍각쟁이 등의 연행태를 상상해볼 수 있다. 특히 농악 잡색의 경우, 호남지역에 잔존하는 지금의 형태보다 오히려 강릉단오제의 탈굿에 버금가는 연극이나 연희놀이가 있지 않았을까 상상해볼 수도 있다. 종규도를 중심으로 하는 나례희가 여수 등 좌도농악 지역에서 연행된 자료들이 있기에 이를 추정해볼 수 있는 것이다. 자료가 부족하니 이 모든 것들은 추정일 뿐이다. 본고는 그 재구성에 도움을 줄 수 있는 무속제의에 한정하여 남도지역에 현전하는 무가를 원용하여 몇 가지 살펴본 것에 지나지 않는다. 이외 순창과 동일 문화권인 옥과의 공심무가와 성황당의 맥락도 견주어 살필 필요가 있고, 관련하여 바리데기 무가권, 당금애기무가권의 의례 등을 견주어 살필 필요가 있다.

"무격巫覡의 무리들이 어지럽게 무리 지어 모이고, 춤패와 노래패를 나열시키고 돌아다니며 제사를 받드는 것도 역시 지금껏 폐지되지 않은 것은, 그 영신靈神의 덕이 사람들의 눈마다 엄숙하였기 때문이다." 「순창성황대신사적현판」의 내용 중 무격과 관련된 부분을 다시 본다. 무격巫覡은 무당(여자)과 박수(남자)를 아울러 이르는 말이다. 성황당의 의례에 많은 무당과 박수들이 모여들었다는 정보를 담고 있다. 성황제 의례 때문에 모였을 터인데 궁금한 것은 이들의 역할이다.

춤패와 노래패는 춤을 추고 노래했을 것이므로 그 기능이 짐작되는데 무격의 역할이 딱히 드러나지 않는다. '제사를 받드는 것도 역시 지금껏 폐지되지 않은 것은'에 나타나는 정보는, 당시에도 제사가 왕성하게 연행되었다는 뜻을 담고 있다. '그 영신이 사람들의 눈마다 엄숙하였기 때문'이라는 것은 당시의 순창 사람들이 이 무격들의 제의 혹은 어떤 연행을 '영신靈神'의 '덕德'으로 생각하는, 이른바 신앙이나 종교 관념으로 여기고 있었음을 말해준다. 영신의 덕이란 표현이 엄중하고 엄숙하다. 일반적인 민속 관념을 넘어서는 신앙의 한 형태 아니고서야 이런 표현을 쓰지 않았을 것이다.

여기에서 무격들이 행한 의례를 짐작해볼 수 있다. 종교적이고 신앙적인 혹은 매우 엄중하고 엄숙한 어떤 기능을 담당했을까? 김갑동은 그의 책 『고려의 토속신앙』(혜안, 2017)에서 순창성황당을 포함한 성황사의 헤게모니를 고려시대 무격들이 가졌을 것이라고 추정한 바 있다. 『고려사』의 여러 기록 중 '정언진'에 대한 기사라던가, '심양'에 대한 기사들이 그것이다. 『고려사』 권107 권단權呾 부附 권화전權和傳의 기록을 보면, '무격들이 이금을 신임하여 성황사묘를 헐어버리고 그를 부처님처럼 섬기고 복을 달라고 빌었다'는 내용이 나온다. 이금이 미륵불을 자칭하면서 백성들의 신망을 얻자 무격들이 그들이 관리하던 성황묘를 헐고 대신 이금을 부처님처럼 모셨다는 것이다. 김갑동은 이를 성황사에 대한 무격들의 주관자적 위치로 해석하고 있다. 주관자가 아니라면 그들이 모시던 신격을 하루아침에 이금이라는 실존 인물로 바꿀 수 없다는 점에서 그렇다.

그렇다면 무격들이 어떤 기능을 하길래 성황당의 신격마저 바꿀 정도로 주관자적 위치를 점할 수 있었을까? 5월 1일부터 5일까지 다섯 집의 향리 집을 돌면서 가설 성황당을 짓고 연행한 일종의 가무잡희와 중요한 정보만 소개해 두기로 한다.

> (충숙왕) 3년 5월 무오일에 가뭄이 들었으므로 비를 빌고 정묘일에는 재차 기우제를 지냈다. 무진일에는 절에서 비를 빌었으며 기사일에는 무당을 모아놓고 또 비를 빌었다. 5년 2월 경진일에 한재로 인하여 왕이 강안전에서 크게 제를 지내고 비를 빌면서 말하기를 "내일은 반드시 비가 내릴 것이다"라고 하더니 과연 비가 내렸다. 4월 기미일에 무당을 모아놓고 비를 빌고 저자를 옮겼다. 경신일에는 또 절에서 비를 빌었다. 5월 무진일에 재차 기우제를 지내고 절에서 비를 빌었더니 을해일에 비가 내렸다. 을유일에 또 묘통사에서 비를 빌었다. 병술일에는 왕이 명령을 내려 사심첩(事審貼, 사심관 임명장)을 거두어 불태워버리게 했더니 비가 내렸다.[1]

사찰이나 강안전 등의 궁전은 물론 나라의 여러 공간에서 기우제를 지내는데 무당들이 동원되고 있음을 알 수 있다. 인디언 기우제의 특징이 비 내릴 때까지

1 『高麗史』 卷54 오행지2 金.

지내는 것이라고들 농담 삼아 얘기하는데 실제 고려시대 기우제는 비가 내릴 때까지 지냈을 수 있겠다. 중요한 것은 가뭄과 관련된 절기가 5월이고, 이때 집중적으로 왕이 주관하는 기우제를 지냈다는 것이다. 남도지역의 단오제의가 가지는 특성이 여기 나타난다. 특히 이앙법이 없고 저수지 등의 관개농법이 개발되지 않았던 때라는 점, 마치 천수답처럼 하늘의 뜻만 바라보고 농사를 짓던 시절이라는 점은 먼저 지적해두어야겠다.

동남아시아처럼 2기작이나 3기작을 하는 환경이라면 한 번쯤 농사에 실패해도 큰 손실로 이어지지 않는다. 참고로 벼농사를 두 번 짓는 것을 2기작이라 하고, 벼와 보리를 번갈아 짓는 것을 2모작이라 한다. 따라서 오로지 1기작밖에 할 수 없는 특히 직파로 논농사를 했을 환경이라면 봄가뭄이 가져올 피해가 얼마나 큰 타격일지 불을 보듯 훤하다. 보릿고개니 봄가뭄이니 하는 말들이 왜 나왔겠는가? 빠듯이 벼 혹은 기장과 보리를 2모작 할 수 있는 경우에도, 봄가뭄은 사형선고나 다름없는 천형으로 여겼을 것이다. 고려시대 이전으로 거슬러 올라가면 이 맥락은 더 강해진다. 그래서 가뭄의 책임을 왕이 지기도 하고, 왕을 대신한 무당들이 비를 내리는 기도 혹은 의례를 도맡아 연행 했던 것이다.

『고려사』 권4, 1021년 5월 6일에도, 5월에 남쪽 궁전에 토룡을 짓고 무격들을 모아 비를 빌게 하였다는 내용이 나온다(五月 庚辰 造土龍於南省庭中, 集巫覡禱雨). 이 또한 5월이라는 시기와 토룡土龍이라는 의례 매개물, 무격이라는 의례 주관자들의 관계를 엿볼 수 있는 대목이다. 이런 정보를 종합해보면 순창성황당 제의의 주된 기능은 일반적인 성황제의 기능도 했겠지만, 특히 봄비를 희구하는 기우제의 성격이 강했음을 짐작할 수 있다. 이구동성 5월에 제의를 하고 5일 동안 각각 향리의 집을 돌며(이들이 순창에 넓은 농토를 가진 지주 혹은 관리들이었을 것으로 짐작된다), 무격은 물론 재인, 광대들까지 모아 한바탕 잔치를 벌였다고 추론할 수 있다.

『고려사』에 언급하듯, 5월에 비를 빌게 할 때 짓게 했던 토룡은 지렁이를 신격화한 것이다. 비가 내릴 조짐이 있으면 지렁이들이 모두 땅 위로 기어 올라오는 현상이 이를 설명해준다. 의례의 절차나 형식은 드러나지 않지만, 조선시대로 넘어오면서 연행했던 기우제의 절차를 준용해 해석해보면 순창 성황제의 무격 제의의 대강을 짐작할 수 있다. 이것이 극명하게 드러난 것이 태종우太宗雨가 아닌가 싶다. 『동국세시기』 5월조에 보면, 가뭄이 들어 백성들이 절망에 빠져 있는 것을 보고, 세종에게 이르기를, "가뭄이 심하니 내가 죽으면 상제에게 청하여 비를 내리도록 하겠다"[2]고 했다. 그 후 이날이 되면 비가 내리고 가뭄을 면하게 되었다는 것 아닌가? 따라서 음력 5월 10일 태종의 기일에 내리는 비를 태종우라고 하였다는 것이다.

> "이달 10일은 태종 대왕(太宗大王) 기신(忌辰)인데, 옛부터 이날 비가 오는 경우가 많아서 '태종우(太宗雨)'라고 일렀습니다. 그러나 금년에는 이날도 비가 내리지 않아서 한재(旱災)가 혹심하니, 민사(民事)가 딱하고 염려스럽습니다. 그리하여 내외(內外)의 저축(儲蓄)이 텅 비었습니다. 청컨대 성상께서 비용을 절검(節儉)하시어서 하늘에 대응하는 실천을 보이소서." 하니, 임금이 받아들였다.[3]

이날 약간의 비가 내리니, 임금이 말하기를, "이는 척강陟降(선영을 말함) 이 주신 것이다."하였다. 매년 이날이면 문득 비가 내리니, 사람들이 '태종우太宗雨'라고 불렀기 때문에 임금이 언급한 것이다.[4]

기우제祈雨祭만 있는 것은 아니다. 영제禜祭 혹은 기청제祈晴祭가 있다. 기우제와는 반대로 비가 오랫동안 내리거나 왕실의 행사가 있을 때 비가 그만 오기를 바라며 지낸 제사다. 영제는 재앙을 막는 제사라는 뜻이 있고, 기청제는 문자 그대로 날씨가 청명하기를 신에게 비는 제사다. 『조선왕조실록』을 검색해

2 『경종실록』 권 12, 경종 3년 5월 12일 경인 기사와 『영조실록』 권 103, 영조 40년 5월 10일 신유 기사다.
3 『경종실록』 권 12, 경종 3년 5월 12일 경인.
4 『영조실록』 권 103, 영조 40년 5월 10일 신유.

보면 영제가 총 360건(국역 183건, 원문 177건), 기청제가 총 255건(국역 159건, 원문 66건)이 나온다. 기우祈雨를 키워드로 검색했을 때 총 2,878건(국역 1,025건, 원문 1,853건)에 비하면 적은 숫자이지만 모두 5월 단오성황제와 관련시킬 수 있는 의례라고 할 수 있다. 하지만 5월 초하루부터 이어진 시기적 관점, 순창 부호들이었을 다섯 집안의 농업력들을 추정해봤을 때 성황제의 종합적인 제의 기능 중, 아무래도 가장 핵심적인 기능은 기우 의례에 있다고 정리하고자 한다. 여기까지 순창 성황제가 가지는 5월 단오 및 기우제, 나아가 기청제를 포함한 기풍의례적 성격에 대해 살펴보았다. 이제는 순창단오성황제의 제의 구성에 대해 간략한 의견을 밝히고 이 글을 마치고자 한다. 이욱은 지역의 기우제가 가지는 맥락을 아래와 같이 정리하고 있다.

국가 기우제가 당시(조선전기) 사람들에게 공감을 얻기 위해서는 유교의 독자적인 논리와 형식에 의해서가 아니라 오랫동안 이곳의 사람들이 경험하고 있는 신앙을 모태로 하지 않을 수 없었다. 이런 상황에서 국가의 유교적 의례와 백성의 민간신앙 사이에 막힌 벽을 허물어주는 것이 바로 산천제였다. 산천이 가진 지역성은 국왕을 중심으로 한 국가의례의 일반적 특성과는 달리 성현의 자율성을 담지擔持(어떤 이론이나 사상 따위를 담고 있다는 의미)하고 있었다. 유교적 예질서에서 산천이 천자의 것이라기보다 제후의 것이었듯이, 개개의 산천은 국왕의 것이 아니라 그와 더불어 함께 살아온 사람들의 것이었다. 조선전기 민간의 산천제를 금지하려 한 중앙정부의 노력이 실패한 것은 이러한 사실을 잘 대변한다. 그러므로 조선전기 산천신을 국가의 사전에 수용하는 것은 그 속에 담겨있는 영험성을 국가로 수용하는 것이며, 이러한 산천을 통해 국가는 한발의 재난을 백성과 함께 대응할 수 있었던 것이다.[5]

또한 이기태는 기우제가 예컨대 무격들의 주술만을 행하는 의례가 아니었음을 강조하기도 했다. 반겐넵의 통과의례도식을 인용하여 설명한 요지는 마을공

5 이욱, 「조선전기 국가 기우제와 산천」, 『Journal of Korean Culture』, 2000, 180~181쪽.

동체 의례라는 점이었다. 예컨대 마을기우제는 일상에서부터 신성한 시공간을 획득하기 위한 분리의례가 행해진다. 그 과정은 금기기간이 이분법적 구조로 진행된다. 제관은 금기와 재계를 통해 신성성을 획득하고 비제관인 주민들은 모방주술 행위를 행함으로 강우를 예축豫祝(미리 축하함) 및 예측할 수 있게 된다. 이 과정이 끝나면 신성한 시공간인 제장에서 행해지는 전이轉移(단순히 자리를 옮기는 것이 아니라 일상공간과 신성공간의 경계를 넘는다는 의미)의례에서 이분법적 구조가 적용된다. 제장의례의 모든 절차가 끝나면 참여자들은 신성한 시공간에서부터 탈피하여 일상으로 복귀하는 통합의례를 행한다.[6] 문제는 기우적 성격이 강했을 순창 단오성황제의를 어떤 방식으로 재구성하는가에 있다 하겠다. 참고로 고대의 의례로 올라갈수록 천부지모의 신성교합을 상징하는 유감주술類感呪術(원하는 바와 닮은 대상의 모습이나 행동을 따라하면 소원이 이뤄진다고 믿는 민속 신앙)의 원리에 다다른다. 예컨대 기우주술의 양대 요소는 용과 부녀자다. 용과 소녀의 결합을 유도하여 비를 바라는 기우주술이다. 여기에는 용, 폭포 물줄기, 도롱뇽, 용바위, 산상, 하늘, 북문, 지모, 용연, 호랑이, 키(기), 물동이, 버드나무, 남문 등의 키워드가 동원된다. 천부라는 상징물과 상대되는 여성성으로서의 지모를 결합하여 비를 내리게 하는 유감주술이다.[7] 『조선왕조실록』에서 확인하였듯이, 의례는 당대의 욕망을 수용하는 방향으로 변화할 수밖에 없다. 지금의 코로나 팬데믹을 일정하게 반영하는 성황제의를 염두에 두는 이유가 여기에 있다. 본고가 순창 성황제 무속제의를 재현하거나 재구성하는 데 일말의 보탬이 되기를 다만 바랄 뿐이다.

6 이기태, 「마을기우제의 구조와 사회통합적 성격」, 『한국민속학』 46, 2007, 265~266쪽.
7 정승욱, 「주술적 기우제의 통합 제의원리 탐색 시론」, 『한국문학논총』 72, 2016, 140~141쪽.

07

순창 단오성황제의 정재

심숙경 _ 서울대학교 강사, 예술학박사

1. 머리말

고려시대부터 1940년대까지 약 700년간 전승되어 온 순창 성황제는 전라도 지역뿐 아니라 국가적 차원에서도 매우 중요한 무형문화유산이다. 오늘날 순창 성황대신사적현판의 기록을 토대로 단절된 성황제의 복원사업은 그런 의미에서도 매우 유의미한 일이라 하겠다. 그러나 성황대신사적현판의 기록만으로 재현하기에는 현실적으로 적지 않은 문제가 수반된다. 특히 정재呈才의 경우는 더욱 그러하다. 정재와 관련된 현판의 기록이 매우 소략하며, 그 개념 또한 오늘날과는 많은 차이를 보이고 있기 때문이다.

순창의 성황제는 국가가 관리하는 국제관사國祭官祀로서, 관청에서 성황제의 모든 제물과 진행을 주관하였으나 의례의 주축은 무당과 정재들이었는데, 이때 정재들은 춤을 추는 관속 예인들[1]로 보았다. 즉 관기官妓를 일컫는다.

현판에 기록된 정재를 향악정재鄕樂呈才로 보는 시각도 있다. 향악정재란 우리나라 고대부터 전승되는 한국의 궁중무용을 일컫는다. 또 정재는 '기예를 바친다'라는 의미로 조선 전기에서야 문헌에 등장하며, 점차 궁중무용의 통칭으로 사용되었다. 그러나 현판에 보이는 '통인이 역마를 타고 가면 사람들이 따르고 정재하는 사람들을 벌려서게 하였다' 또 '무당의 무리들

1 송화섭, 「순창 성황대신사적 현판과 고려시대 단오절 성황제」, 『순창 단오제 고증 복원 전문가 기획회의 자료집』, 2020, 6쪽 참조.

이 떼지어 나열하고 정재를 하면…' 등의 기록에서 말하는 정재는 오늘날 통용되는 궁중무용과 동일한 형태로 보기는 어렵다. 따라서 이 글에서는 '정재는 본래 춤 뿐만 아니라 모든 재예를 드린다'[2]라는 본원적 시각에서 출발하여 지방 교방敎坊에서 연행되었던 궁중무용 뿐 아니라 무녀, 재인 광대들이 행하는 모든 재주와 가・무・악을 아우르는 광의의 개념에서 바라보고자 한다. 즉 각 지역의 교방에 예속된 관기나 기녀들에 의해 추어진 지역화된 궁중무용이거나 또는 땅재주・버나돌리기・공 던지기弄丸 등 재인 광대들에 의한 여러 가지 다양한 잡희雜戲의 이름이다. 다만 정재 분야의 연구자로서 무속과 연희 분야에 대한 연구가 미진함을 우려하여 기존의 연구 성과물을 활용하여 '정재'와 연관된 부분만을 언급하였음을 밝혀둔다.

또한 순창 단오성황제 재연 시기는 고려말에서 조선초로 설정하였으므로 가급적 이 시기의 상황을 반영하고 문헌 및 도상자료를 참고할 것이며, 사료가 부족한 부분은 근접한 시기의 자료로 보완하고자 한다. 현판에서 정재 기록이 소략하고 또 아직까지 순창 단오성황제의 명확한 준거 틀이 확정되지 않은 상태이므로 정재 재연의 방향성만을 제시하고 차후 보완하고자 한다.

2. 성황제 의식절차에서의 정재

순창 단오성황제는 기본적으로 단오를 전후로 성황부인에 해당하는 산성대모와 성황대신을 모시고 제의를 행한다. 제의는 단순히 한 장소에 머물러 지내는 제사의례만 있는 것이 아니고 길놀이라고 불리는 순행의례가 뒤따랐다. 성황제는 제사의식과 순행의례를 거행하면서 다양한 잡희 또는 백희百戲가 베풀어졌다.

2 장사훈, 『국악대사전』, 세광음악출판사, 1984, 669쪽.

성황제의 구성은 크게 영신의례, 오신의례, 송신의례로 구성된다. 이에 따라 성황제의 정재는 기본적으로 영신, 오신, 송신의례의 세 가지 의식절차에 따라 연행이 이루어졌다. 따라서, 이에 따른 정재 구성을 간략히 살펴보고 구체적인 내용은 별도로 본문에서 다루기로 한다.

1) 영신迎神의례의 정재

영신의례는 4월 30일 읍치의 관아 내지 작청 앞에서 모여 고을 서쪽에 위치한 대모산성으로 올라가 성황부인인 산성대모를 모시러 가는 것으로부터 시작한다. 이때 영신행렬 속에는 태수를 대신한 통인을 비롯한 육방관속은 물론이고 무격, 기녀, 재인, 광대가 함께 따라간다. 따라서 영신행렬 속에서 자연스럽게 정재가 이루어진다고 할 수 있다. 다만, 영신행렬은 대모당으로 성황부인을 맞이하러가는 절차와 성황부인을 맞이하여 읍치성황사로 돌아와 봉안과 합사하는 의식이 있다.

이때 정재의 특징은 성황부인을 모시러 가는 행렬 속에 화각을 비롯하여 쇠와 북 등의 풍물이 연주되는 가운데 다양한 길놀이가 펼쳐졌다. 다만, 대모당에 오를 때에 분위기는 신을 맞이하러 간다는 즐거움 속에서도 경건한 분위기로 정재가 이루어지는 반면, 대모당에서 신을 모셔 오는 과정은 신과 함께 마을로 내려오는 과정이 신인합일神人合一 오신의 성격을 갖춘 분위기가 연출된다.

거리에서는 무녀들의 경우, 특별한 정재가 보이지 않는 반면, 기녀들은 간단한 입춤 정도의 가벼운 어깨춤이 진행된 것으로 짐작된다. 재인의 경우, 무동타기, 풍물, 상모돌리기 등의 가벼운 정재를 선보인 것으로 보인다. 다음으로 대모당에 오르면 무녀들은 신내림 굿을 행하며 대모신을 모시는 제의를 행한다. 대모당에 오른 뒤 기녀, 재인, 광대들은 별다른 정재가 없다.

2) 오신娛神의례의 정재

오신의례는 4월 30일 대모당에서 성황부인을 모셔온 뒤부터 시작된다. 대모당에서 읍치성황사로 모시는 과정부터 출발한다는 의미이다. 신인합일神人合一의 상황이 된 만큼 마을로 내려간다는 것은 동시에 신을 즐겁게 맞이해야 한다. 이때부터는 신과 함께 한다는 의미에서 음악의 연주와 함께 정재가 활기를 띤다고 할 수 있다. 다만, 4월 30일은 성황사에 봉안하고 합사하는 의식으로 마무리되는 만큼, 오신의례는 거리굿 형태에 그칠 수 밖에 없다. 따라서 본격적인 오신의례는 5월 1일부터 5월 5일 송신의례가 있기 전까지 지속된다고 할 수 있다.

오신의례는 5월 1일 성황대신과 성황부인인 성황사에서 나와 읍내를 돌며 향리집(제1가)으로 이동한다. 그 과정에서 큰 거리가 나오면 무당에게는 음식을 제공하고, 기녀들은 간단한 입춤 정도로 흥을 돋우며, 재인 광대는 무동타기・풍물・상모돌리기 등의 재주를 부린다. 기타 사례를 참고하면, 거리가무의 특성상 간단하게 꽃을 들고 추는 화무花舞도 고려해 볼 수 있다. 향리집에 도착하면 다시 축원 내지 재수굿이 베풀어진다. 하룻밤을 향리집에서 머문 성황부부는 다음날 5월 2일에는 두 번째 향리집(제2가)으로 이동한다. 이때 역시 읍내를 돌며 도착한다. 읍내를 도는 과정에서 다시 무당에게 음식을 제공하고, 기녀들은 입춤 등을, 재인・광대는 무동타기・풍물・상모돌리기 등의 재주를 부린다. 이렇게 해서 5월 5일까지 향리집을 돌면서 오신의례를 행한다.

5월 5일 오후에는 다섯 번째 향리집을 나와 성황사로 이동하기 전에 관청 앞에서 대동잔치를 베푼다. 이때 성황제는 절정에 이른다. 따라서 정재 또한 군민화합과 대동단결을 위한 다양한 정재가 베풀어진다. 특히 기녀들의 교방정재가 관아 앞에서 펼쳐진다. 이때 검무・아박・향발・육화대 등을 비롯하여 무고・포구락・선유락 등의 다양한 정재가 선보인다. 아울러 기녀들의 정재가 끝나면 재인・광대들이 무동타기・풍물・상모돌리기 외에 땅재주・솟대타기・버나・죽방울던지기(놀리기)・탈놀이 등의 연희가 펼쳐진다.

3) 송신送神의례의 정재

5월 5일 오후에 관아 앞에서 대동잔치가 끝나면, 남문 밖으로 나가 송신의례가 펼쳐진다. 송신의례는 무격巫覡에 의해서 제의가 진행된다. 이때 신격을 불태운 뒤 성황사로 이동한다. 이때에는 함께 동참할 뿐 특별한 정재는 베풀지 않는다.

3. 성황제의 정재들

1) 강릉단오제의 정재

강릉단오제(국가무형문화재 제13호)에서의 주요 전승 종목은 단오제례와 단오굿, 관노가면극을 꼽을 수 있다. 이 중에 무격들의 단오굿과 탈놀이 관노가면극은 정재 범주에 속하는 종목으로 볼 수 있다. 본래 단오제가 본격적으로 행해지는 5월 1일부터 5일 5일 단오날까지 단오굿과 관노가면극은 여러 서낭당을 돌아다니며 연행되는 중요 종목이었다. 관노가면극은 국내 유일한 무언無言 가면놀이로 강릉단오제의 대표적 탈놀이이며, 경산자인단오제에는 자인 팔광대놀이와 비견된다. 호남지역의 가면극이 거의 전승되지 않고 있다고는 하나 여타 단오제에도 농악대와 탈놀이가 등장하므로, 순창 단오성황제에서도 농악대에 등장하는 잡색놀음 등을 참고하여 탈놀이를 편성할 필요가 있다. 이와 무격에 관련된 내용은 뒤에서 기술하기로 한다.

강릉단오제에서는 음력 4월 15일, 국사성황신을 맞이하러 대관령으로 길놀이 행렬이 떠난다. 성황신 맞이 길놀이 행렬은 맨 선두에 태평소, 나팔수, 세악수 등 약 20여 명의 악공이 음악을 연주하며 가고 그 뒤로 호장, 부사, 수노首奴, 도사령과 남녀 무격 50~60명이 따르는데 예전에는 모두 말을 탔다고 한다.[3] 마을 사람들 수 백명이 제물을 짊어지고 그 뒤를 따른다. 내려올 때는 신이 내린 신간神竿이 앞서서 행렬을 이끄는데 무격은 말 위에서 산유가山遊歌를 불렀다.[4] 여기에는 기녀의 등장이 없고 무녀는 말을 타고가며 노래를 불렀으니 더욱이 춤을 추지는 못했을 것이다.

국사성황신 부부의 신위와 신목을 앞세우고, 강릉 단오장의 굿당으로 모셔가는 영신행차 길놀이 행렬은 깃대 → 신위 → 제례부 → 신목 → 무녀 → 악사 → 양중 → 화개花蓋 → 관노가면극 → 지역주민 → (강릉)농악대 순으로 춤을 추며 행진한다. 여기서도 관기官妓, 기녀는 특별한 역할이 없어 보인다. 이들의 출연 여부와 상관없이 길놀이를 하면서 할 수 있는 춤은 간단한 움직임이나 반복적 구성 정도일 것이다.

2) 경산자인단오제의 정재

경산자인단오제(국가무형문화재 제44호)의 정재로는 여원무와 호장굿(호장장군 행렬), 자인팔광대를 들 수 있다. 한장군 고사에서 유래한 여원무는 단오날 호장굿 행렬과 함께 길놀이를 하면서 버들못, 진충묘, 제2한묘, 자인현청 등에서 모두 제사를 지내고 여원무를 연행한다. 즉 여원무와 호장굿이 이 단오굿의 중심 행사인 것이다.

1970년 무형문화재 조사보고서[5]에는, 여원무는 다른 지역에서는 볼 수 없는 희귀한 춤이며, 10척 높이나 되는 꽃관을 쓰고 전신을 꽃으로 가리고 춘다는 점과, 또 독자적인 소재와 가락을 지니고 있고 민속놀이로도 충분한 자료가 될 수 있는 점 등을 지정 이유로 들었다. 강릉단오제의 단오굿과 관노가면극과 다름없이 전통성, 예술성은 물론이고 독자적인 형식과 내용임을 인정한 것으로, 순

3 남성진, 「공동체 대동굿의 길놀이 연행방식」, 『비교민속학』 36, 2008, 275쪽 재인용.
4 위의 논문, 275쪽.
5 김천홍 · 최현, 『무형문화재 조사보고서 제70호, 한장군놀이』, 문화재관리국, 1970.

창에서도 이런 점을 참고하여 전반적인 구성을 할 필요가 있다고 본다.

호장굿 길놀이에는 여러 상징적인 깃대와 수많은 인원, 말馬이 동원되고 농악대와 풍물이 뒤따랐다. 순서는 각종 깃대 → 감사뚝 → 호적 → 파초선 → 일산 → 사인 → 제관 → 한장군 → 관기官妓 → 여원화(여원무) → (자인)팔광대 → 계정들소리 → 큰굿 → 악대 → 농악대(경산 보인농악)로 구성되어 장관을 이루었다. 여기에 관기가 등장하는데 말을 타고 갔을 가능성을 고려하면 풍물소리에 맞춘 흥겨운 몸짓 정도가 아니었을까 짐작해본다. 정식적인 형태의 정재는 길놀이가 아닌 일정한 장소에서의 연행을 고려해야 한다.

3) 법성포단오제의 정재

법성포단오제(국가무형문화재 제123호)에 대해서는 관련 자료나 연구 실적물이 많지 않아 어려움이 따른다. 경연대회나 놀이 등 전반적 행사의 내용을 참고하면 제의적 연행보다는 예술적, 연희적 연행이 많은 축제형식의 중심으로 볼 수 있다. 영광 법성포단오제(2005년 기준) 첫날은 경연대회와 인의제(산신제)·당산제·길놀이·용왕제·선유놀이·씻김굿·연등 시가행진이 열리고, 둘째 날도 여러 경연대회와 음악회가 있으며 마지막 셋째 날에는 각종 민속놀이 등이 벌어졌다.

특별히 정재로 포함시킬 수 있는 부분이 있다면, 첫날 당산제 의식에서 농악대와 광대재인들이 지역주민들과 함께 참여했다고 한다. 광대 재인들이 유교식 제사를 마친 후 펼쳐진 기예에 관해서는 차후 보다 심도있는 연구를 기대한다.

4) 기타 사례의 정재

경남지역의 통영오광대·수영야류·동래야류에서는 길놀이 과정에서 팔선녀가 등장하는데 형태는 조금씩 차이가 있으며, 진주오광대에서는 팔선녀가 등장하여 스님을 유혹하는 내용이 4과장에 있다.

(1) 수영야류

수영야류에서 정재로 볼 수 있는 종목은 길놀이 행렬에서의 팔선녀춤이다. 수영야류 길놀이는 대보름달이 뜰 무렵, 먼물샘이나 수영다리 근처부터 놀이마당까지 풍물을 치고 가무하며 행진하는 오신 과정이다. 맨 앞에 소등대小燈隊(수십명) → 풍물패(약10명) → 길군악대(약10명) → 팔선녀(8명)(〈그림 1〉) → 사자 또는 거마를 탄 수양반 → 탈놀음패 → 난봉가패(10여명) → 양산도패(10여명)의 순으로 길놀이를 진행한다.

이때 팔선녀춤은 원래 원근遠近에서 불러온 기생들로 구성[6]되었는데 화관에 색동 활옷을 입은 형색이 마치 궁중무용 복식을 연상케 한다. 그러나 이는 근대에 예쁘게 단장하며 바뀐 복식이라고 한다. 팔선녀춤은 손에 청홍사 등燈을 들고 '지화자'를 부르면서 춤추고, 난봉가패는 '난봉가'를, 양산도 소리패는 '양산도'를 부르며 뒤따른다.

길놀이 행렬이 동네 가운데 위치한 놀이마당에 도착하면 한바탕 춤판이 벌어진 후 본격적인 탈춤판이 시작되기 전에 팔선녀들이 한삼을 끼고 등장해 춤을

〈그림 1〉 팔선녀춤 수영야류(길놀이)
국립무형유산원 소장

〈그림 2〉 팔선녀춤 수영야류(놀이마당)
국립무형유산원 소장

6 이두현, 『무형문화재 조사보고서 제73호』, 문화재관리국, 1970, 793쪽.
정상박, 『중요무형문화재 제34호 수영야류』, 문화재청, 2001, 50쪽.

춘다. 팔선녀는 한삼을 뿌리며 두 사람씩 대무對舞하거나 회무回舞, 일렬 등 다양한 대형을 구성하며 제대로 형식을 갖춘 팔선녀춤을 보여주고 있다. 수영야류 문헌과 영상을 참고하면 팔선녀춤은 길놀이에서는 단순한 구성과 동작을 반복 연행하며 행진하였고, 넓은 놀이마당에 도착한 후에야 본격적인 팔선녀춤을 선보였다(〈그림 2〉). 이 춤이 언제부터 전승되었는지는 알 수 없으나 1971년 무형문화재 지정 당시의 조사보고서에는 나타나지 않는다. 후대에 와서 추가되거나 재구성되었을 가능성이 있다. 길놀이에서의 춤 연행은 한계가 있기 때문이다. 즉 행진하면서 추는 춤동작은 단순한 어깨춤이나 몸짓, 노래일 수밖에 없다. 따라서 순창 단오성황제에서도 정재와 각종 잡희, 백희 등이 공연하여 군민이 함께 즐기고 대동단결할 수 있는 대동잔치판을 벌이는 것이 바람직하다.

(2) 동래야류

동래야류의 기본적인 길놀이 과정은 수영야류와 대동소이하다. 일반적으로 정월대보름 전날 저녁, 수백 명이 각종 등燈을 들고 가무하며 마을 가운데 놀이판까지 행진한다. 순서는 풍악대 → 중군中軍 → 길군악대(한량, 기생 차림의 여러 명이 앞소리, 뒷소리하며) → 팔선녀(〈그림 3〉) → 야류패 → 할미광대 → 한량패 → 오동 풍물패 → 일반 군중 순이다.

동래야류 길놀이에는 기생과 한량들의 등장이 여러 곳에서 발견된다. 팔선녀는 연화등蓮花燈을 들고 선녀를 연상케하는 아름다운 복식을 착용한 것이 수영야류와 다른 점으로 나타난다. 팔선녀는 예전 동래부의 기생들로 구성되었으므로 말을 타고 행진하는 경우가 많았으며, 한량들이 선녀들의 마부 노릇을 하여 춤을 추고 어울리기도 하였다[7]고 한다. 동래야류에서는 길놀이에서만 팔

〈그림 3〉 팔선녀 동래야류(길놀이)
국립무형유산원 소장

선녀가 등장할 뿐 놀이판에서의 연행은 찾기 어렵다. 팔선녀춤이 들놀음(야류)의 주요 종목이 아니므로 종목별로 편성이 다른 듯 하다.

4. 순창 성황제의 정재 구성

현판 기록(1563)의 정재 기록은 매우 소략하다.

> "매년 4월 그믐날 태수 대신 통인이 관대를 단정히하고 역마를 타고 가니 앞뒤로 사람들이 걸어서 따르고 정재하는 사람들이 벌려서게 하였는데……."
>
> "해마다 5월 1일까지 향리 5명을 번갈아 정하여 각자 그의 집에 당을 설치하여 대왕이 부인을 거느리게 하고 큰 깃발을 세워 표시하였다. 무당의 무리들이 어지러이 떼지어 모이고 나열하여 정재를 하면 순행하여 제사를 받든다."

위의 기록만으로는 정재의 형태 및 내용을 유추하는데 한계성을 가지므로, 정재의 개념을 보다 넓은 광의의 의미로 보고 무격들의 정재, 광대・재인들의 정재(재주) 및 관기・기녀들의 정재 등 세 부분으로 설정하여 살펴보았다.

1) 무격巫覡들의 정재

무격들의 무가巫歌소리, 악사의 음악 반주(북・피리・장고 등)가 있었을 것으로 판단되며 이러한 것들이 정재로 연행되어 졌을 것이다. 양상화 씨는 생전에 본 성황제에서는 성황당 좁은 마당에서 무당들이 칼을 뗑그렁 뗑그렁 부딪치며 칼춤을 추었다고 진술하였다.[8] 여기에서의 칼춤은 예기藝妓들이 추는 예술적 칼춤

7 김경남, 『중요무형문화재 제18호 동래야류』, 문화재청, 2000, 53쪽.
8 송화섭, ≪내가 본 순창 단오제≫, 양상화의 구술자료, 2013.11.6.

과는 차별화된 것으로, 굿을 할 때 짧은 칼을 들고 하는 굿거리 중의 한 대목으로 짐작된다.

칼춤, 즉 검무는 경산자인 단오제 축원굿(2010 기준)에서도 추어졌다. 관련 연구에 의하면,[9] 축원굿에서는 연꽃을 들고 바라춤을 추는 연꽃바라춤과 신장군웅춤·살풀이춤·사물놀이·부채춤·선비춤·검무의 순서로 진행되는데, 흥미로운 것은 검무가 두 가지 유형으로 추어졌다는 것이다. 한 가지 유형은 일반 무격들이 추는 칼춤으로 갑옷과 투구를 쓰고 긴 검을 들고 추는 무격의 정재였고, 또 한가지 유형은 복식, 춤사위 면에서 궁중검무와 거의 흡사한 예술적 검무 정재라는 연구결과였다. 무격들의 굿춤이 정재의 개념과 상응하는 일면을 나타내고 있어 흥미롭다.

이외에도 단오 첫날 오후 내내 벌이는 큰굿에는(2008년 기준) 부정굿·산신축원·도당천왕·회심곡 칠성굿·도당 대감굿·대신굿·여원무·장군굿·바라춤·살풀이춤·신장굿·선녀춤·서낭 할매·동자·꽃대신춤·선비춤·입춤·장군춤·호장군·작두거리·송신무 등 다채로운 굿춤들로 구성되어 있다. 즉 바라춤·살풀이춤·선녀춤·선비춤·입춤 등은 무격들이 추는 무속춤의 일종이겠으나 대부분 민속춤에도 등장하는 춤명이며, 특히 살풀이춤은 무속에 기원을 두는 대표적인 민속춤이기도 하다. 이는 굿의 주관자가 강신무인 권명화(대구 무형문화재 제9호 살풀이춤 보유자) 예인이므로 굿의 전체 구성을 상황에 맞게 연출함으로써 자인단오굿의 독창성을 나타낼 수 있게 된 것으로 보고 있다.[10] 순창의 현판에도 옥천 고을의 향리집 5곳을 순행하며 무녀가 축원굿을 해주었다 하였으니 순창 단오성황제에서 전문가의 자문을 받아 가급적 순창만의 독자성을 드러낼 수 있는 무속신화나 굿춤 등을 재편성하여 활용하는 것도 하나의 방안일 것으로 생각된다.

9 양혜정, 「경산 자인단오제 축원 굿춤의 춤사위 특성 고찰 – 검무를 중심으로 –」, 『체육연구논문집』 18, 2011, 12~15쪽.

10 위의 논문, 15, 18쪽.

2) 재인 · 광대들의 정재

광대 즉 창우倡優는 전통사회에서 관과 민간에서 각종 악기 연주뿐 아니라 연희, 기예까지 도맡아 했던 우리나라의 대표적인 예능 집단[11]이다. 이들이 연행했던 갖가지 연희 종목이 많으나 대략 순창 단오성황제에서 재인 · 광대의 정재에 적합할 몇 가지 종목을 고려해 보았다.

(1) 땅재주

땅재주는 음악 반주에 맞추어 땅 위에서 물구나무를 서거나 재주를 넘는 등 신체를 활용하여 다양한 기예를 보여주는 전통연희이다. 땅재주는 고대 산악 · 백희의 한 종목으로서 곡예 · 묘기 종목인 줄타기 · 솟대타기 · 대접돌리기 · 유술 등에 폭넓게 활용되었다.[12] 조선시대의 각종 행사에서 땅재주는 줄타기 · 방울받기와 함께 가장 중요한 공연 종목 중 하나였다. 순창 단오성황제에서 땅재주 · 솟대타기 · 버나돌리기 · 죽방울던지기(죽방울놀리기) 등 각종 전통기예의 연행은 가능하다고 본다.

(2) 솟대타기(장대타기)

솟대타기는 고려부터 조선 말기까지 솟대쟁이패 · 초라니패 · 대광대패 등 여러 유랑예인집단에서 연행한 중요 종목 중 하나였다. 솟대타기는 연희자(솟대쟁이)가 솟대 아래의 어릿광대(매호씨)와 재담을 나누며, 솟대 위나 솟대를 연결한 줄에서 물구나무서기, 매달리기, 악기 연주를 하는 연희[13]를 일컫는다. 청나라 사신 아극돈阿克敦의 〈봉사도奉使圖〉 및 감로탱, 풍속화 등에서 솟대타기가 묘사되어 있다. 조선 말 〈기산풍속도箕山風俗圖〉에서 솟대쟁이패가 솟대타기

11 『한국민속대백과사전』, https://folkency.nfm.go.kr/kr/main.
12 전경욱, 『한국전통연희사전』, 민속원, 2014.
13 한국민속예술사전, folkency.nfm.go.kr.

1 〈그림 4〉 솟대타기
『민속에 대한 기산의 지극한 관심』, 민속원, 2004, 99쪽
2 〈그림 5〉 땅재주, 줄타기, 접시돌기기(〈봉사도〉, 1725)
3 〈그림 6〉 무동타기 – 평택농악 한국학중앙연구원 소장

· 방울쳐 올리기 · 죽방울던지기(죽방울놀리기) 등을 공연하고 있는 모습을 볼 수 있다.

(3) 버나돌리기

버나는 접시나 대접 · 쳇바퀴 · 대야 등을 막대기로 돌리면서 재주를 부리는 전통연희이다. 돌리는 물건에 따라 대접돌리기 · 쳇바퀴돌리기 · 놋대야돌리기 · 접시돌리기 등으로 불리기도 한다. 버나와 땅재주 · 농환弄丸 · 농검弄劍 등은 손기술을 기반으로 하는 기예로서 고구려 고분벽화와 신라시대 최치원崔致遠의 「향악잡영鄕樂雜詠」 5수首에도 나타나므로 그 유래가 오래되었음을 알 수 있다. 〈봉사도奉使圖〉에는 버나(접시)돌리기 외에도 땅재주 · 줄타기 등이 묘사되어 있다. 조선후기에는 유랑예인집단인 솟대놀이패와 남사당패의 중요 연희 종목이었으며 현재까지 전승되고 있다.

(4) 죽방울던지기(죽방울놀리기)

죽방울던지기는 장구 모양으로 깎아 만든 나무공을 공중에 치올려 기술적으로 받아치는 민속놀이를 말한다. 죽방울은 나무를 깎아 만든 것인데 농악에 쓰이는 장구와 비슷하며, 마치 두 개의 팽이를 뾰족한 부분끼리 잇대어놓은 것 같은 형상이다.

일찍이 신라 최치원의 「향악잡영」 5수 중 금환金丸에 "몸을 휘두르고 팔뚝을 뻗쳐 금환을 놀리니 달이 구르는 것 같고 별이 뜨듯이 눈에 치더라."라고 한 것과, 성현成俔의 『허백당집虛白堂集』 「관괴뢰잡희觀傀儡雜戲」 시에 "공놀리며 공교한 술법이 많고……"라는 구절을 보면, 이 놀이가 삼국시대부터 존재하였음을 알 수 있다. 그런데 이 놀이는 조선시대까지는 전국 곳곳에 전승, 유포되었으리라 생각되나 현재는 전라남도의 일부지역에서 무당들이 굿할 때 유일하게 활용하고 있다.

호남에서 죽방울던지기가 성행한 사실은 순창의 재인들이 이를 놀았을 가능성이 있다. 따라서 단오성황제에서 재인의 정재에 하나로 포함시키는 것도 바람직해 보인다.

(5) 탈놀이

농악대 즉 풍물패는 성황대왕을 모시러 가는 영신행렬이나 걸립굿, 탈놀이 등에서 중요한 부분을 담당한다. 순창지역은 지리적으로 호남좌도농악[14]에 속하는데 전북의 임실 필봉농악・남원 금지농악・진안 중평농악・전남지역의 곡성 죽동농악・화순 한천농악・여천 백초농악 등이 이에 속한다. 이 가운데에 임실 필봉농악은 1950년대 이후 순창 읍내와 순창군 구림면, 정읍 군산 등지로 걸립굿을 많이 하러 다녔으며,[15] 남원농악은 독우물굿(샘굿)을 계보로 발전한

14 지리적으로 북쪽에서 남쪽을 향해서 볼 때, 산간이 많은 왼쪽 지역인 전라도 동부지역에서 이루어진 농악을 호남좌도농악이라 하고, 평야가 많은 오른쪽 지역인 전라도 서부지역에서 이루어진 농악을 호남우도농악이라 한다.

15 『한국전통연희사전』, 민속원, 2014, 810쪽.

이후 마을굿에서 걸립농악으로 발전하였으니 순창 단오성황제에서 판을 벌여도 좋을 것이다.

농악대에서 잡색雜色은 광대・광우・가장꾼・곁꾼・어정잽이・춤꾼이라고도 부르는데[16] 대체로 각시, 할미, 포수 등의 특정한 인물로 분장하거나 혹은 동물의 탈을 쓰고 놀이판과 관중석을 자유롭게 누비고 다니는 연행자들이다. 즉 즉흥적인 춤과 재담, 각종 기예로 연극적 성격을 드러내는 일종의 배우라고 할 수 있다. 이들은 '무동타기'와 같은 기예를 하기도 하고, '일광놀이'나 '도둑잽이'에서 재담을 하며 연극적인 놀이를 한다. 특히 일광놀이와 도둑잽이는 호남 지역에서만 나타나는 대표적인 잡색놀이로 임실과 남원에서 전승되고 있으므로, 순창 단오성황제에서 이를 활용하여 연행하는 것도 고려해 볼 수 있다.

필봉농악의 판굿은 앞굿과 뒷굿으로 구성되는데, 뒷굿은 놀이와 춤, 그리고 잡색의 연극이 중심이 된다. 순창관련 호남지역의 농악대별 잡색 배역을 정리하면 다음과 같다.

〈표 1〉 농악대별 연행 내용 및 구성

번호	농악대	연희 내용	잡색의 구성
1	전북 임실 필봉농악 (국가무형문화재 제11-마호)	당산제・마당밟기・매굿・걸궁굿(걸립굿)・판굿 등	대포수・창부・조리중・양반・각시・할미・화동・무동
2	전북 남원농악 (국가무형문화재 제11-8호)	-독우물굿・마당밟이굿(들당산굿, 우물굿/샘굿)・판굿 등 -마을굿 농악 : 걸립농악으로 발전 -춤굿 : 무용적 요소가 많은 굿	걸립농악(중간굿) : 대포수・창부・조리중・각시・할미・영감 등
3	전남 곡성 죽동농악 (전남 무형문화재 제35호)	마당밟이와 두레굿・걸립굿 등	대포수・창부・조리중・양반・각시・할미・농구・무동
4	전남 영광농악		대포수・참봉・조리중・양반・각시・할미・좌창부・우창부・홍작삼・초롱이

16 국립민속박물관, 『한국민속대백과사전』, https://folkency.nfm.go.kr/kr/topic/detail/6530.

<표 1>을 참조하면 호남지역 농악대의 잡색에는 대포수를 비롯해서 창부·조리중·양반·할미·각시 및 무동 등 다양한 인물이 공통적으로 등장한다. 호남 풍물굿의 경우 타지역에 비해 잡색의 수가 훨씬 많고, 그 유형과 성격 분화도 다양한데[17] 영광농악의 경우가 그러하다.

주목할 것은, 호남지역에는 탈놀이가 거의 전승되지 않는 것으로 알려져 있으나, 오늘날 유일하게 광대들의 풍물인 전남 영광농악에는 전통 탈놀이와 비견할 만한 잡색놀이가 전해지고 있다. 호남우도농악에 속하는 영광농악 판굿에서는 잡색놀이가 타지역 농악과 달리 10인의 배역(대포수·참봉·양반·조리중·할미·각시·좌창부·우창부·홍작삼·초롱이(비리쇠))이 등장하는 등 잡색놀음이 중요시되며, 이들은 모두 나무로 만든 가면을 쓰고 전통 가면극에 비견될 수 있는 여러 연극적 탈놀이를 하는 특징을 갖고 있다. 연구에 의하면[18] 이들 탈 중에는 다른 지방 광대 탈놀이나 남사당패 꼭두각시놀음의 인형과도 비교되며, 탈놀이는 특히 통영오광대와 많은 유사성을 갖고 있다. 따라서 영광농악에서 연행되는 잡색놀이는 전라도 지역에서 전승되는 탈놀이, 탈춤, 가면극의 일종으로 보아도 무방하다.

기존 무형문화재로 지정된 <표 2>의 단오제를 살펴보면, 농악대와 탈놀이가 주요 종목으로 연행되고 있다. 이번 순창 단오성황제 복원사업에서 임실필봉농악, 남원농악과 아울러 영광농악의 잡색놀이를 탈놀이로 차용하거나 상황에 맞게 재편성하여 활성화하는 것도 하나의 방안이 될 것이다.

<표 2> 단오·성황제 농악대 및 탈놀이

번호	단오·성황제	농악대	탈놀이 연희
1	강릉단오제 (국가무형문화재 제13호)	강원도 강릉농악 (국가무형문화재 제11-라호)	강릉관노가면극

17 이영배, 「호남 풍물굿<잡색놀음>의 공연적 특성과 그 의미」, 『우리어문연구』 27, 2006, 117쪽.

18 박진태, 「영광농악의 잡색놀이 연구」, 『비교민속학』 15, 1998, 140~141쪽.

2	경산자인 단오제 (국가무형문화재 제44호, 한장군놀이(1971)에서 경산자인단오제(2007)로 변경)	경북 경산 보인농악 (경북 무형문화재 제41호, 2017)	자인팔광대
3	영광 법성포 단오제 (국가무형문화재 제123호, 2012)	전남 (영광) 우도농악 (전남 무형문화재 제17호, 1987)	
4	시흥 군자봉 성황제 (경기도 무형문화재 제59호, 2015)	경기도 평택농악 (국가무형문화재 제11-2호, 1986)	
5	순창 단오성황제	- 전북 임실필봉농악 (국가무형문화재 제11-마호) - 전북 남원농악 (국가무형문화재 제11-8호)	영광농악의 잡색 - 탈놀이(제안)

3) 관기 · 기녀들의 정재

관기 · 기녀들의 정재는 거리에서 행하는 가무와 넓은 장소에서 행하는 공연 형식의 정재 두 가지로 구별해서 생각해 볼 수 있다. 거리 가무는 4월 그믐날 대모산성에서 성황사로 가는 영신행렬의 길놀이에서 주로 이루어지며, 5월 1일부터 5곳의 향리집을 순행할 때 그 사이사이에 거리공연을 하거나 또는 당고사를 지낸 후 벌어지는 난장에 정재와 다양한 기예가 연행된 것으로 보고 있다. 그러나 이때 다양한 기예, 잡희의 연행은 별 무리가 없으나, 정재 종목의 구성은 연행장소를 어디로 설정할 것인가에 따라 크게 달라질 수 있으므로 순창 단오성황제 행사의 전반적 큰 틀이 짜여지면 보다 용이하게 접근할 수 있을 것이다. 향리집 마당이나 거리에서의 연행은 공간적, 형식적 제약을 받으므로 제대로 된 정재를 선보이기 어렵기 때문이다. 따라서 단오성황제 마지막 날에는 넓은 공간에서 대동굿 한판을 벌여서 정재 및 각종 기예를 선보이고 모든 군민들이 함께 참여하는 축제의 장을 펼치는 기획, 제안은 매우 바람직하다고 생각된다.

관기는 고려 · 조선 시대에 관청에 예속되어 가무악을 하는 여기이므로 국가가 관리하는 나라 제사인 순창 단오성황제에는 당연히 참여했을 것이다. 당시 순창 교방敎坊과 관기들의 활동에 관한 기록이 많지 않으므로 시대적 차이는 있으나 조선후기 전라도 도지道誌인 『호남읍지湖南邑誌』(1899)와 순창군읍지인 『옥천군지玉川君誌』(1760)를 참고하여 면면을 살펴보았다. 고려시대와 조선시대의 궁중 악무樂舞 기관인 교방은 궁중뿐 아니라 전국 각지에 분포되어 있었으며 조선후기 전라도 지역에는 전주, 광주, 순창, 순천좌수영, 무주, 제주 등 6지역에 설치되었으며, 이 가운데에 전주 교방의 기생 숫자가 가장 많았다.[19] 이처럼 순창에도 교방이 설치되어 있었으나, 구체적인 내용은 전하지 않으며, 단지 『호남읍지(1899)』 권 7 및 『옥천군지』 공서公署에는 교방에 주탕비酒湯婢 31명, 수급비水汲婢 38명, 상의원尙衣院에 침선비針線婢 4명, 악공樂工 2명[20]이 기록되어 있다. 자색姿色이 뛰어난 관비官婢나 기생을 이르는 주탕비와 물긷는 일을 담당한 급수비가 악공과 함께 교방에 속해있다는 것은 그들이 평소에 가무를 연습하였다가 연회나 행사가 있을 때 참여한 것을 의미한다. 궁중에서도 의녀나 상방 여기가 연향이 있을 때에 연습하여 참여하는 것과 같은 맥락으로 보인다.

순창 교방의 활동기록은 자세히 전하지 않으나, 『호남읍지(1899)』 권 16, 무주교방에서 사용하였던 무구舞具의 기록을 토대로 유추해보면, 정재로는 포구락抛毬樂·선유락船遊樂·검무劍舞·무고舞鼓와 민속춤 승무僧舞가 연행된 것으로 짐작된다. 흥미로운 것은 죽간자가 사용된 기록이 있으므로, 포구락을 향악화하지 않고 본래의 당악정재 형식으로 연행했을 가능성이 많다는 것이다. 이 종목들은 무주교방 뿐 아니라 전국 각지의 교방에서 인기리에 연행되었음이 여러 사료史料에서 발견되고 있다.

전북지역에는 남원에도 교방이 있었다. 『전라도 읍지』 용성지龍城誌에 의하면, 18세기 당시 남원교방에는 기녀 15명과 동기 4인이 있었으며 춤 종목으로는 고고무叩鼓舞·쟁공무錚工舞·포보원抱寶怨·아박무牙拍舞·무동舞童·승선무乘舩舞가 추어졌다[21]고 한다. 춤명을 풀이하면, 고고무는 무고舞鼓, 쟁공무는

19 황미연, 「조선후기 전라도 교방의 현황과 특징」, 『한국음악사학보』 40집, 2008, 635~637쪽 참조.

20 (사)옥천향토문화연구소, 『국역 玉川郡誌(庚辰版 1760)』, 효성에스크(주), 1997, 91쪽.

향발무響鈸舞, 포보원은 포구락抛毬樂, 무동은 광수무廣袖舞, 승선무는 선유락船遊樂[22]으로 이해될 수 있다. 이렇듯 순창을 비롯한 남원, 무주, 옥과, 전주 등지의 기생은 관아의 교방에 소속되어 가·무·악을 익힌 예인들로 관변의 행사에 참여했을 것이다.

특히 순창군은 조선시대 내내 남원부에 속한 군郡이었던 만큼 남원부 교방에서 행하던 정재 종목을 그대로 쓰거나 약간 축소하여 써도 크게 무리가 없으리라 짐작된다. 아울러 순창 인근의 무주, 옥과 등지의 교방에서 추어지던 검무를 차용하는 것도 바람직해 보인다. 다만, 정재의 경우는 거리굿이나 공연 때 선보이는 형태가 아니라 단오 마지막 날 대동 잔치의 의미에서 관아 앞에서 선보이는 것이 바람직해 보인다.

궁중의 정재가 전국에서 폭넓게 추어진 기록은 여러 사료에서 발견된다. 19세기 후반, 진주교방의 악무를 기록한 정현석鄭顯奭의 『교방가요敎坊歌謠』(1872)에도 당시 연행된 정재 종목이 전한다. 육화대·연화대·헌반도·고무

1 〈그림 7〉 평안감사환영도(부벽루연회도, 국립중앙박물관 소장)
2 〈그림 8〉 평안감사환영도(연광정연회도, 국립중앙박물관 소장)

21 이종숙, 「조선시대 지방 교방 춤 종목연구」, 『순천향 인문과학논총』 31(1), 2012, 339쪽.
22 위의 글, 338~339쪽.

· 포구락 · 검무 · 선악 · 항장무 · 의암별신제가무 · 아박무 · 향발무 · 황창무 · 처용가무 · 승무 등 14종목으로 정재(궁중춤)와 그 지역 민속춤을 모두 아우르고 있다. 삽화 속의 삼현육각 음악반주자와 기녀들의 일반 한복 착용을 고려하면 음악, 복식, 춤사위 등이 궁중에서와는 차별화된 정재일 것으로 판단된다.

〈그림 7〉 〈그림 8〉의 〈평안감사환영도(평양감사환영도)〉(1745)는, 새로 부임한 평안감사 환영연에서 검무 · 포구락 · 무고 · 처용무 · 선유락 · 연화대무와 학춤 · 사자춤이 추려고 대기하고 있음을 묘사하였다. 이상의 내용을 각 지역별로 교방에서 연행한 정재 종목을 정리하면 아래와 같다.

〈표 3〉을 참고하면, 조선후기 전국 교방에서 폭넓게 추어졌던 춤 종목은 대체로 무고 · 선유락 · 검무 · 향발무 · 아박무 · 처용무 등의 향악정재와 포구락 · 학춤 · 연화대무 등의 당악정재이다. 이상의 작품들은 모두 고려 및 조선전기부터 추어졌던 작품이므로, 순창 단오성황제에 연행할 수 있는 정재 종목들이다. 특히 남원과 무주 교방에서 추어졌던 검무 · 아박무 · 향발무는 무구가 간단하여 이동이 용이하므로 거리 가무로 연행해도 무방할 것으로 보인다. 양손에 아름다운 꽃을 들고 추는 육화대도 시각적인 효과가 있으므로 고려해 볼 수 있다.

〈표 3〉 지역별 교방 정재 종목(18세기 기준)

번호	지역	연행 종목
1	남원교방	고고무(무고) · 쟁공무(향발무) · 포보원(포구락) · 아박무 · 무동(광수무) · 승선무(선유락)
2	무주교방	포구락 · 선유락 · 검무 · 무고 · 승무
3	진주교방	육화대 · 연화대(학 · 연화대) · 헌반도(헌선도) · 고무(무고) · 포구락 · 검무 · 항장무 · 선악(선유락) · 의암별신제가무 · 아박무 · 향발무 · 황창무 · 처용가무 · 승무
4	평양지역	검무 · 무고 · 처용무 · 포구락 · 학춤 · 사자춤 · 선유락 · 연화대무

이외에 포구락 · 선유락 · 무고는 오늘날까지 인기리에 추어지는 정재이나 포구문抛毬門이나 채선彩船, 대고大鼓 등의 큰 무구가 소용되므로, 일정한 공간

에서나 혹은 대동굿이 한판 벌어질 때 분위기를 한층 고조시킬 수 있는 작품으로 매우 유용하다. 단지 선유락은 어부사漁父詞를 부르며 춤을 추므로 적합성 여부를 고려할 수 있다.

특히 무고는 민간에서 궁중으로 유입된 향악정재로서 본래 정읍 반주음악에 맞추어 정읍사井邑詞를 부르며 추었으나 조선후기에 변모하였다. 순창 단오성황제에서는 전문가들의 고증을 통해 정읍 음악과 정읍사를 제대로 살려 재현하는 것은 매우 유의미한 일이다.

앞에서 언급했듯이 순창 단오성황제에서 연행할 정재는 궁중 정재의 반주음악, 복식, 춤사위 등의 풍격과 면모가 달랐을 것이므로 지역 교방의 자료를 참고하여 전문가들의 고증을 통해 재현할 것을 제안한다.

(1) 검무

① 옥과검무

검무는 전국에 널리 유행하다 조선후기 궁중에 유입된 춤이다. 호남지역에는 옥과지역의 검무가 매우 유명했으므로 인접 지역인 순창에서도 추어졌을 것으로 판단된다. 옥과지역은 예로부터 수많은 명창명무名唱名舞가 배출된 예향이기도 하다. 현재 호남검무로 명명되는 옥과검무는 사실상 신방초, 신영수, 이장선, 한진옥으로 계승되는 옥과 출신들에 의해 옥과지역에서 전승되어 왔으므로 호남검무는 사실상 옥과검무[23]인 셈이며 순창에서도 연행되었을 충분한 가능성

〈그림 9〉 **검무** 〈신관도임연회도〉
고려대학교 박물관 소장

23 박정하, 「옥과 호남검무의 전승양상과 전승의의」, 『남도민속연구』 34, 2017, 59쪽.

이 있다.

『조선미인보감』에는 1910년대 광주조합과 전남포조합에 예속된 기생 모두가 검무를 자신의 기예로 삼았음을 기록하고 있어,[24] 일제강점기에 관기제도가 폐지된 이후 순창과 옥과지역 예인들이 지리적으로 인접한 광주 등으로 이동하여 활동하였음이 입증되고 있다.

현재 무형문화재로 지정된 검무 종목은 진주검무(국가무형문화재 제12호, 1967년 지정), 평양검무(이북5도 무형문화재 제1호, 2001년 지정), 경기검무(경기도 무형문화재 제53호, 2011년 지정)가 있으며, 이외에 승전무(국가무형문화재 제21호, 1968년 지정)에 통영검무가 포함되어 있다.

② 전주검무

앞서 언급한 것처럼 검무는 전국 각 교방에서 중요 종목으로 추어졌으므로 전주교방에서도 연행된 것으로 보이나 언제부터인지 전승이 단절되었다. 1749년 전주 한벽당에서 춘 검무를 보고 쓴 신광수申光洙의 시 구절[25]을 통해 면모를 엿볼 수 있을 뿐이다.

<樂府上 寒碧堂十二曲 中 三曲(악부 상 한벽당십이곡 중 3곡)>

全州兒女學男裝(전주아녀학남장)	전주 색시들은 남장을 좋아하네.
寒碧堂中劍舞長(한벽당중검무장)	한벽당 속에 검무가 한창이네.
轉到瀏漓看不見(전도류리간불견)	유리빛 푸른 물에 그림자가 떠돌아
滿堂回首氣如霜(만당회수기여상)	한벽당 안에 들려주는 춤 서릿발 같네.

윗글에서 전주검무는 여자가 남장을 하고 추는 특징을 가지고 있음을 밝히고

24 조경아, 「일제강점기 기록을 통해 본 검무의 계승양상」, 『한국음악사학보』 51, 130~131쪽.
25 이종근, 새전북신문, 2018.07.12, http://www.sjbnews.com/news/articleView.html?idxno=613708

있다. 본래 검무는 신라 소년 관창官昌 또는 황창랑黃昌郞에 기원을 두는 가면무였으나 조선 중기부터 여기가 추는 춤이 등장하였으며 점차 칼도 짧아지고 칼목이 돌아가는 무구화된 형태로 바뀌었다. 현재 전승되는 형태도 모두 여기 검무이므로 남장 여자가 추는 전주검무의 춤과 복식, 전주지역에 전승되던 삼현육각의 반주음악 등의 재현은 매우 유의미한 일이라 하겠다.

윗글의 시기를 참고하면, 전주검무는 조선 중후기인 18세기~19세기 초 사이에는 매우 성행한 듯하다. 그러나 언제부터 전승이 단절되었는지 알 수 없으나 호남지역의 검무가 이번 순창 단오성황제 복원사업을 계기로 제대로 재연, 활성화되기를 기대해본다.

(2) 아박무

〈그림 10〉 아박무 〈무신진찬도병〉(1848) 국립중앙박물관 소장

아박무는 타악기의 일종인 아박을 치면서 동동사動動詞를 부르며 추는 향악정재이다. 고려시대에는 '동동', 조선시대에는 '아박무'라고 칭하였으며 2명 또는 4명 등 짝수로 추며, 서로 대무對舞하며 추는 간단한 구성으로 되어있어, 순창 단오성황제의 거리가무나 행사 때에 연행하기 용이하다. 절주에 맞추어 치는 아박의 소리와 춤사위가 아름다운 형상을 표출해낸다. 아박무도 조선후기에 동동사가 탈락하고 한문시漢文詩의 창사唱詞로 바뀌었으므로 다시 재현하는 것도 매우 의미 있다.

(3) 향발무

〈그림 11〉 향발무 〈무신진찬도병〉(1848) 국립중앙박물관 소장

향발무는 작은 동발銅鈸같은 향발을 양손 손가락에 매고 치면서 경쾌한 소리에 맞춰 두 사람씩 짝을 이루어 추는 춤이다. 조선전기부터 궁중에서 즐겨 추던 춤으로 지

방 교방에서도 연행되었으므로 순창 단오성황제의 거리가무나 대동굿 등에 상황을 고려하여 재구성할 수 있다고 본다. 본래 두 사람씩 짝을 이루어 추는 대무 형태이나 인원, 대형, 춤사위, 복식 등은 전문가의 자문을 구해 문헌을 토대로 재현하는 것이 바람직하다.

(4) 육화대六花隊

〈그림 12〉 **육화대** 『교방가요』(1875)
국립중앙도서관 소장

아박무와 향발무는 풍격이 크게 차이가 없으므로 또 다른 방안으로 꽃을 들고 추는 육화대를 고려해 볼 수 있다. 육화대는 고려때 송나라에서 유입된 당악정재이나 진주교방에서도 추어졌으므로 순창 단오성황제에 연행해도 무리가 없을 것이다. 특히 한 손에 꽃을 들고 추는 정재로 이동의 간편성과 시각적 효과도 기대해 볼 수 있으므로 거리가무에 추어져도 좋을 것 같다. 본래 궁중정재 육화대는 여기 6명이 건곤감리乾坤坎離 방향색에 맞춘 복식을 착용하고 춤을 추지만 『교방가요』에는 화무花舞의 기능에 초점을 맞추어 향토화되었으므로 이를 참고하는 것도 좋은 방법일 수 있다.

이외에 특히 5월 5일, 오신의례 마지막 행사로, 대동축제가 베풀어질 때에는 무고, 포구락, 선유락 정재의 연행을 제안한다. 이들은 모두 궁중뿐 아니라 민간에서도 폭넓게 추어졌으며, 오늘날까지 인기 종목으로 연행되고 있다.

(5) 무고

고려시대부터 전래되는 무고는 민간에서 발생하여 궁중으로 유입되었다. 큰 북을 둘러싸고 여기들이 북을 치면서 추는 춤으로, 본래는 정읍 음악에 맞추어

왼쪽부터 순서대로 〈그림 13〉 **쌍무고** 〈임인진연도병〉(1902) 국립국악원 소장
〈그림 14〉 **포구락** 〈무신진찬도병〉(1848) 국립중앙박물관 소장
〈그림 15〉 **선유락** 〈무신진찬도병〉(1848) 국립중앙박물관 소장

정읍사를 불렀으나 조선후기에 한문 창사로 바뀌었다. 오늘날까지 연행되는 중요종목이다.

(6) 포구락

포구락은 고려시대에 송나라에서 유입된 당악정재唐樂呈才이나, 진주포구락이 경상남도 무형문화재로 지정(1991년)될 정도로 전국적으로 유행했던 작품이다. 기녀가 두 팀으로 나누어 한 사람씩 채구彩毬를 던져 구멍을 통과하면 상으로 꽃을 받고, 통과하지 못하면 벌로 얼굴에 먹점을 찍는 유희성적 정재로서 가장 인기있는 종목으로 연행되고 있다.

(7) 선유락

선유락은 아름다운 채선彩船을 중심으로 수많은 여기들이 둘러싸고 춤을 추는 작품으로 화려하고 아름다운 외양부터 시선을 집중시키는 대형 악무이다. 다만 앞부분에 어부사, 배따라기를 부르며 춤을 추므로 순창 단오성황제에 적합성 여부는 고려해 보면 좋을 것이다.

5. 시·공간별 정재의 연행

앞 단락에서, 순창 단오성황제에서 거행되는 연행의례, 즉 영신의례, 오신의례, 송신의례의 세 가지 의식절차에 따른 잡희·무속·탈놀이를 포함한 정재를 살펴보았다. 이를 중심으로 단오 전날인 4월 30일부터 5월 5일까지의 정재 구성을 간략히 도식화하면 다음과 같다.

〈표 4〉 순창 단오성황제의 정재 구성

일시	절차	주체	이동	정재 내용	비고
4월 30일	영신 의례	무격	관아→대모당	巫歌, 巫舞, 巫樂	대모당
		기녀	관아→대모당	입춤, (화무)	거리
		재인·광대	관아→대모당	무동타기, 풍물, 상모돌리기	거리
	봉안/ 합사	무격	대모당→성황사	巫歌, 巫舞, 巫樂	성황사
		기녀	대모당→성황사	입춤, (화무)	거리
		재인·광대	대모당→성황사	무동타기, 풍물, 상모돌리기	거리
5월 1일	오신 의례	무격	성황사→향리1가	巫歌, 巫舞, 巫樂	향리1가
		기녀	성황사→향리1가	입춤, (화무)	거리
		재인·광대	성황사→향리1가	무동타기, 풍물, 상모돌리기	거리
5월 2일	오신 의례	무격	향리1가→향리2가	巫歌, 巫舞, 巫樂	향리2가
		기녀	향리1가→향리2가	입춤, (화무)	거리
		재인·광대	향리1가→향리2가	무동타기, 풍물, 상모돌리기	거리
5월 3일	오신 의례	무격	향리2가→향리3가	巫歌, 巫舞, 巫樂	향리3가
		기녀	향리2가→향리3가	입춤, (화무)	거리
		재인·광대	향리2가→향리3가	무동타기, 풍물, 상모돌리기	거리
5월 4일	오신 의례	무격	향리3가→향리4가	巫歌, 巫舞, 巫樂	향릭4가
		기녀	향리3가→향리4가	입춤, (화무)	거리
		재인·광대	향리3가→향리4가	무동타기, 풍물, 상모돌리기	거리
	오신 의례	무격	향리4가→향리5가	巫歌, 巫舞, 巫樂	향리5가
		기녀	향리4가→향리5가	입춤, (화무)	거리
		재인·광대	향리4가→향리5가	무동타기, 풍물, 상모돌리기	거리
		무격	향리5가→관아		

5월 5일	대동 잔치	기녀	향리5가→관아	검무, 아박, 향발, 육화대 무고, 선유락, 포구락	관아 앞
		재인·광대	향리5가→관아	무동타기, 풍물, 상모돌리기 땅재주, 솟대타기, 버나, 죽방울, 탈놀이	관아 앞
	송신 의례	무격	관아→성황사	巫歌, 巫舞, 巫樂	남문 밖 소재
		기녀	관아→성황사		
		재인·광대	관아→성황사		

6. 맺음말

순창 단오성황제는 단절된 고을제의를 다시 복원하는 작업이다. 오랜 기간 동안 성황제가 이어져 왔지만 현재 남아있는 기록 속에 성황제에서 정재의 기록은 무녀들이 좌우로 벌어져 정재를 했다는 기록 외에는 없다. 따라서 이를 추적하는 작업은 매우 어렵고도 난해한 작업일 수밖에 없다. 그럼에도 불구하고 기존 연구를 바탕으로 조사 연구한 결과 순창 단오성황제의 정재를 구성해 보면 다음과 같이 요약된다.

첫째, 기존 성황제의 정재 사례를 조사하고 이를 통해 정재의 모습을 유추해 보았다. 그 결과 강릉단오제, 경산자인단오제, 법성포단오제, 기타 사례의 정재 등을 통해 몇 가지 정재의 윤곽을 추적할 수 있었다. 예를 들면, 단오제의 탈놀이가 등장하거나 자인의 여원무가 등장하는 점, 그리고 수영야유와 동래야유에 탈놀이와 함께 팔선녀춤이 등장하는 정도를 찾을 수 있었다. 하지만 이 역시 몇 가지 대략적인 모습만 유추될 수 있을 뿐 구체적인 사례를 발견하기 어려웠다.

둘째, 이번 연구를 통해 정재에 대한 개념과 범주를 확대해 보았다. 정재는 흔히 당악정재와 향악정재로 구분해 왔다. 기존에 정재의 개념은 주로 궁중무용에 한정해서 사용해 온 경향이 강했다. 하지만, 이번 순창 단오성황제를 통해 정재는 단순히 궁중무용 만이 아니라 향촌에서의 재주를 보이는 것도 포함될 수 있다는 광의의 개념으로 확대하였다. 다시 말하면 순창 단오성황제에서의 정재는 크게 무격의 정재, 재인광대의 정재, 기녀의 정재로 구분할 수 있다. 이 같은 사실은 정재의 개념과 범주를 새롭게 이해하는 계기가 될 뿐 아니라 향후 정재의 다양한 종류와 내용에 대한 접근이 필요하다는 사실을 시사한다.

셋째, 순창 단오성황제의 정재를 호남지역의 교방과 순창 인근 지역의 교방 정재를 토대로 새롭게 구성해 보았다. 정재는 크게 영신의례, 오신의례, 송신의례의 절차에 따라 이루어졌다. 이를 시기별, 공간별로 나눠 보면 우선 시기적으로는 4월 30일부터 5월 5일까지 의례절차별 정재가 조금씩 차이를 보인다. 다음으로 공간별로는 대모당, 성황사에서 유교제의와 함께 무속제의가 베풀어졌고, 향리가에서는 무속제의만 베풀어졌다. 이때 정재는 주로 무녀에 의해 이루어지며 무가, 무악, 무무 등이 베풀어졌다. 거리에서는 기녀와 재인 광대들이 참여하는 정재가 베풀어졌다. 특히 기녀들은 순창 관아 또는 인근의 교방에 속한 관기들로서 교방에는 악공 외에 주탕비, 수급비, 침선비가 포함되어 있었다. 남원, 무주 교방을 비롯해 인근 지역의 정재를 통해 순창의 기녀들이 추었을 것으로 추정되는 정재는 검무・아박무・향발무・무고・포구락・선유락 정도로 짐작된다. 재인・광대들의 경우도 마찬가지로 호남 지역에서 성행했던 내용을 토대로 추정해 본다면 무동타기・풍물・상모돌리기를 비롯하여 땅재주・솟대타기・버나돌리기・죽방울던지기(죽방울놀리기)・탈놀이 등을 거론할 수 있다.

이상의 내용을 토대로 순창 단오성황제의 정재를 구성해 보았다. 아무래도 1차적인 자료를 토대로 구성한 것이 아닌 만큼 일정하게 무리가 뒤따르는 한계는 피할 수 없다. 그럼에도 현판의 정재 기록을 토대로 정재의 주체를 새롭게 상정하고 이를 통한 정재를 구성해 본 것은 나름대로 의의가 있다고 판단된다. 향후 위에서 제시한 정재를 토대로 순창 단오성황제의 정재를 구성해 나간다면 순창의 정재문화를 복원하는데 일정하게 기여할 수 있으리라 기대한다.

08

순창 단오성황제의 건축

김관수 _ 여유당건축사사무소 대표/건축사/문화재실측설계기술자/공학박사

1. 서론

대한제국 시기 국가 재정에 부담이 되는 제사(祭祀, 享祀)를 대폭 축소하는 '향사이정享祀釐整' 칙령이 반포된다.[1] 이로써 성황사城隍祠 제사는 폐지되고 관계된 땅은 국가로 소유권이 넘어간다. 향사이정 반포 이후에도 민간에서는 꾸준히 성황신앙이 이어지지만, 서서히 성황에 대한 믿음은 약해진다. 현존하는 성황사 중 원형을 유지하고 있는 건물은 1700년경에 조성된 문경새재 성황사가 유일하며 그 외의 건축물은 전부 근대부터 복원하거나 중건한 건물이다. 따라서 남아있는 사례가 적기 때문에 성황사 건축에 관한 관심과 연구는 미진할 수밖에 없었다.

본 연구의 목적은 순창 단오성황제 복원 프로젝트 속에서 성황사의 위치를 추정하고 건물의 원형을 복원하는 데에 있다. 성황사는 읍치의 구성 요소로 사묘건축祠廟建築의 규범에 따라 조성되었으므로 조선시대 사묘건축과 비교 분석하였고, 그에 따른 사례조사를 기초로 하여 성황사의 규모 및 형태를 추정하였다.

일반적으로 문화재의 복원 시점을 결정할 때는 그 건축물의 가장 성황기를 기준으로 삼거나 명확한 관련

1 『칙령(勅令)』 50, '향사이정(享祀釐整)에 관(關)한 건(件)' 1908. 07. 27, 第六條 山川壇 山川嶽瀆雩祀壇 司寒壇 玉樞壇 七祀 四賢祠 厲壇 城隍壇 馬祖壇 武烈祠 旌忠壇 宣武祠 靖武祠의 祭祀는 自今廢止ᄒᆞ고 該壇祠의 基址는 國有에 移屬홈(제6조 산천단, 산천악독우사단, 사한단, 옥추단, 칠사, 사현사, 여단, 성황단, 마조단, 무열사, 정충단, 선무사, 정무사의 제사는 지금 폐지하고 당해 단과 사의 땅은 국유에 이속함), 성황단은 성황사란 뜻이다.

기록이 나온 시점을 기준으로 하는 것이 통례이다. 따라서 순창 성황사의 복원 시점은 조선시대 고지도와 읍지 및 <성황대신사적>을 기준으로 하고, 위치 추정은 일제강점기의 지적원도와 현지인 사이에 내려온 구전 등을 참고하였다. 다음과 같은 내용을 종합하여 성황사와 대모당의 건축 복원 계획안을 제시한다.

2. 순창 성황사와 대모당의 역사와 유래

1) 성황사의 역사

성황城隍에서 성은 성벽을, 황은 성벽을 둘러싼 물 없는 해자垓子를 뜻한다. 그러므로 성황은 성벽과 공호空濠(물 없는 해자)로 둘러싸인 도시라는 의미이며 성황신앙이란 성곽 도시의 수호신에 대한 신앙체계라 할 수 있다. 성황신을 영어로 'City God'라고 하는 것도 이런 이유이다.[2] 따라서 성황은 성곽이 있는 도시에서 성을 보호하는 존재로 성곽과 밀접한 관계에 있으나 시간이 흐르면서 성곽이 없는 마을까지 전파되어 성황신이 되었다. 이렇게 농어촌 및 산촌까지 성황신앙이 보편화 되면서 유교 지식인들도 이를 정사로 여기게 된다. 이로 말미암아 성황신앙은 유교 관료들의 배척 대상에서 제외될 수 있었다. 명나라는 수도를 비롯한 전국의 지방 행정단위에 성황묘城隍廟를 제도화하였고 국가의 사전체계祀典體系에도 정식으로 포함하였다.[3]

조선 개국 후 고려의 잡다하고 혼잡한 사전체계를 정리하자는 논의가 분분하였다. 특히 유교와 거리가 있고 무속 색이 짙은 성황신앙에 대한 문제가 제기되었다. 하지만, 백성들 사이에서 이미 깊이 뿌리 내리고 있었고 명나라도 이를

2 徐永大, 「한국과 중국의 성황신앙(城隍信仰) 비교」, 『중국사연구』 12, 2001, 174쪽.
3 中村 哲夫, 「城隍神信仰からみた旧中国の国家と社会－1」, 『富山大学教養部紀要』, 1976; 위의 논문, 175쪽 재인용.

중시하고 있었기 때문에 없애지 않고 군현제를 뒷받침하는 요소로 활용했다.

조선 시대 지방 행정단위는 부, 목, 군, 현이 있었으며, 전국적으로 330여 개의 군현이 있었다. 군현의 중심에 있는 읍치는 지역의 행정과 교역의 중심이 되었고 유교적 통치이념을 구체적으로 실현하는 상징적 장소이다. 읍치의 구성시설로는 객사客舍, 동헌東軒, 향청鄕廳, 질청秩廳, 옥獄, 창고倉庫 등의 행정시설과 문묘를 모신 향교와 사직단, 성황사, 여단厲壇, 기우단祈雨壇 등이 있다.[4] 이렇게 성황사는 읍치의 구성시설로 읍성이 있는 군현을 중심으로 설치되고 이후 전체적으로 확대된다. 세종실록 지리지에 96개이던 성황사가 신증동국여지승람에는 160개로 증가한 것이 이를 뒷받침한다.[5]

조선을 개국하고 태조 이성계가 처음으로 신하들의 조회를 앉아서 받는 날 가장 먼저 논의된 것이 사전에 대한 것이었다.

> 신 등이 삼가 역대의 사전(祀典)을 보옵건대, 종묘(宗廟)·적전(籍田)·사직·산천·성황·문선왕(文宣王) 석전(釋奠)의 제사는 고금에 널리 통행되었으며 국가의 상전(常典)인 것입니다. 지금 월령(月令)의 규식(規式)대로 아래에 갖추어 기록하오니, 청하옵건대, 유사(攸司)에 내려 때에 따라 거행하소서. 원구(圜丘) 는 천자가 하늘에 제사 지내는 예절이니, 이를 폐지하기를 청합니다. 여러 신묘(神廟)와 여러 주군(州郡)의 성황은 나라의 제소(祭所)이니, 다만 모주(某州), 모군(某郡) 성황의 신이라 일컫고, 위판을 설치하여, 각기 그 고을 수령에게 매양 봄·가을에 제사를 지내도록 하고, 전물(奠物)·제기(祭器)·작헌(酌獻)의 예는 한결같이 조정(朝廷)의 예제에 따르도록 하소서. 봄·가을에 장경(藏經) 백고좌(百高座)의 법석과 7소의 친히 행차하는 도량(道場)과 여러 도전(道殿), 신사(神祠), 초제(醮祭) 등의 일을 고려의 군왕이 각기 일신상의 소원으로써 때에 따라 설치한 것을, 후세의 자손들이 구

4 권선정, 「조선 후기 고지도를 통해 본 전통도시 읍치의 공간구성」, 『문화역사지리』 32(2), 2020, 21쪽.

5 沈正輔, 『한국 읍성의 연구』, 학연문화사, 1995, 341~343쪽.

습에 따라 혁파하지 못하였으니, 지금 천명을 받아 새로 건국함에 어찌 전폐(前弊)를 그대로 따라 하며 떳떳한 법으로 삼겠습니까? 모두 폐지해 버리기를 청합니다.[6]

예조전서禮曹典書 조박趙璞이 위 내용과 같이 상소하면서 종묘, 적전, 사직, 산천, 성황, 문선왕 등에 제사를 지내는 것을 법제화하고 나머지는 폐지하자고 한다. 이렇게 성황은 조선의 법제에 흡수되며 문선왕의 석전제와 여러 주州의 성황 제사는 관찰사와 수령이 제물을 풍성히 하고 깨끗하게 하여 때에 따라 거행하게 되었다.[7] 태종 6년(1406) 한양 재천도 이후 성황신에게 제사할 사당을 세우는데 옛 한양부의 성황당 터가 사용된다. 그리고 모든 지방 군현에는 사직단을 세우고 봄・가을로 제사를 지내게 하였다.[8] 이렇게 조선 초기 사직단이나 여단과는 달리 성황사라고 한 것은 단의 형태가 아닌 사묘 형태의 건축이었기 때문이다.[9]

태종이 성황사를 건축하고 5년이 지난 시점에 건물이 아닌 단壇에 제사를 지내는 일이 발생한다. 홍무예제洪武禮制[10]에 따라 가뭄이 들면 산천단의 제사에 풍운뢰우風雲雷雨와 성황의 신을 더하여 3개 신위를 설치해 제사를 지낸다.[11] 성황 단에 제사를 지낸 첫 기록이 건물 대신 단에 제사하는 폐사설단廢祠設壇의 시작이다.

나라에서는 신상神像을 우상이라고 배척하고 홍무예제에 따라 제사는 단소壇所에서만 지내게 하고 건물은 위패를 봉안하기 위한 신실만 허가한다.[12] 하지만,

6 『태조실록』 태조 1년 08월 11일 '역대의 사전(祀典)에 대한 상소.'

7 『태조실록』 태조 1년 09월 24일 '학교・수령・의창・향리 등 22개 조목에 대한 도평의사사의 상언.'

8 『태조실록』 태조 6년 06월 05일 '신도의 성황신에게 제사하고, 각 고을에 사직단을 세우게 하다.'

9 신혜원, 「조선시대 성황 제소(祭所)의 혼란한 양상에 관한 연구」, 『아시아문화연구』 44, 2017, 128쪽.

10 洪武는 명나라 태조 주원장의 연호(1368~1398)로 이때 만들어진 명나라 예제를 위한 책이다. 고려말부터 조선 초까지는 이 책에 따라 예제를 실시하였다. 세종조에 와서 우리 실정에 맞는 예제를 하여 국조오례의가 만들어진다.

11 『태종실록』 태종 11년(1401) 05월 08일. '홍무예제'에 따라 산천단에 제사….

12 신혜원, 앞의 논문, 2017, 131쪽.

민간에서는 성황신앙이 확대되어 고려시대부터 내려오던 방식을 따라 사당에 신상을 안치하고 정해진 제사보다 별도로 더 많은 제사를 지낸다. 신상에 제사를 지내기 위해서는 반드시 사묘 형태의 제소가 필요해졌다. 그러자 세종 시기에는 이를 문제 삼고 예조에서 지방에 별감을 보내 조사하고 다음과 같이 정리[13] 하였다.

전주(全州)의 성황위판에 '전주부 성황지신(全州府城隍之神)'이라 쓰고, 판위(版位) 뒤에 봉안한 신상이 모두 5위인데, 영락(永樂) 11년 6월 일 예조의 수교(受教)에, '산천 성황의 신은 다만 신주 1위만을 남겨 두되 목패(木牌)에 쓰며, 거기에 설치한 신상은 일체 다 철거하여 사전을 바로잡아라.' 하였을 즉, 이제 이에 설치된 신상도 또한 철거하여야 합니다. 영흥(永興)의 성황 위판에 '성황 계국백지신(城隍啓國伯之神)'이라 쓰고, 남녀의 목상을 설치한 것이 모두 6위입니다. 함흥(咸興)의 성황사묘는 3간입니다. 적성현(積城縣) 감악산(紺岳山)의 신은, 위판이 없고 이상(泥像)을 사용하고 있사온데, 주신 부처(夫妻) 양위와 자신 부처를 아울러서 모두 6위입니다. 회양부(淮陽府) 의관령(義館嶺)의 신은 사당 밖에 따로 1간을 만들고 여신의 목상을 설치하였사온데, 위의 각처에 설치한 신상도 타례(他例)에 의하여 철거해야 합니다. 유후사(留後司) 송악산 성황에는 위판이 없고, 이상 4위를 설치해 놓고 봄·가을 두 철에 대소 남녀들이 모여 음사(淫祀)를 지내며 풍악까지 올리니, 이 신상도 또한 마땅히 철거해야 합니다. 위판을 설치하되, '송악지신(松岳之神)'이라 쓰고, 기명(器皿)은 모두 바리때[鉢]를 쓰게 하며, 그 은수저·잔반(盞盤)·향로·향합·등잔·장등(長燈)·병(瓶)·선(鐥)·두고리(豆古里) 등을 모두 은을 쓰고 있사오니, 의당 모두 공조(工曹)에서 수납하고 다시 봉상시(奉常寺)의 제기를 쓰도록 할 것입니다. 대황당(大皇堂)에는 위판이 없고, 이상 4위를 설치해 놓고 역시 은그릇을 쓰고 있사온데, 그 숫자는 성황당과 같으며, 사당지기(堂直人)는 백성으로서 4명이 있사오니,

13 『세종실록』 세종 12년 08월 06일, '예조에서 각도 산천단묘 순심 별감이 보고한 조건에 의해서 마련하여 아뢴다.'

마땅히 이 대황당을 헐어 버리고 신상도 철거하며, 은그릇은 수납하여 들이고, 그 사당지기는 군역에 충정할 것입니다.

이렇게 태조 때 만든 법을 벗어나 위패 대신 신상을 만들어 섬기는 사례, 규례에 벗어나 허가받지 않고 지내는 음사淫祀, 음악까지 올리는 사례, 위판을 격에 맞지 않게 잘못 쓴 사례, 비싼 은그릇 등을 제사용품으로 사용하는 사례 등을 바로 잡고자 했다. 하지만, 이미 깊게 뿌리 내린 음사淫祀적 성황신앙은 쉽게 혁파되지 않은 채 지방관아에서 실시하던 성황발고제城隍發告祭도 실시되면서 두 종류의 제사는 조선말까지 혼재되어 이어진다.[14]

2) 성황대신사적城隍大神事跡[15] 검토

성황당 현판은 1940년대 성황사가 헐리자 순창 설薛씨 제각齋閣에 보존되다가 (사)옥천향토사문화연구소 고문 조규동에 의해 발견되었다.[16] 가로 180㎝, 세로 54㎝ 크기로 내용 73행이 세로로 쓰여있다. 현재는 1,676자만 판독할 수

〈그림 1〉 순창 성황대신사적(문화재청 소장)

14 신혜원, 앞의 논문, 2017, 133쪽.
15 현판의 내용, 국가민속문화재 제238호.
16 南豊鉉, 「淳昌城隍堂 懸板에 대하여」, 『古文書硏究』 7, 1995, 69~93쪽.

있으나, 원래는 더 많은 글자가 있다고 학계에서는 보고 있다. 영조 19년(1743)에 만든 것으로 후에 영조 30년(1754)과 순조 23년(1823)에 추가로 새겨 제작된 것이다.[17] 이형성의 해석을[18] 바탕으로 건축 부분만 발췌하여 정리하면 다음과 같다.

· 1740년

해가 여러 번 바뀌고 사당이 자주 변해, 세월이 더욱 지나면서 한쪽으로 기울고 좁아졌다. 해는 경신년庚申年(1740)으로 전 호장 임계욱林桂郁이 개연히 새롭게 하고자 하여, 무격의 무리가 재물을 모아 수리修理를 감독하도록 하였는데, 사당의 모양은 향배向配가 마땅함을 잃어버렸으니, 또한 자못 그 자리가 매우 좁아져서 신을 경배하고 오래도록 편안하게 모실 곳이 전혀 아니었다.

· 1743년

계해년癸亥年(1743) 여름에 전 천총千摠 임대영林大榮, 전 호장 최덕겸崔德謙과 박영석朴永碩이 그 옛 사당을 철거하고 바꾸어 새롭게 하였으니, 그 옛 체제를 크게 늘렸고, 또 이어서 채색까지 더하니 당우의 화려함은 말할 필요가 없었다. 또한 건곤의 신상도 삼가 고쳐 아름답게 하니, 그 분칠한 얼굴과 의젓한 모습이 살아 있는 모양과 흡사하다.

· 1754년

계해년(1743)에 중수한 지가 지금 겨우 10년인데, 그 땅이 꺼져 내려앉았기에 사당은 홀연히 기울고 엎어졌다. 관가에 알리고 고을 백성에게도 선포하여, 힘을 합쳐 사당을 다시 고쳐 세웠다.

17 문화재청.
18 이형성, 『성황대신사적 번역 및 역주본』(출판 예정).

· 1823년

건륭乾隆 19년 갑술년甲戌年(1754) 10월 모일에 중건하였는데 70년에 이르러 또 기울고 무너졌다. 각 관청이 서로 의논하며 재물을 출연하여 옛 재목을 철거하고 체제를 늘려 일신시키는데, 고을 가운데 각 면의 향약소鄕約所[19]도 또한 힘을 도와 사당을 다시 고쳐 세우도록 하였다.

위 기록 중 건축에 대해 가장 자세히 묘사된 해는 1743년이다. 이 기록을 보면 개축하면서 이전 보다 규모를 크게 늘리고 단청하였음을 알 수 있다. 그리고 내부에 모신 건곤 신상도 새로 고치고 분칠하였다고 한다. 따라서 이 기록을 바탕으로 복원 시점은 1743년을 기준으로 한다.

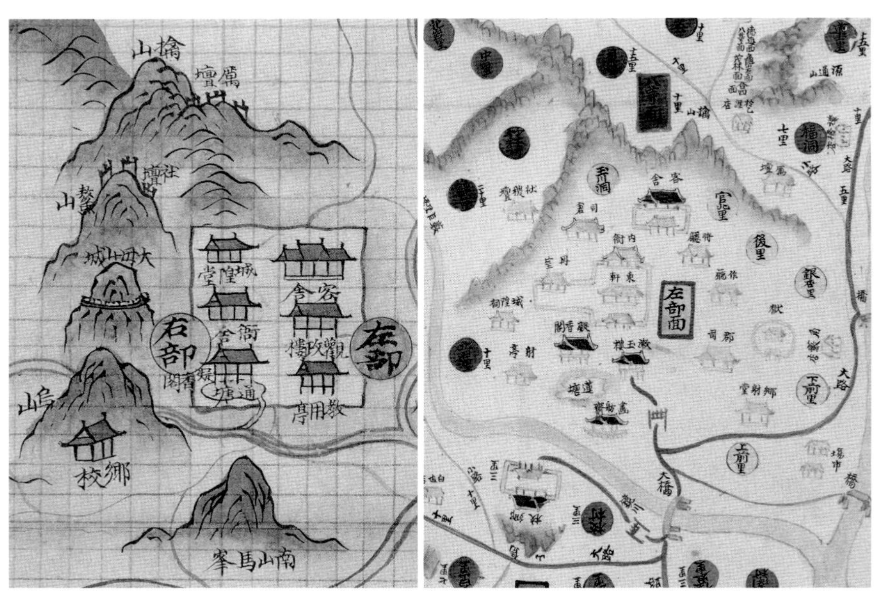

1740년대 호남지도(奎12155-v.1-7)

1872년 지방지도(규장각 소장)

〈그림 2〉 성황사(당)이 표현된 고지도

19 향약소 : 향약을 통해 성리학의 사회윤리를 보급하고 주민을 교화하는 자치기구를 가리킨다.

3) 성황사의 위치 및 구조

순창은 여러 지도에 등장하지만, 성황사가 묘사된 것은 1740년 호남지도(奎12155-v.1-7)와 1872년 규장각 소장 지방도이다(<그림 2>).

(1) 고지도古地圖

· 1740년 호남지도(奎12155-v.1-7)

호남지도(1740년대)를 살펴보면 읍치에 객사, 관정루觀政樓, 교용정敎用亭, 성황당, 아사衙舍, 응향각凝香閣이 있다. 성황당은 읍치를 표현한 테두리 안에 있다는 점이 주목된다. 남쪽 하천 넘어 향교가 보인다. 읍치의 서쪽에는 대모산성大母山城이 있으며 산봉우리를 감싸는 테뫼식 또는 산정식山頂式 형태의 성곽이 보인다.[20] 대모산성의 북쪽에는 오산鰲山이 있으며 4개의 홍살문과 사직단이 확인된다. 성황사는 팔작지붕으로 정면 3칸 건물이다. 그러나 모든 건물의 지붕 형태가 팔작으로 표현되어 구체성과 신뢰도가 떨어진다. 성황사 위치는 읍치 영역을 네모로 구획하여 표현하였는데 그 안에 있다. 객사 서쪽에 위치하여 멀리 떨어지지 않고 가까이에 있음을 나타내고 있다.

· 1872년 지방지도(규장각 소장)

1872년 간행된 지방지도에는 성황사가 호남지도보다 더 자세하게 표현되어 있다. 읍치는 객사를 중심으로 서쪽에는 동헌과 사창司倉이 있고 동헌 앞에는 정문 수옥루漱玉樓와 2층 건물 응향각이 있다. 응향각 서쪽에 성황사가 있다. 홍살문의 서쪽에는 독특한 형태의 화방재畵舫齋와 연당蓮塘이 있다. 화방재는 동헌에서 바라보면 연꽃 사이에 떠 있는 배船 모양을 연상시키는데 당시 군수 신경조(1708~1777년)에 의해 1769년에 건축되었다. 관련 내용은 신경준(1712~

20 김왕직, 『알기 쉬운 한국 건축용 어사 전』, 동녘, 2007, 370쪽.

1781년)의 문집에 전한다.[21] 성황사 복원 시기와 화방재의 건축 시기는 차이가 크지 않다.

그림에서 눈길을 끄는 부분이 있는데 바로 지붕을 청기와로 표현한 건물이다. 객관, 응향각, 수옥루, 화방재, 향교(대성전) 등 5동의 지붕에 청기와로 표현되어있다. 청기와는 청색의 유약을 입혀 일반 기와보다는 비용이 많이 들지만, 강도가 세다. 이렇게 비싼 청기와를 사용한 건물은 다른 건물보다 위계가 높은 건물이라는 것을 알 수 있다. 다른 도시에서 볼 수 없는 청기와 사용이나 화방재 건물 모습은 당시 순창의 경제문화 수준이 상당했음을 짐작하게 한다.

지방지도에 묘사된 성황사는 정면 3칸 규모에 팔작지붕을 갖추었는데 주변 건물의 지붕은 형식이나 재료에 따라 묘사에 차이를 두었다. 가령, 청기와를 적용한 건물을 파랗게 색칠하거나, 지붕 테두리를 두껍게 하여 양성마루를 묘사한 부분을 들 수 있다. 이러한 표현방식은 도판 내 모든 건물을 같은 팔작지붕 가옥으로 묘사한 '호남지도(1740)'와 차이를 보인다.

또한 지방지도 상 성황사의 위치는 동헌 정문의 정서향으로 읍치의 서쪽 끝에 해당하는데 이는 호남지도 상 위치와 차이를 보인다. 이중 일치하는 것은 대상이 치소治所 서쪽에 위치하였다는 점이다.

이처럼 각 지도에 표기된 대상 관련 정보가 달라 성황사의 원형을 규명하기 어려운 상황이다. 두 지도에서 성황사 지붕을 팔작으로 묘사하고 있기는 하지만 도안의 형식이 사실을 그대로 반영하고 있다고 확신할 수 없다. 또한 당대 유교 사상 및 제도 등에 영향을 미쳤던 『의례석궁』에서 계급에 따라 사당 지붕의 격식에 차별을 둔 것을 고려하면 조선대 사당 지붕의 보편적인 형식인 맞배지붕이 적용되었을 가능성이 있다.[22]

21 신경준, 『여암유고(旅菴遺稿)』 2, 「화방재사(畫舫齋辭)」, 『여암유고(旅菴遺稿)』 4, 「화방재기(畫舫齋記)」, 1910. "위에는 화려한 집을 짓고 아래는 배로 구나(上是華屋下是舟) 단청이 아름다운 배와 산모퉁이 푸른 계곡은 생동감이 넘치네(丹靑生色淸溪隅)…거룩하신 우리 임금님이 배가 바다를 떠가는 그림을 보셨을 것이로다(聖主猶看舟水圖)"

22 주자대전 번역팀, 『우리말 주자대전』 65~100, 2007, 301쪽, '人君之堂屋爲四注, 大夫 · 士則

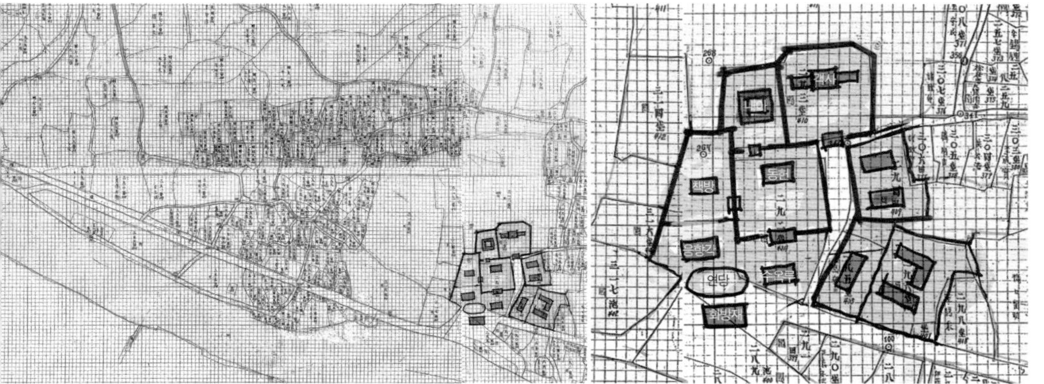

지적원도에 읍치 표기

관아 부분 확대

〈그림 3〉 관아 배치 추정(필자)

이에 따라 이번 성황당 복원계획에서는 정면 3칸에 맞배지붕을 적용하여 조선대 사묘건축의 보편형식을 따르도록 한다. 치소 배치 추정도는 고지도(1740년 호남지도, 1872년 지방지도)를 참고하여 지적원도에 치소治所를 배치하였다.

(2) 읍지邑誌

현재까지 전하는 순창군 관련 읍지는 규장각 소장의 『옥천군읍지』(1767), 『호남읍지』(1871), 『호남읍지』(1899)[7], 『신증순창군여지승람』(고종연간)과 한국민족미술연구소 소장의 『옥천군지』(1760) 등이 있다.

· **순창군읍지**淳昌郡邑志(古4790-24, 1863), **74쪽**

祠廟 新增 … 城隍祠 在客舘西 高麗文良公 薛公儉 德業威望足 以鎭服一方神祇封爲 城隍主神至今祀之.

사묘 증보편 … 성황사는 객관의 서쪽에 있으며 고려 문양공 설공검의 덕업과 위망이 족히 일대 신령스러운 토지신을 누르고 복종시키니 성황주신에 봉하

南北下面已.'

여 오늘에 이르기까지 제사를 지낸다.

· **호남읍지**湖南邑誌(奎12181-v.1-18, 1899) 7, 123쪽

祠廟 新增, 城隍祠 在客舘西 高麗文良公 薛公儉 德業威望足 以鎭眼一方 神祗封爲 城隍主神至今祀之.

내용은 순창군읍지와 같다.

· **순창군읍지**淳昌郡邑誌(奎17404, 고종년간), 4쪽

城隍祠 在客館 西一里.

성황사는 객관의 서쪽으로 1리(약 400m)에 있다.

(3) 지적원도(1915)

일제강점기 초기에 전국적으로 토지조사가 이루어진다. 순창군은 1915년에 지적원도와 토지조사부(토지대장)가 만들어진다. 현재 이 자료는 국가기록원에서 보관하고 있는데 지적원도만 남아있고 토지조사부는 전하지 않는다.

성황사는 객사의 서쪽 1리(약 400m)에 있다는 기록을 고려해 볼 때 경천과 금산 자락의 물길이 만나는 지점인 470번지를 성황사 자리로 추정할 수 있다. 그러나 성황사는 당시 국가 소유였으므로 1915년에 발간된 지적원도에서 소유자가 '國'으로 표기되는 것이 마땅하지만 김문경 개인 소유로 기록되어 있다. 그런데 객사의 북서쪽에 직선으로 170m 떨어진 442번지는 국유지로 지목은 '社'[23]로 표기되어 있다.

이곳의 방향과 거리는 순창군읍지(고종 연간) 기록과 일치하지 않는 모순이 발생한다. 조선 후기에 470번지에 있던 성황사가 442번지로 이전됐을 가능성

23 社寺地(신사+사찰, 현 종교용지), 토지조사령 제정(1912) : 18개(田, 畓, 垈, 池沼, 林野, 雜種地, 社寺地, 墳墓地, 公園地, 鐵道用地, 水道用地, 道路, 河川, 溝渠, 堤防, 城堞, 鐵道線路, 水道線路), 현재는 28개 종류로 개편.

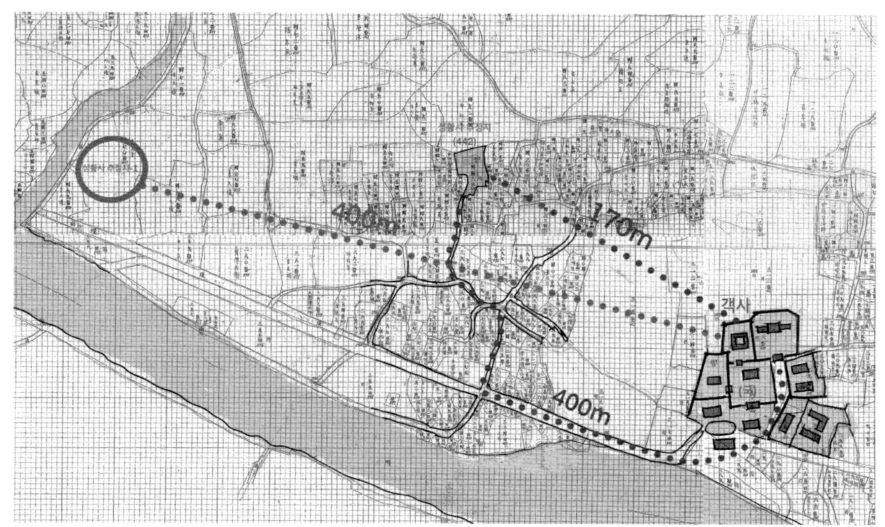

〈그림 4〉 성황사지 추정(필자)

도 생각해 볼 필요가 있다. 그러나 당시에는 지금과 같이 위성으로 직선거리를 측정하지 않고 직접 사람이 도보로 길을 따라 걷는 거리를 기준으로 하면 442번지가 '1리(400m)'라는 기록과 일치한다. 정확한 측정에 의한 지도가 만들어지지 않아 지금처럼 지도 위에서 거리를 측정하지 않고 실제 걷는 거리를 기준으로 했을 가능성이 크다. 또 현지 주민은 445번지를 옛날의 성황사라고 증언하고[24] 있어 442번지가 성황사지일 가능성이 높다.

442번지의 변화 과정을 알아보기 위해 토지대장을 살펴보면 1950년 3월 17일 지목이 사社에서 대垈로 바뀐다. 이는 일반인에게 매각이 이루어졌기 때문으로 보인다. 또 대지는 2개로 분할된다. 442-1번지는 281㎡(85평), 442-2번지는 221㎡(66.8평)의 크기이다. 442-1번지는 김학성(53년생)이 84년에 취득하고, 442-2번지는 최길주(31년생)가 79년에 취득한다.

24 『순창신문』, 2021.11.10.

지적원도 지적도

〈그림 5〉 지적원도 및 지적도에 구역표기(필자)

대지면적의 변화는 441-1번지는 50년에 분할 이후 여러 번의 분할과 합필을 거쳐 현재는 271㎡(82평)이고, 442-2번지는 면적의 변함이 없다. 1950년 분할 이전의 442번지의 면적은 두 번지의 면적을 합한 502㎡(151.8평)가 된다. 성황사 대지면적인 502㎡에는 도로(438-1, 442-5) 면적이 포함되어 있으므로 실사용한 면적은 이보다 작았다고 본다.

(4) 근·현대지도

일제강점기에 만든 1936년 지도와 해방 후에 제작된 1956년과 1963년 지도

1936년 1956년 1963년

〈그림 6〉 근현대 지도(한국지리정보원 소장)

에는 성황사가 보이지 않는다. 군청을 중심으로 동·서·남쪽으로는 도로가 연결되었으나 북쪽으로는 도로망이 확충되지 않았다.

(5) 항공사진

가장 오래된 항공사진은 해방 직후인 1948년 미군에서 찍은 것으로 현재 국토지리정보원에서 확인할 수 있다. 현 순창초등학교를 기준으로 북쪽에는 건물이 없고 농지로 이루어져 있다. 군청의 서쪽은 땅이 좁아 건물 수가 적고 동쪽은 대지가 넓어서 건물이 많이 들어서 있다.

당시 건물은 대부분 초가였으며 현재 순창초등학교 자리에 빈터가 많았다. 성황사 추정지인 442번지에 대해 살펴보면 <그림 7>과 같다.

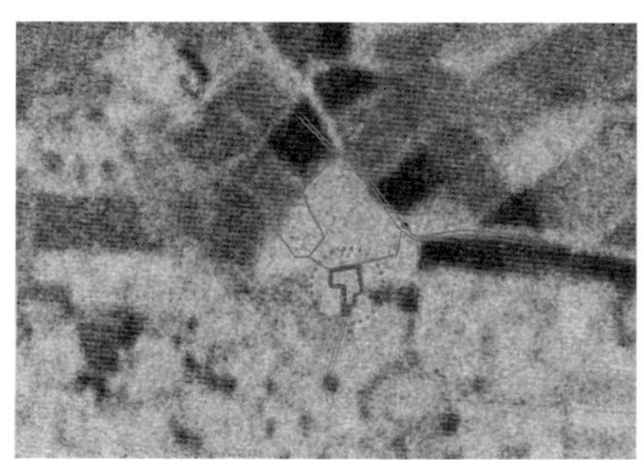

1948년(국토지리정보원)

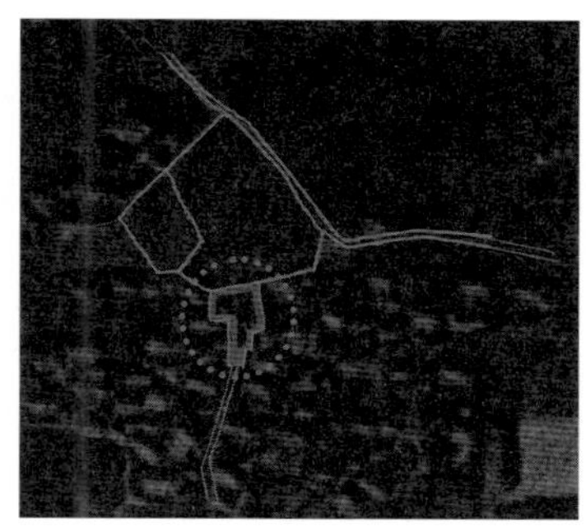

1954년(국토지리정보원)

2020년(전북영상정보포털)

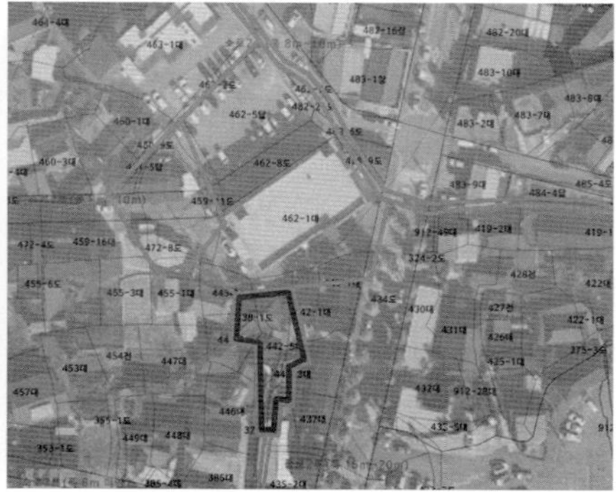

2021년 지적(네이버)

<그림 7> 시대별 항공사진 및 지적도 비교

지적원도 442번지 북쪽 큰 땅 462번지의 지목은 답畓이고 소유주는 신인구이다. 이 땅을 기준으로 1954년 항공사진을 보면, 442번지는 462번지와 같은 공지空地로 추정된다. 1954년 항공사진에서는 442번지와 462번지 사이에 경계가 보이지만 건물은 보이지 않는다. 현재 462번지는 옥천목욕탕이고 442번지는 2개 필지로 분할되어 각기 주택이 건축되어 있다.

4) 대모당의 성격

대모당의 이야기는 '순창성황대신사적'에 기록되어 있다.

> 옛사람이 이르기를 "산성(山城)[25]의 대모(大母)[26]가 처음으로 그 아홉 아들을 거느리고 성터를 엄밀하게 쌓아 군(郡)의 웅거(雄居)로 삼았고 곡물을 많이 쌓았다. 이어서 관가에 귀속시켜 이미 나라의 곡식이 되게 하였다"라고 하니, 그 공로(功勞)가 막대하였다. 이에 그 영신(靈神)을 얻어 태수(太守)가 친히 나아가 전례(奠禮)를 행하였다. 세월이 오래되어 폐지되자, 그 대신 눈앞의 통인(通引)을 보내어 매년 4월 그믐날 관대(冠帶)를 단정히 하고 역마(驛馬)를 타고 가도록 하니, <역마를 탄 관리> 앞뒤에서 걸어 다니고, <춤과 노래를 함께하는> 정재(呈才)들을 나열시키기도 하였는데, 사람들이 지금까지도 그대로 행하고 있다. 가물 적에 곧 비가 오기를 기도하면, 그 영신의 은덕이 또한 온 경내의 백성들에게 미치는 것이었다. 아, 지극하도다! 또한, 끝에 붙여 간행한다.[27]

25 산성(山城) : 순창군 순창읍 백산리에 자리한 성이다. 『신증동국여지승람』에 의하면, 군에서 서쪽으로 4리에 있고 돌로 축성하였으며 둘레는 780자이고 높이는 26자이다. 산성 안에는 우물 하나와 연못 하나가 있으며 군창(軍倉)이 있었다 한다. 일명 홀어머니산성이라 한다.

26 순창에서 예로부터 내려온 전설에 의하면 산성을 쌓은 '대모'는 성이 양씨(梁氏)라고 한다. 훗날 양씨를 성황 여신으로 받들다가, 신상을 만들어 모실 적에 그 신상에 양씨부인상(梁氏夫人像)으로 쓴 듯하다.

27 이형성, 『성황대신사적 번역 및 역주본』(출판 예정).

대모산성은 순창 이외 경기도 양주와 충북 진천군에도 있다. 옛날 전쟁이 일어나면 도시 사람들은 인근의 산성으로 피신했다. 이것은 한양에 북한산성과 남한산성이 있는 것처럼 읍성 이외에 별도로 산성을 만드는 것은 일반적이었다. 산성에 피난했을 때 산성과 사람을 보호할 신이 필요했기 때문에 미리 신당을 만들었지만, 규모가 크지는 않았다. 기록에 의하면 대모산성은 대모가 아홉 아들을 데리고 쌓았다고 하여 그녀를 산성의 수호신으로 모셨음을 알 수 있다.

3. 사묘건축祠廟建築의 사례조사

조선 정부는 초기부터 기존의 제의들을 유교식으로 정비하는 데 주력하였다. 따라서 성황사는 국가 지시로 만들어져 유교식으로 건축되었다는 것은 너무 당연한 일이라 하겠다. 민간에서 만들어지는 사당건축도 당연히 국가에서 만드는 것을 참조하여 만들어질 수밖에 없었을 것이다. 순창 성황사도 당연히 제도하에 건축되었다고 보여 사묘건축의 사례를 살펴본다.

1) 국가 사묘건축祠廟建築

(1) 종묘 정전

사람이 죽으면 혼(魂)과 백(魄)으로 분리되어 혼은 하늘로 올라가고 육신인 백은 땅으로 돌아간다고 믿어 혼을 사당(廟), 백을 무덤(墓)에 모셨다. 혼은 신주에 깃들어 산다고 믿어 사당에 신주를 모시고 제사를 지냈다. 국가에서 지내는 제사는 등급을 나누었는데 대사(大祀)는 사직과 종묘이고, 중사(中祀)는 풍운뢰우, 산천, 성황이며, 소사(小祀)는 영성(靈星) · 명산대천(名山大川) · 사한(司寒) · 마조(馬祖) · 선목(先牧) · 마사(馬社) · 마보馬步 · 칠사(七祀) · 영제(禜祭)라 하였다. 그리고 제

정면

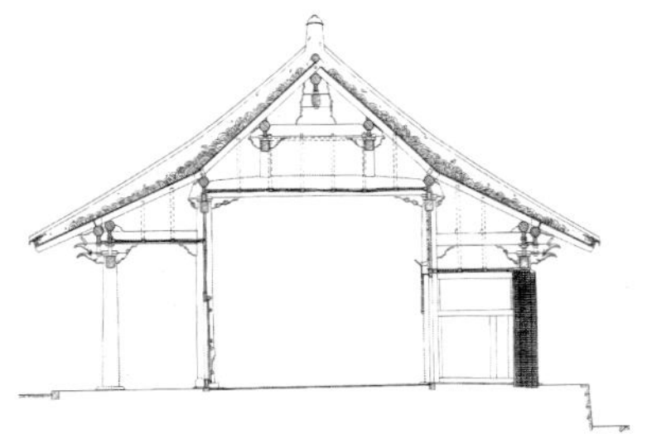

단면

〈그림 8〉 종묘 사진과 단면도(문화재청)

사의 예는 천신에게 '사(祀)'라 하고, 지기(地祇)에게는 '제(祭)'라 하고, 인귀(人鬼)에게는 '향(享)'이라 하고, 문선왕에게는 '석전'이라 하였다.[28]

종묘는 국가 대사로 중요한 건물이며 사묘 건축의 대표라 할 수 있다. 조선의 정전은 태조 시기에 처음 건립되고 왕이 바뀔 때마다 증축이 이루어진다. 임진왜란으로 종묘가 소실되자 건립방식을 동당이실同堂異室[29]로 할 것인지 소목제도昭穆制度[30]로 할 것인지 논란 끝에 광해군 때 기존의 동당이실 방식으로 확정한다. 이때 정전을 11칸으로 건축하고 영조 때 4칸, 헌종 때 4칸이 다시 증축되어 현재는 19칸이 된다. 단일 목조건물로는 규모가 가장 큰 건축물이다. 건축양식을 보면 화려하고 장식적인 궁전이나 불사건축과는 반대로 유교 건축답게 검소하고 정갈한 양식으로 건축되었다.

종묘 정전(正殿, 神室)의 지붕 형식을 보면, 정전의 좌우 협실夾室이 붙어있고 지붕은 소슬형식으로 맞배지붕이다. 왕의 위패가 있는 종묘로 당연히 팔작지붕

28 『세종실록』, 「세종오례」, 길례 서례, 변사.

29 당(堂)은 같이 하고 실(室)은 달리하는 제도, 서쪽에서 동쪽으로 순서로 배치.

30 주례(周禮)에 의하면 제1세를 중앙에 모시는데 천자는 소(昭)에 2·4·6세, 목(穆)에 3·5·7세를 각각 봉안하여 삼소삼목(三昭三穆)의 칠묘(七廟)가 되고, 제후는 소에 2·4세, 목에 3·5세를 각각 봉안하여 이소이목(二昭二穆)의 오묘(五廟)가 되며, 대부(大夫)는 일소일목의 삼묘(三廟)가 된다. 여기서 昭는 신주를 중심으로 왼쪽 즉, 동쪽이 된다.

으로 만드는 것이 당연한 일이나 위계가 낮은 맞배지붕을 선택하였다. 이유를 살펴보면, 시간이 흐를수록 모시는 왕이 많아져 신실이 더 많이 요구되어 증축이 불가피했기 때문이다. 따라서 측면을 증축하기 쉽게 팔작보다는 맞배지붕을 선택할 수밖에 없었을 것이다.

지붕에서 용마루는 양성마루[31]로 되어있고 내림마루에는 잡상이 설치되어 있다.

정전 평면은 신실공간과 전퇴공간으로 나누어져 다른 사묘건축과 다르지 않다.

(2) 성균관 대성전

성균관 대성전은 임진왜란으로 소실되고 선조 시기(1601~1602)에 중건되었다. 공자를 비롯해 증자・맹자・안자・자사 등 4대 성인과 공자의 뛰어난 제자들인 10철, 송조 6현, 그리고 우리나라 명현 18인의 위패를 모시고 있다. 규모는 앞면 5칸・옆면 4칸으로 지붕은 팔작지붕으로 용마루는 양성이며 추녀마루에는 잡상이 놓여있다. 대성전의 평면은 신실과 전퇴로 나누어져 있다.

전경(엽서)

석전대제(엽서)

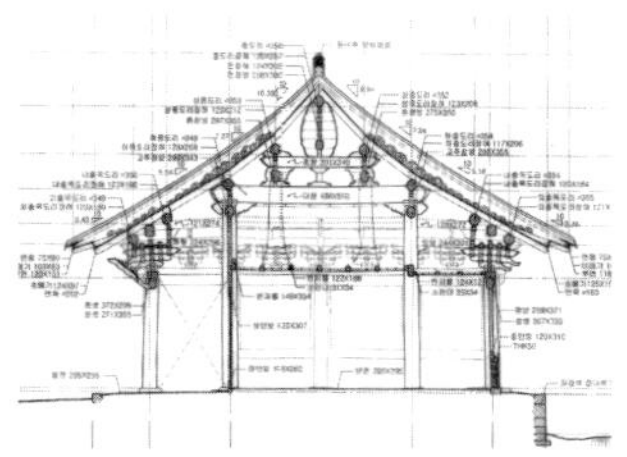

전퇴 – 단면도(문화재청)

〈그림 9〉 성균관 대성전의 퇴칸 모습

31 용마루, 내림마루, 추녀마루에 기와 시공 후 표면에 회반죽을 발라 마감하는 것으로 주로 왕을 상징하는 건물에 사용된다. 강회를 바르는 것은 화려하게 보여 위계를 높이는 방법이나 실용적인 면에서는 기와를 높여 쌓기 때문에 횡력에 약하여 바람이나 지진에 쉽게 떨어지게 되어 이를 보강하는 방법이기도 한다.

(3) 수원화성 성신사城神祠(1796)

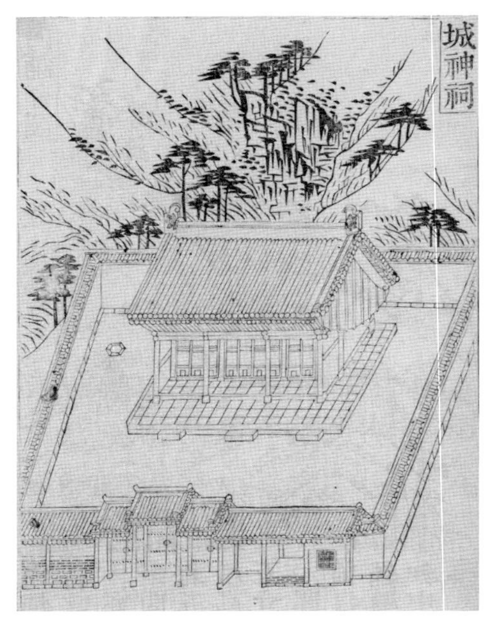

〈그림 10〉 수원화성 성신사(화성성역의궤)

성신사는 수원화성이 완성되자 화성을 지키는 성신에게 제사를 지내기 위해 정조의 지시로 건축된다. 일제강점기 소실되었으나 2000년대에 들어 수원시민의 열망에 힘입어 2008년에 복원설계를 하였다.[32]

정당은 정면 3칸으로 전퇴를 두고 있으며 맞배지붕으로 용마루는 양성이다. 순창 성황사 복원 시점은 건축기록이 가장 확실한 1743년으로 정했기 때문에 50년 후에 건축된 수원화성 성신사는 매우 중요한 비교 사례라 할 수 있다.

'성신사'라는 용어는 조선 사료에서 유일하게 수원화성에만 건축된 성신사에만 붙여졌다. 정조가 이런 단어를 쓴 이유는 수원화성에 해자가 없으므로 황隍을 빼고 성城의 신만 모시게 된 것이다. 수원화성 계획에는 해자가 있었으나 시범공사 중 어려움이 많아 해자를 포기[33]하였다. 이에 정조는 해자 없는 성곽이라는 진정성 있는 용어로 성신사를 선정한 것이다.

지붕 형식은 맞배지붕으로 양성으로 되어있다. 왕의 생모를 모신 칠궁을 보면 맞배지붕으로 양성은 없다. 따라서 소슬지붕이 아닌 단독 지붕으로 맞배에 양성마루는 특이하다. 평면을 보면 신실공간과 전퇴공간으로 구분되어 있다.

32 필자가 화성성역의궤의 건축도와 재용을 근거로 하여 설계를 담당했다.
33 한글본 『뎡리의궤(整理儀軌)』 권 48, 1796년 9월 9일.

대관령 성황사(1944년 복원)　　문경새재 성황당 – 1700년경　　주문진 성황당 – 1910년경

〈그림 11〉 3칸의 성황사와 성황당

2) 민간 사당건축

(1) 3칸 성황사(당) 사례

3칸 성황당의 원형을 유지하고 있는 곳은 문경새재뿐이고 나머지는 근대기에 재건된 건물이다. 문경새재 성황당은 맞배건축으로 전퇴공간이 있는 전형적인 사묘건축의 양식을 따르고 있다. 이에 반해 근대기에 중건된 성황당은 대관령, 청도, 안산 잿머리, 주무진 등이 있으며 대관령과 청도 성황당은 맞배지붕이고 전 퇴 공간이 없다. 그리고 안산 잿머리 성황당은 우진각지붕에 중앙 1칸을 돌출시켜 전퇴 공간을 만들고 있다. 주문진 성황당은 조선 후기의 건물을 1910년에 이곳으로 이전하고 1954년에는 전면에 전퇴 공간을 크게 만들고 지붕은 팔작으로 하였다.

따라서 문경새재의 성황당을 주목하면, 맞배지붕에 전퇴가 있는 건축양식이며 전퇴와 내부에 마루가 깔린 것이 특징이다.

(2) 1칸 사당건축

1칸 규모의 사당 건축은 전국적으로 산재해 있으며 지역에 따라 모시는 신이 다양하다. 벽체를 조성할 때 나무, 흙, 돌 등 지역 토착 재료가 사용되었다. 일제강점기를 거치면서 다수의 사당이 소실되었으나 근대에 들어 상당수가 재건되었다. 건축양식을 보면 지붕은 맞배가 일반적이고 전퇴 공간은 있는 것과 없는 것이 혼재되어 있다. 조령 고치재 성황당, 영주 성황당, 봉황 산신각과 공민왕당 등을 보면 전퇴 공간이 있다. 반면 영주 금광리 성황당, 강릉의 많은 성황당 등은 전퇴 공간이 없다. 전퇴공간의 유무는 건축비용과 관련이 있어 보인다. 공력과 비용을 들인 건축일수록 전퇴를 갖춘 경우가 많고, 반대로 흙이나 돌로 짓은 건축은 일반적으로 전퇴가 없다.

(3) 순창 인근 향사鄕祠건축

조선 중기 지방에는 교육과 제사 기능이 합쳐진 서원들이 세워지는데, 조선 후기가 되면 문중 서원이 난립하게 된다. 이후 교육 기능이 제외된 사우祠宇만 남는 형식으로 변해간다. 이런 향사 건축은 관아의 사당처럼 전퇴가 있는 형태로 만들어진다. 순창과 인근 지역 문화재로 지정된 향사鄕祠는 조선시대는 없고 근대기 이후에 중건된 건물만 남아있다.

순창 동계면 귀미리의 남원양씨 제각은 사방 1칸으로 전면은 작지만, 툇마루를 갖추고 있다. 1935년에 발간된 『조선의 취락』 후편에 사진이 소개되어 있으며 지금은 소실되고 없다. 관촉사 제석당도 같은 형태로서 불교 건축이지만 유교 건축 형식을 따르고 있는 특색있는 건물이라 할 수 있다. 장흥군 백수장 별묘는 현존하고 있는 건물로 1칸 전퇴 사당의 건축양식을 잘 보여주고 있다.

동계면 귀미리 남원양씨 제각
(조선총독부도서관, 1935)

관촉사 제석당
(엽서, 필자 소장)

장흥 백수장 별묘
(문화재청, 1834)

〈그림 12〉 인근의 1칸 사당

경주 강동면 대왕전 신상(生活狀態調査 慶州郡, 1934)

곡성 옥과면 성황당 신상(문화재청 소장)

〈그림 13〉 신상 사례

3) 내부공간 구성(신상 봉안)

'성황대신사적' 1743년의 기록을 보면 '건곤의 신상도 삼가 고쳐 아름답게 하니, 그 분칠한 얼굴과 의젓한 모습이 살아 있는 모양과 흡사하다.'라고 되어있다. 여기서 건곤은 남자와 여자로 부부를 뜻하며 경주 강동면 대왕전 신상과 곡성 옥과면 성황당 신상에서 유사한 사례를 찾을 수 있다.

4. 순창 성황사와 대모당의 복원 계획

1) 성황사의 배치

지금까지 지적원도를 활용하여 순화리 442번지를 성황사지로 추정하였다. 현대의 지적도와 당시 지적원도와 비교하여 다음과 같은 배치 계획도를 완성하였다.

443번지로 들어가는 도로를 제외하고 성황사의 실사용 대지를 빨간색으로

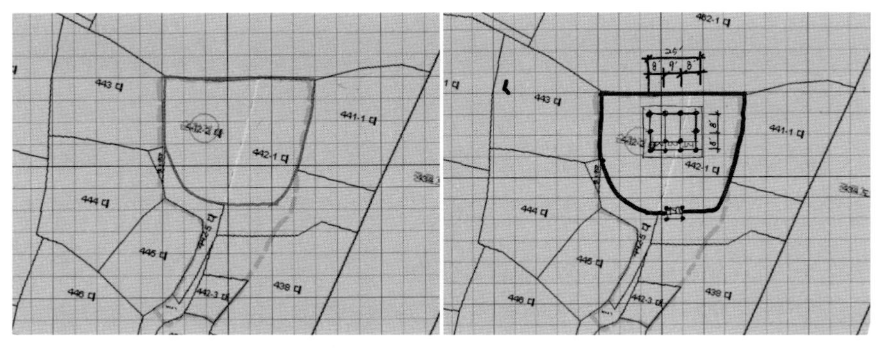

지적원도 실사용 면적 추정　　　　　　　배치 추정(그리드 - 3m)

〈그림 14〉 성황사지(442번지)에 배치계획(필자)

표기하고 3m 그리드를 그었다. 뒷면 동서 대지 길이는 약 21m이고 대지의 남북 길이는 대문을 기준으로 뒤 담장까지 약 17m가 된다. 정면 3칸, 측면 2칸의 성황사를 지도에 배치하면 대지 크기와 맞아서 떨어진다. 성황사와 대문 사이 남북 길이는 약 8m가 되어 행사공간이 확보된다. 제사를 진행할 때는 제수품을 보관할 전사청이 필요한데 이에 관한 기록은 없다. 그러나 제기나 제수품을 보관할 창고는 행사 진행에 꼭 필요하므로 추후 건축할 때는 대문의 양쪽을 이용하거나 별도의 건물을 계획할 필요가 있겠다.

2) 성황사와 대모당의 건물 형식

성황사는 유교 국가 조선의 사전체계에 속하여 행정의 구성단위로 각 군현에 설치된다. 건물 형식은 당연히 유교의 규범에 따라 건축되고 제향 관리되었다. 지붕 형식과 평면은 제향의 규범인 『주자대전』 68권 「의례석궁」과 위에서 사례 조사한 건물 등을 참고한다. 그리고 세부적인 사항은 관련 건축인 순창 객사를 참고한다.

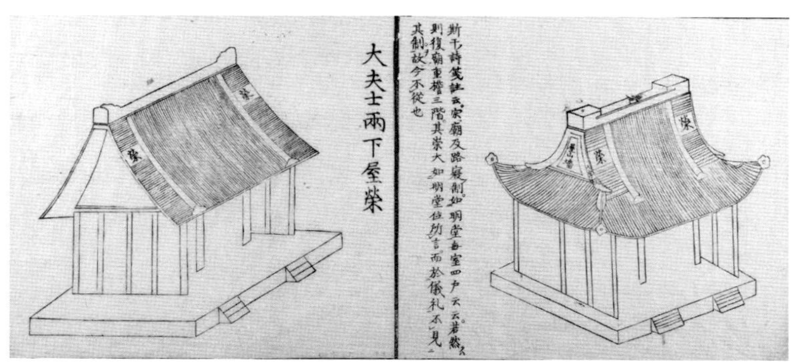

〈그림 15〉『의례석궁』中 지붕에 대한 도해(川合春川, 『儀禮釋宮 圖解』, 江戸書林 鴨好文軒)

(1) 지붕 형식

『의례석궁』에 의하면 "인군(황제와 왕)의 당옥堂屋은 네 면이 처마가 되어 물을 내리며, 대부大夫와 사士는 남북 양쪽 아래로 물을 내린다.[34]"라고 언급되어 있다. 그림처럼 황제나 왕 당옥의 지붕은 우진각이나 합각으로 되어 4면에 각각 처마가 있는 것을 뜻하고 사대부의 당옥은 앞뒤만 처마가 있어야 한다는 뜻이 된다. 대성전은 서울 성균관과 지방의 큰 도시의 경우만 팔작이고 일반지방 향교 대성전은 맞배지붕을 하고 있다. 성황사 역시 황제나 왕의 지위에 있지 않고 일반 지방도시에 사당건물임으로 맞배양식으로 하는 것이 타당하다.

(2) 전퇴 공간

사묘건축에 전퇴가 있는 이유 역시 『의례석궁』에 언급되어 있다.

> 당(堂)의 위쪽 동변과 서변에는 기둥이 있다. 영(楹)은 기둥이다. 옛날에 실(室)을 짓는 것은 벽[垣墉]을 기초로 하고, 그 위에 지붕을 덮으니, 당 위에는 두 개의 기둥만 있을 뿐이다. 기둥을 세우는 것은 대개 앞의 도리(道里, 중도리, 목부재)의 아래에 한다. 향사례(鄕射禮)[35]에서 활을 쏘는 위치는 당 위 앞쪽 두 기둥 사이이다. 주(注)에

34 주자대전 번역팀, 앞의 책, 301쪽.

35 성균관은 대사례, 향교는 향사례로 연 2회 실시하는 예양읍손(禮讓揖遜)을 위한 행사로 90보

"상(庠, 주나라 향학)에서 활쏘기하는 것을 말한다."라고 하였다. 또한 주학(州學 : 序)에서 활쏘기를 할 때는 활 쏘는 사람이 서 있는 십자표기가 마룻대 아래에 있게 한다. 향학에서 활쏘기할 때는 두 번째 도리 아래에 있게 한다.[36]

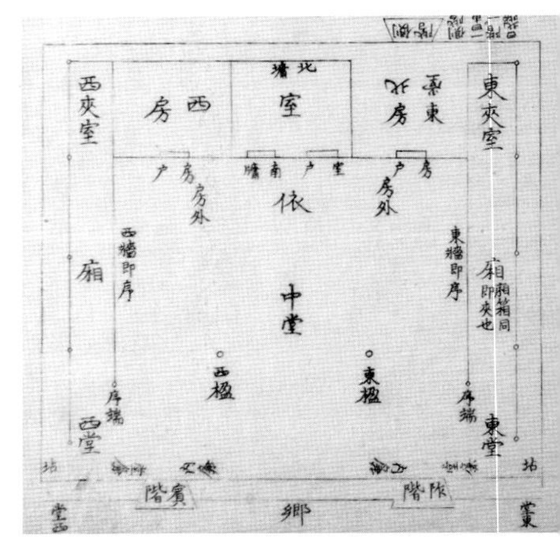

<그림 16> 『의례석궁』 中 평면의 도해
(川合春川, 『儀禮釋宮 圖解』, 江戶書林 鴨好文軒)

『의례석궁』 평면 도해를 보면 중당의 바로 아래에 있는 동영東楹과 서영西楹이 바로 기둥이다. 향사례 때 그 사이에서 서서 남쪽 마당에 있는 과녁을 맞힌 사람만 제사에 참여할 수 있었다. 이는 옛날 공자가 확상矍相의 들에서 활쏘기하자 많은 사람이 구경하였는데 이런 활동이 사후에도 이어져 공자묘의 석전에 반영되었다고 추정된다. 따라서 마당에 있는 과녁을 향해 활을 쏘는 장소가 바로 지금의 전퇴가 된 것이다. 물론 조선 시대 대사례나 향사례는 전퇴에서 시행하지 않고 다른 장소에서 실시하였다. 즉 전퇴는 활을 쏘는 장소로 시작되었지만, 시간이 흐름에 따라 제향 때 제관들이 의식을 행하는 활용하는 장소로 변경되었다고 생각된다. 따라서 성황사의 평면은 유교의 양식에 따라 전퇴 공간이 필요하다고 본다.

(3) 기둥 및 공포

복원 시점은 앞에서 고찰한 것처럼 1743년이다. 기둥과 공포양식을 추정하

거리에서 활을 쏘아 과녁을 맞히는 행사이다.

36 주자대전 번역팀, 『우리말 주자대전』 65~100권, 2007, 283쪽, 堂之上東西有楹, 楹柱也古之築室者以垣墉為基而屋其上, 惟堂上有兩楹而已, 楹之設, 蓋於前楣之下, 案鄉射禮曰「射自楹間」, 注曰「謂射於庠也.」 又曰「序則物當棟, 堂則物當楣.」

객사 서쪽에서 바라본 전경(직접 촬영)

객사 동쪽에서 바라본 전경(직접 촬영)

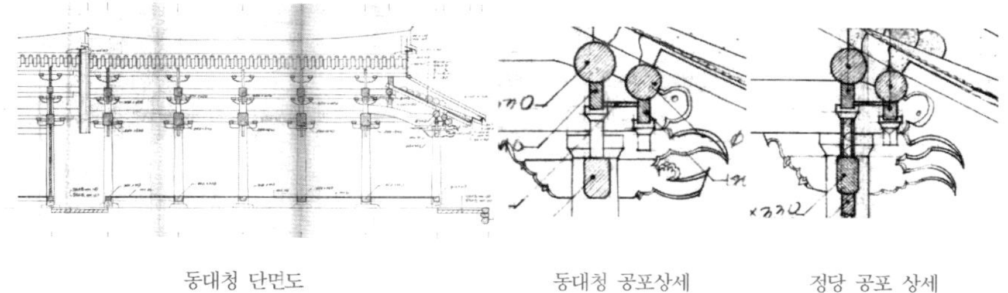

동대청 단면도　　동대청 공포상세　　정당 공포 상세

〈그림 17〉 순창 객사 전경과 단면 및 공포(문화재청 자료)

기 위해서는 1759년에 건축된 순창 객사를 참고하는 것이 바람직하다. 객사는 정당正堂과 동대청만 남아있고 서대청과 중문과 대문은 소실되어 아직 복원되지 않은 상태이다.

순창 객사 기둥은 민흘림으로 익공양식에 맞는 형식을 하고 있다. 공포는 이익공으로 초각은 관아건물처럼 강한 직선은 아니며 장식이 있다. 정당의 초익공과 이익공은 모두 하향을 하고 있다. 동대청의 이익공은 하향을 하고, 초익공은 상향을 하고 있고 연봉을 올려놓았다. 정당의 공포양식은 동대청 보다 고식이다. 공포의 초각 형식이 서울에서 멀어질수록 사찰의 공포양식과 비슷한데 이는 승려장인들의 활동이 많았기 때문이다. 성황사의 공포는 객사보다 위계가 낮아야 하므로 초익공 양식으로 하며 초각의 형태는 오래된 정당의 초각 양식을 따른다. 또한, 기둥은 민흘림, 초석은 자연석을 이용한다.

(4) 평면

1740년대에 만들어진 호남지도와 1872년 지방지도를 보면 성황사의 평면은 정면 3칸이다. 그러나 1743년에 기록된 '성황대신사적'에 의하면, 중건하면서 '옛 체제를 크게 늘렸다'라는 사실을 언급하고 있다. 여기서 '체제를 크게 늘렸다'라는 의미는 무엇일까. 두 개의 고지도를 비교했을 때 정면 3칸의 증가는 없으므로 측면 1.5칸을 2칸으로 늘렸을 가능성이 크다고 본다. 복원 시기를 1743년으로 규정하면 1790년대에 건축된 수원화성의 용척을 참고할 수 있다. 수원화성이 30.85㎝의 영조척을 사용하고 있으므로 본 평면에서도 이를 참고하여 대략 31㎝를 기준으로 한다.

3) 성황사와 대모당의 복원 계획

(1) 성황사

고지도를 보면 성황사는 정면 3칸 건물인 것이 확실하다. 측면의 간살은 중건重建 이전 1.5칸, 중건 이후 2칸으로 추정했기에 2가지 경우로 나누어 도면을 작성한다.

❶ 좌향 계획 : 남향

❷ 담장 및 대문 계획 : 4면에 담장을 두고 정면 중앙에 대문을 둔다.

❸ 평면계획 : 정면 3칸으로 전퇴를 두고 뒤쪽은 정당으로 한다. 문은 3칸 모두에 두고 문짝 재료는 판문으로 한다.

❹ 지붕계획 : 맞배지붕으로 용마루는 적새 5단, 내림마루는 적새 3단이며 중와中瓦를 사용한다.

❺ 벽체계획 : 회사벽으로 마감한다.

❻ 기단계획 : 자연석으로 하며 경사도에 따라 정면은 단수가 많을 수 있다.

(2) 대모당

❶ 평면계획 : 사방 1칸 건물로 내부를 2개 공간으로 구분하고 남쪽은 봉당, 북쪽은 감실로 한다.

❷ 지붕계획 : 맞배지붕으로 용마루는 적새 5단, 내림마루는 적새 3단이며 소와小瓦를 사용한다.

❸ 벽체계획 : 산성 내부에 건축하므로 주변에 많은 재료인 나무를 사용한다.

❹ 기단계획 : 자연석으로 하며 경사도에 따라 정면 단수는 많을 수 있다.

5. 결론

1769년에 건축된 화방재는 동헌에서 바라보면 연꽃 사이에 떠 있는 배 모양을 연상시킨다고 한다. 이러한 멋스러운 유희 건물을 향유 할 수 있었던 것은 당시 순창의 사회・경제・문화 수준이 상당하였음을 의미한다. 성황사는 화방재와 비슷한 시기의 건물로 성황사 역시 상당한 공력이 든 건물이었음을 짐작할 수 있다. 오랫동안 우리 민족의 곁에서 위안을 주고 희망이 되어 주던 성황사에 지내던 제사는 1908년 향사이정으로 공식 폐지된다. 순창에서는 이후에도 지속하며 1940년대 초 폐지되어 잊혀져 갔다. 다행히 순창에 남아있는 『성황대신사적』의 기록으로 성황사 복원의 희망이 생겼다.

순창 성황사의 복원 시점은 건축적 의미가 확실한 1743년을 기준으로 하였고 고지도와 읍지 및 지적원도를 통해 성황사의 위치를 순화리 442번지로 추정하였다. 이곳은 1950년에 지목이 社(종교용지)에서 垈(대지)로 바뀌고 2필지로 분할되어 일반인에게 매각되었다. 현재는 주택이 건축되어 있으며 442-1번지는 큰길로 연결하고자 옆 대지를 매입하여 대지가 커지고 변하였다. 442-2번지는 1950년에 분할된 형태로 변함이 없으며 출입은 막다른 골목길을 따라 진입하고 있다. 이곳에 복원한다면 옛날과 달리 큰길에서 진입할 수 있어 유리한 측면이 있다.

배치계획안은 지적원도와 현재의 지적도를 참고하였고 건축 형태는 사묘건축의 유례와 사례조사를 통해 유추했으며 특히 성황사의 양식은 순창 객사 정당의 공포양식을 참조하였다. 배치・평면 계획에서는 성황사 건물을 중심으로 정면에는 대문을 두고 전체에 담장을 설치하였다. 전사청 같은 창고의 필요성을 고려할 때 대문 좌우에 익랑을 만들든지 아니면 별도로 건물을 설치할 수도 있는데 이는 추후 발굴 후 과제로 남긴다. 평면은 정면 3칸 측면 2칸으로 기둥은 12개를 설치하였으며 유교적 사묘건축의 일반적인 특징에 따라 전퇴를 두었다. 입・단면계획에서는 1고주 5량구조로 2개 대들보를 설치하고 맞배지붕으로 계획하였다.

대모당의 건축계획안은 1칸의 맞배지붕 건물로 산지 특성에 맞게 나무를 주재료로 하여 흙벽 대신 판벽으로 계획하였다. 위치는 현재 특정하기가 힘들고 이후 연구와 논의를 통해 결정되어야 한다.

앞으로 성황사를 복원하기 위해서는 추정지의 발굴과 해결해야 할 여러 과제가 남아있지만, 군민의 염원과 지속적인 관심이 있다면 성황사와 대모당의 복원을 앞당길 수 있을 것이다.

〈표 1〉 성황사 중건 전후 비교

별첨 : 복원 계획안

구분	중건 이전 추정도면	중건 이후 추정도면
배치도	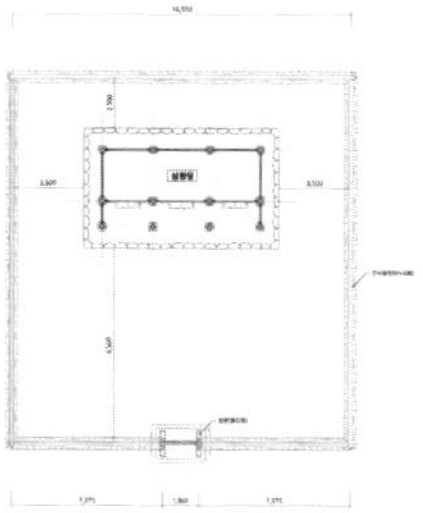	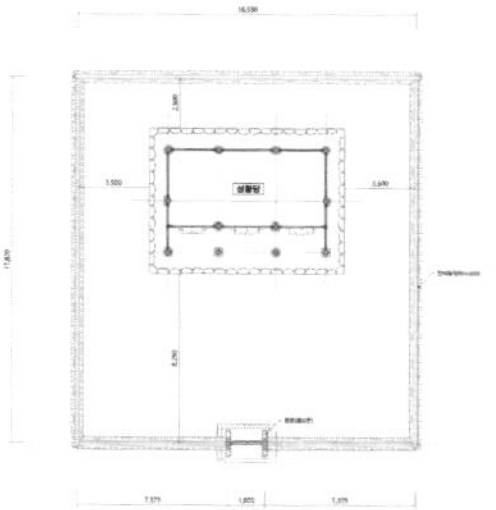
평면도	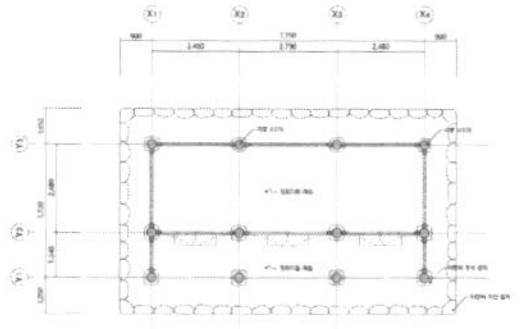	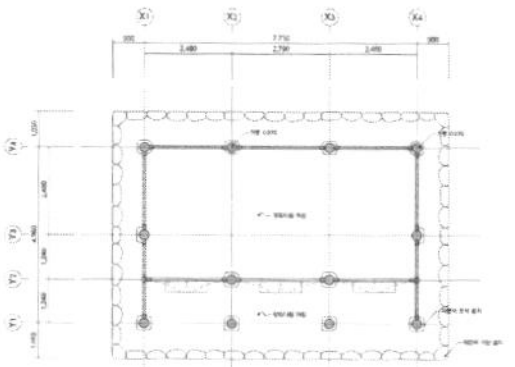
정면도	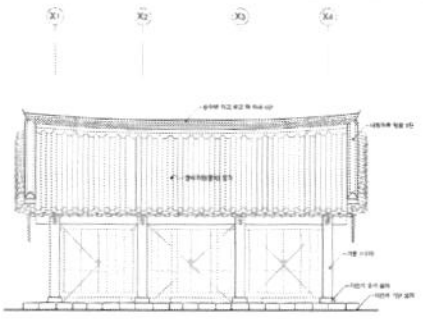	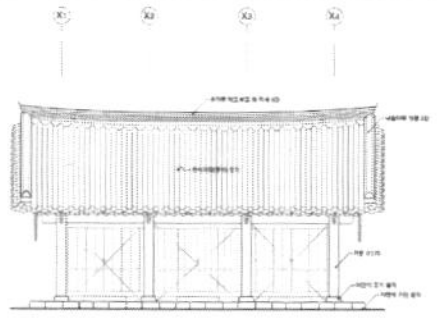
배면도		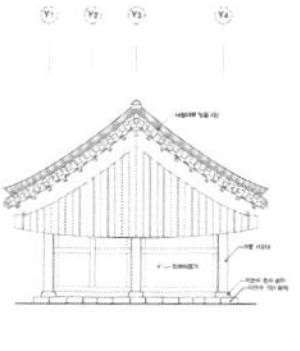
측면도	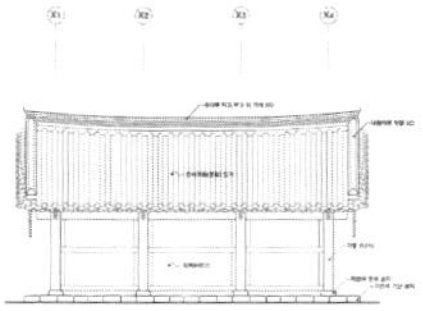	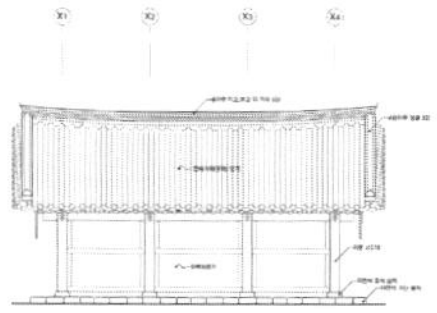
단면도	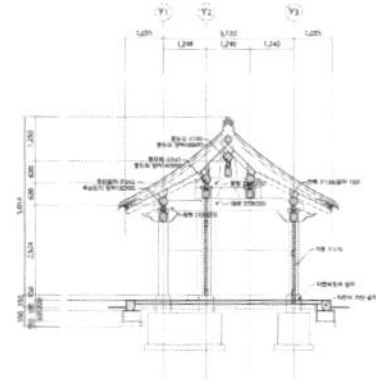	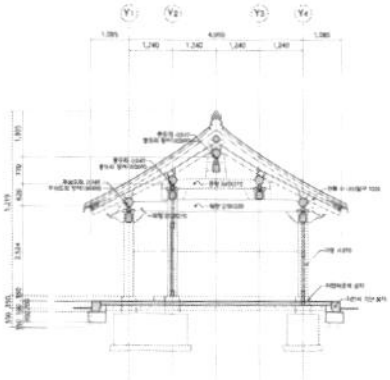

〈표 2〉 성황사 복원 계획안

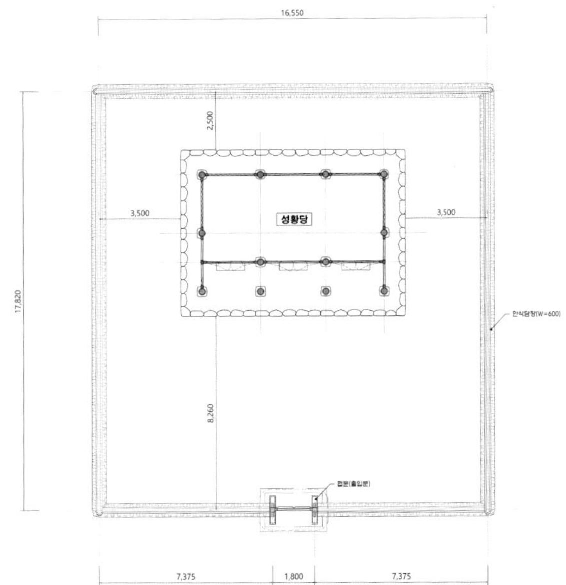

배치도(담장은 현장조건에 맞게 처리)

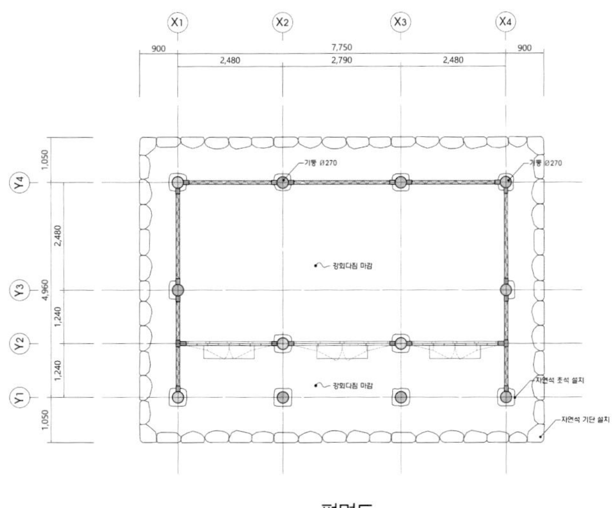

평면도

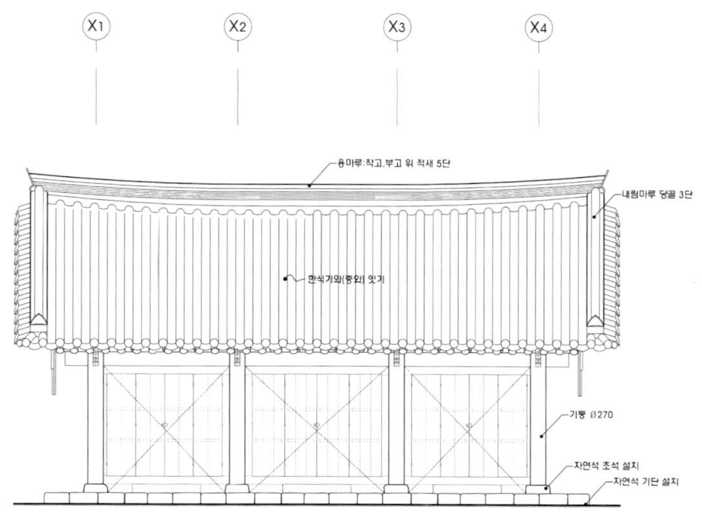
X1
X2
X3
X4
용마루:착고,부고 위 적새 5단
내림마루 당골 3단
한식기와(중와) 잇기
기둥 Ø270
자연석 초석 설치
자연석 기단 설치

정면도

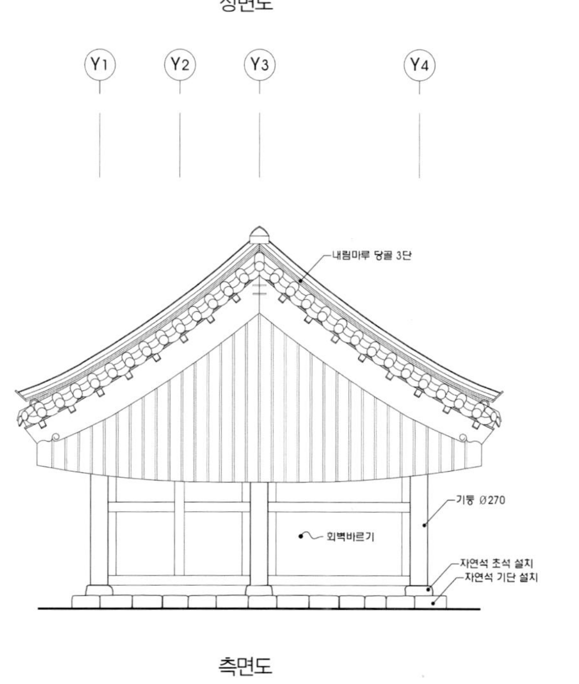
Y1
Y2
Y3
Y4
내림마루 당골 3단
기둥 Ø270
회벽바르기
자연석 초석 설치
자연석 기단 설치

측면도

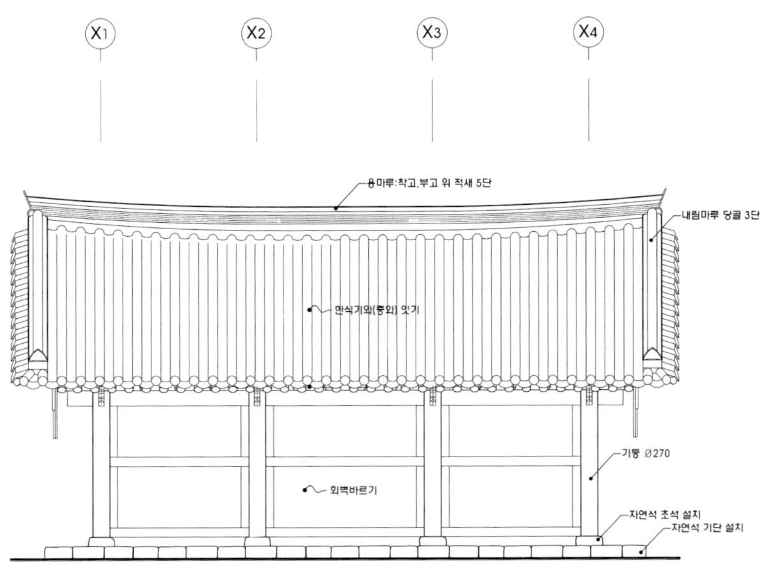
X1
X2
X3
X4
용마루:착고,부고 위 적새 5단
내림마루 당골 3단
한식기와(중와) 잇기
기둥 Ø270
회벽바르기
자연석 초석 설치
자연석 기단 설치

배면도

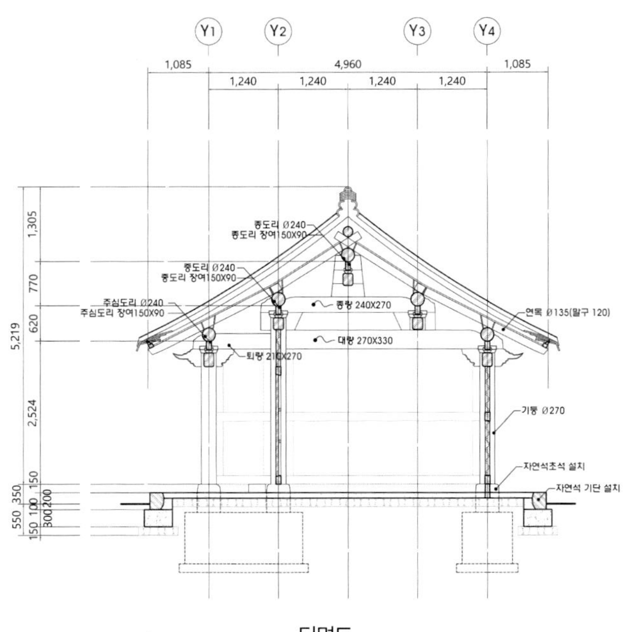
Y1
Y2
Y3
Y4
1,085
4,960
1,085
1,240
1,240
1,240
1,240
종도리 Ø240
종도리 장여150X90
중도리 Ø240
중도리 장여150X90
주심도리 Ø240
주심도리 장여150X90
종량 240X270
대량 270X330
퇴량 210X270
연목 Ø135(말구 120)
기둥 Ø270
자연석초석 설치
자연석 기단 설치
1,305
770
620
5,219
2,524
150
350
100
200
550
300
150

단면도

〈표 3〉 산신각 복원계획안

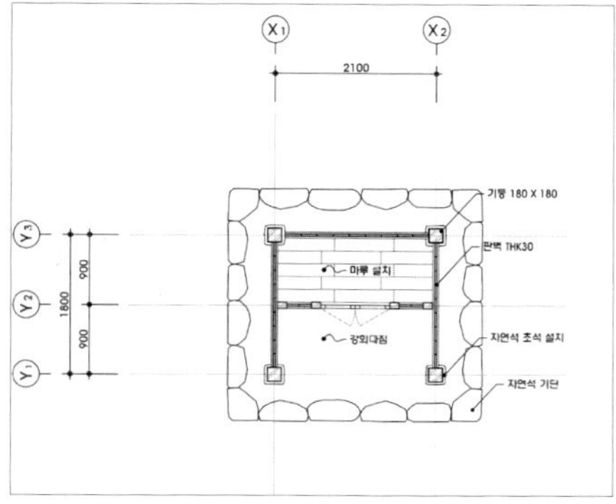

평면도

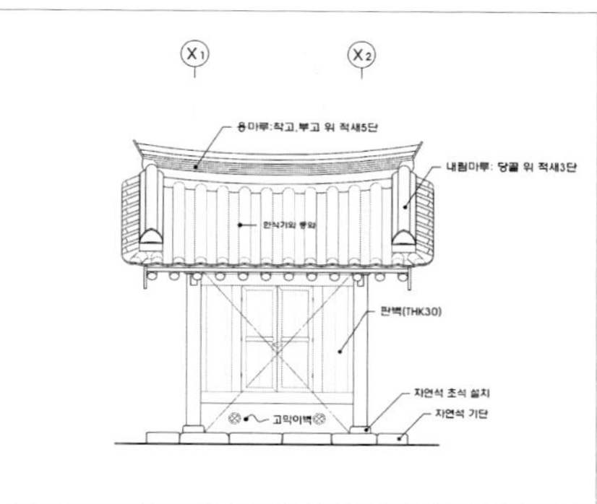

정면도

측면도

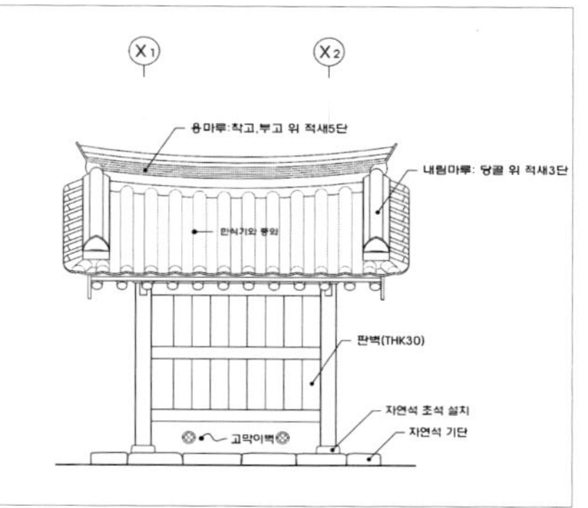

배면도

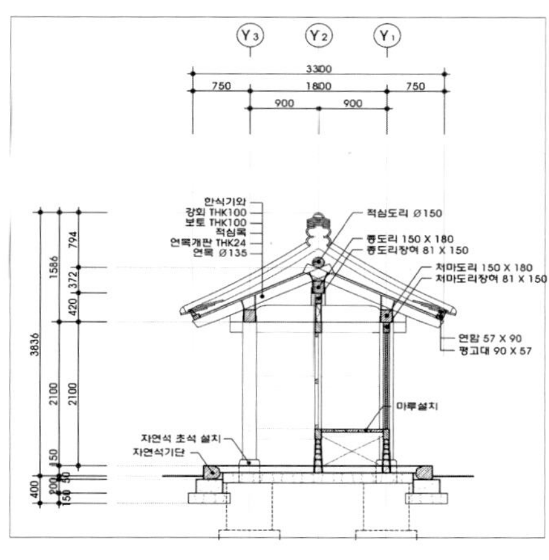

단면도

09

순창 단오성황제 연행의례 재현의 의의

심승구 _ 한국체육대학교 교수

1. 순창 성황제의 특색

순창 성황제는 700년간 순창과 생사고락을 함께 해온 공동체 문화이다. 유독 산악이 많았던 지역에서 살던 한국인들은 산천을 경계로 고을과 고을을 이루며 삶의 터전을 가꾸어 왔다. 한국의 고을邑은 일찍이 면面, 리里, 촌村 단위를 아우르는 향촌의 중심지이자 중앙권력과 토착사회가 만나는 행정단위의 경계였다. 소위 주부군현州府郡縣으로 불리는 지방의 행정구역이 그것이다. 일찍이 하늘, 땅, 사람의 사이 존재로 살아온 한국인은 개인, 가정, 마을은 물론이고, 고을과 국가 전체의 안녕과 평화를 기원하는 종교적 심성을 가꾸며 살아왔다.

그러면서도 고대사회 이후 모든 종교와 신앙체계는 국가의 제사체제 안에 포함되어 있었다. 국가는 눈에 보이는 현실의 권력 뿐 아니라 눈에 보이지 않는 초월의 권력 또한 관리 대상으로 삼았다. 이때 여러 곳에 위치한 성황신은 산천신과 함께 늘 지역에서 초월의 신이 좌정하는 곳이었다. 따라서 지역의 성황신은 국가와의 관계에서 늘 절충과 타협을 통해 생존을 영위해 나갈 수밖에 없는 운명을 지녔다. 이점은 국가도 마찬가지였다. 지역의 성황신을 어떻게 관리해 나갈 것인가에 국가의 체제와 운명이 결정되었기 때문이었다. 국가가 끊임없이 산천과 성황신에 봉작과 작호를 내린 것도 그 때문이었다. 그런 점에서 지역의 성황신은 늘 중앙과 지방을 매개하면서도 지방을 대표하는 위상을 간직한 국가제사의 대상이자 지역제사의 중심이었다. 일찍이 지역 내의 토성이나 토호의 시조나 인물이 성황신으로 모셔진 까닭이 여기에 있었다. 이처럼 성황제는 단순한 민속종교에 머물지 않고, 한국 중세사회의 현실세계와 연동된 초월세계의 관리체계를 보여주는 의미의 그물망이다.

하지만, 오늘날 한국사회에서 성황제는 전통문화 가운데 가장 단절이 심한 부분에 속한다. 탈주술화로 대변되는 근대 이념을 수용하면서 전근대 사회의 세시풍속은 가능한 청산해야 할 봉건문화로 치부되고, 성황제와 같은 공동체문화는 미신 또는 비과학적인 주술이라는 이름아래 그 원리와 정신을 헤아릴 겨를도 없이 철저히 부정되고 단절되어 나갔다. 일제강점기까지만 해도 전국 곳곳에서 명맥을 유지하던 성황제는 해방 이후 오히려 대부분 사라졌다. 최근 성황제 가운데 강릉이나 경산, 법성포 등 일부 지역이 복원되기는 했으나, 성황제에 대하여 아직까지 그 역사와 실체가 제대로 밝혀진 것은 아니다.

순창의 성황제는 순창의 지역에 새겨진 공동체 신앙의 흔적이자 단오절의 세시 풍속이다. 단오는 한가위와 함께 한국인의 최대 축제다. 조선 후기에 이앙법이 보급되면서 주로 한수 이북의 축제의 절기로 바뀌었지만, 적어도 그 이전까지 단오는 하삼도 지역에서도 빼놓을 수 없는 축제의 기간이었다. 이처럼 단오는 일상적인 삶의 순환 속에서 활력의 에너지가 생겨나는 새 마디이다. 순창의 단오제 또한 오랜 기간 제사와 축제가 잘 어우러진 신명나는 제축祭祝의 장이었다.

최근의 지역 축제는 단순한 문화행사를 넘어 관광을 포함한 문화산업으로 인식된다. 그 결과 축제의 개최나 지속이 지역민의 공동체적인 삶과 화합보다는 지역 경제의 활성화에 초점이 맞춰져 있다. 실제로 축제의 성공과 지속을 위해 지역을 넘어 전국, 더 나아가 각 나라가 들썩인다. 하지만, 경제적인 측면을 고려하더라도, 축제는 기본적으로 마을 공동체의 생명력을 어떻게 회복하고 지속시켜 나갈 것인가에 초점을 맞추는 노력이 필요하다. 그것은 우리가 잃어버린 축제가 부여했던 본래의 기능이었다. 지역 소멸의 위기가 현실화된 지금의 시점에서 새삼 곱씹어 봐야 할 과제이다. 성황제가 주민이 주체가 되어 삶의 에너지로서 경제적인 기여와 공동체 문화의 활력으로 이어지는 총체적인 지역 재생의 새로운 동력이 되기를 바란다.

더구나 한국사회는 오늘의 풍요를 실현시키기 위해 혹독한 대가를 치루었다. 경제적인 부를 증대시켜 가면서 지역의 개성있는 문화와 함께 개인의 영혼을 상실해 가고 말았다. 그런 관점에서 오늘날 우리 사회에 필요한 것은 제축祭祝하는 인간이다. 제사와 축제의 의미를 아우르는 제축은 곧 축제festival와 환상fantagy이라는 기능을 갖는다. 그 인간은 이성과 감성을 넘어선 초월세계와 소통하는 영성을 느끼는 인간이다. 순창 단오성황제는 그러한 인간을 키워내는 마르지 않는 샘물이 될 가능성이 크다.

2. 연행의례 재현의 의의

순창 단오성황제는 단오절에 성황신을 모시는 고을제의이다. 순창 단오성황제 연행의례의 재현 행사가 갖는 의미를 살펴보면 다음과 같다.

첫째, 순창 단오성황제 연행의례의 재현 행사는 근대시기에 단절된 순창의 고유한 전통문화를 다시 회복하는 계기가 된다는 점에서 문화사적 의의가 크다. 13세기부터 시행된 순창 성황제는 약 700년간 유지되다가 1940년 읍내 성황사의 훼철로 인해 폐지되었다. 성황제의 복원을 추진하게 된 것은 1992년「순창성황대신사적현판」이 발견되고 그 가치가 드러났기 때문이다. 성황신을 기록한 현판이 갖는 가치는 순창 성황제의 변천 과정을 알려주는 데 그치지 않고 성황제의 옛 모습을 되살려 체험할 수 있는 기회를 제공한다는 점에 있다. 따라서 향후 추진할 재현 행사는 80년 만에 단절되었던 순창 단오성황제를 되살릴 수 있다는 점에서 주목된다.

둘째, 본고에서 제시한 순창 단오성황제 연행의례는 13세기 말~16세기 중엽

성황제의 제의 구조와 절차, 행렬, 복식, 음악, 제의, 정재, 건축 등 여러 분야를 고증을 거쳐 제시한 결과이다. 고증의 시점과 대상을 이 시기로 한정한 까닭은 현판 기록 중 다른 시기에는 성황제의 모습을 확인할 수 있는 근거가 없기 때문이었다. 따라서 부득이 고려후기에서 조선전기 사이 성황제의 모습이 뚜렷이 드러나는 시기에 초점을 맞출 수밖에 없었다. 이 경우에도 만일 자료가 없는 경우에는 부득이 타 시기의 성황제 자료를 이용하여 보완했음을 미리 밝혀둔다. 다만, 부족한 점은 추후의 연구과제로 남겨 두고자 한다.

셋째, 고려말에서 조선전기까지의 성황제 연행의례는 16세기 중엽 이후 유교식 고을제의로 바뀌기 전에 무속식 고을제의라는 성격을 갖는다. 무속의례가 주축이 된 연행의례는 청(영)신, 오신, 송신의례의 3단계 절차를 거치되, 4월 30일부터 5월 5일까지 6일간에 걸쳐 진행되었다. 영신의례는 4월 30일에 통인이 역마를 타고 영신행렬을 이끌고 대모산성에 올라 대모신(성황여신)을 맞이해 읍치 성황당에 모셔 합사한다. 5월 1일부터는 오신의례를 행하는데, 성황대신과 성황여신이 함께 첫 번째 향리 집으로 나가 축원 굿을 베풀면 고을 민이 재물을 들고와 소원을 비는 절차를 갖는다. 이렇게 5월 5일까지 다섯째 향리 집을 다 돌면, 송신의례를 거행하고 마쳤다. 성황제는 성황대신과 성황여신이 고을 백성들에게 영험과 복덕을 나누는 행차, 즉 신유神遊의 과정이 길놀이와 향리 집 당제사로 잘 짜여져 있다. 특히 무격, 광대(창우), 재인, 기녀에 의한 제의, 음악, 춤, 노래, 재주, 잡극 등의 요소뿐 아니라 무구, 복식, 악기 등의 물질문화가 결합된 종합예술적 성격을 띤다고 할 수 있다.

넷째, 순창 성황제 연행의례는 단순히 고을제의에 그치지 않고 향촌사회 내에서 향리층이 향권을 주도해 나가려는 의도가 깔린 읍치제의라는 성격이 뚜렷이 드러난다. 성황대신과 성황여신이 함께 5월 1일부터 5월 5일까지 읍내 향리 집 다섯 곳을 각각 돌며 5일 동안 축원 굿을 베푸는 연행의례가 그것이다. 5일간 다섯 향리집을 도는 제의구조는 순창의 유력성씨인 토성이 설薛·염廉·임林·조趙·호扈(옹邕이라고도 함) 등 다섯 성씨였다는 사실과 무관하지 않다. 바로

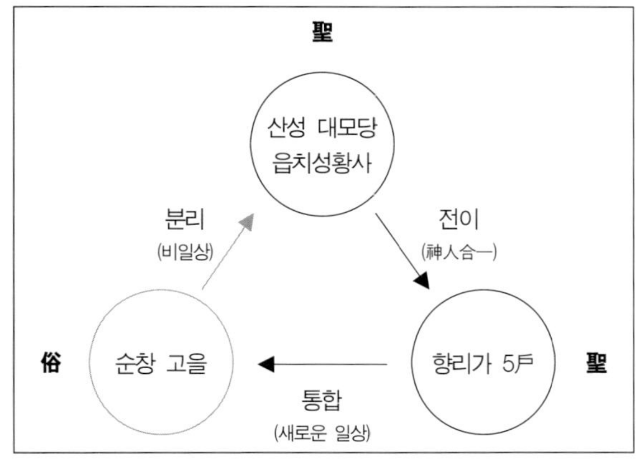

〈그림 1〉 성황제의 제의절차와 구조

고려말 이래 조선초기까지 유력 성씨인 다섯 향리 가문이 읍치제의를 주관함으로써, 향권을 주도해 나가려는 의도가 성황제의 제의구조에 반영된 것이다. 이처럼 성황대신과 성황여신을 모시고 향리가를 돌며 당굿을 벌이는 제의구조는 순창 단오 성황제의 제의구조에 나타나는 특색이라고 할 수 있다.

다섯째, 순창 성황제는 고을의 수호신을 모시는 민간신앙이자 민속종교로 분리, 전이, 통합의 통과의례 형식을 잘 보여준다. 성황제는 속세俗世의 시간을 사는 고을 사람들에게 일상에서 벗어나(분리), 성聖의 시간, 즉 신을 만나는 통과의례의 과정을 제공한다(전이). 다시 말하면 성황제는 지역공동체가 대모산성의 성황여신을 맞이하여 읍내의 성황대신과 함께 고을을 돌며 신과 하나가 되는 영적 체험의 시간이다.

이 기간에 고을 백성들은 성황신 부부의 덕망과 공적을 되새기고 음덕의 영험성을 체험하게 된다. 그리고 제의가 끝나면 다시 일상으로 돌아온다. 하지만 이때의 일상은 신인합일神人合一의 영적 체험을 통해 신성하고도 충만한 자세로 거듭남을 의미한다. 이 공동의 경험은 고을민 개개인의 삶 뿐 아니라 지역공동체 전체를 하나로 결속하게 만든다(통합). 매년 단오에 돌아오는 성황제 연행의례는 고을의 현실적 어려움과 고단한 삶의 여정에 매우 중요한 '통과의례'가 되는 것이다.

여섯째, 순창 성황제는 중앙 권력과 지방 권력을 조율하는 중재의 기능을 갖는 성격을 지닌다. 무엇보다 지역의 성황신은 지역의 위상을 가늠하는 동시에

민의를 대변한다. 간혹 국가 권력이 영험성 여부에 따라 성황신을 폐지하거나 지역에서 뛰어난 인물을 성황신으로 모시는 이유이다. 성황제는 중세 향촌사회의 자율성과 중앙 권력의 통제성을 중재하는 읍치제의로 작동하였다. 이 점은 고려 이래 지방의 행정구역이 어떻게 지역공동체로 유지 전승되어 왔는지를 살피게 한다는 점에서 주목된다.

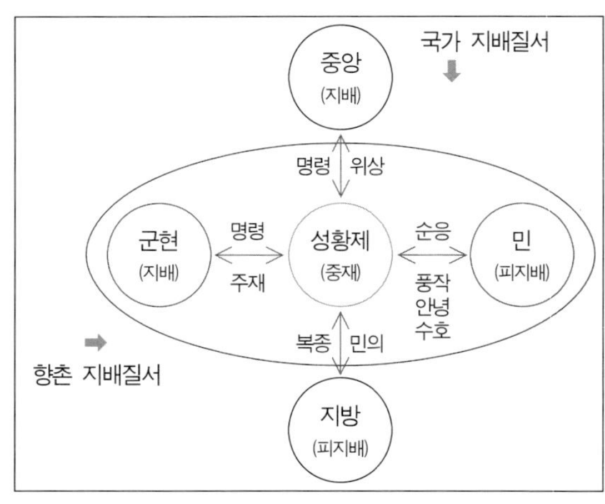

〈그림 2〉 성황제의 중외 및 관민의 중재 기능

성황제는 한국의 중세사회에서 초월세계의 제사권에 대한 위계와 통제를 통해 현실세계의 권력을 정초하는 하나의 제도였다고 할 수 있다. 나아가 고려 이래로 중앙집권체제 아래에서 군현 단위의 지역이 어떻게 유지되어 왔는지를 살피는 매개라는 점에서 역사적 의의가 크다. 앞으로 재현하게 될 순창 단오성황제가 고을 민을 하나로 묶어주는 새로운 공동체의 구심점이자 민속종교로서 성황제를 재인식하는 출발점이 되기를 기대한다.

참고 문헌

1. 원전

『經國大典』
『高麗圖經』
『高麗史』
『大東野乘』
『巫堂來歷』
『三才圖會』
『新增東國輿地勝覽』
『樂學軌範』
『掾曹龜鑑』
『永嘉誌』
『五洲衍文長箋散稿』
『朝鮮王朝實錄』
『中華古今注』
『勅令』 50호, '향사이정(享祀釐整)에 관(關)한 건(件)', 1908.
『虛白堂集』
『湖南邑誌』 1899.

2. 자료 및 단행본

강우방 · 김승희, 『甘露幀』 藝耕, 2010.
강호문학연구소, 『聾巖 李賢輔의 江湖文學』, 2000.
경기도박물관, 『초상, 영원을 그리다』, 2008.
____________, 『조선 왕실 선성군 母子의 특별한 외출』, 2014.
경기학연구센터, 『경기도성황제』, 민속원, 2017.
경산문화원, 『경산시지』, 1997.
__________, 『경산자인단오』, 2008.

_________, 『경산의 역사』, 2015.
경산시립박물관, 『옛 자인을 만나다』, 2013.
고려대학교 박물관, 『조선시대 기록화의 세계』, 2001.
광주민속박물관, 『霞川 高雲 출토유물』, 2000.
구혜자 외, 『시간의 옷을 짓다, 동행』, 한국문화재재단, 2021.
국립고궁박물관, 『왕실문화도감 궁중악무』, 2014.
국립국악원, 『조선시대 음악풍속도』 Ⅱ, 민속원, 2003.
국립문화재연구소 편, 『강릉단오제』, 국립문화재연구소, 1999.
_________________, 『임실필봉농악』, 국립문화재연구소, 1999.
_________________, 『진도씻김굿』, 국립문화재연구소, 2002.
국립민속박물관, 『한국인의 얼굴』, 1994.
_____________, 『한국세시풍속자료집성』 신문・잡지편, 2003.
_____________, 『오백년의 침묵, 그리고 환생』, 2000.
_____________, 『한국복식의 변천사』, 2003.
국립중앙박물관, 『朝鮮時代通信使』, 1986.
_____________, 『초상화의 비밀』, 2011.
_____________, 『선인들의 마음, 보물이 되다』, 2017.
_____________, 『평안, 어느 봄날의 기억』, 2020.
김두진, 『한국고대의 건국신화와 제의』, 일조각, 1999.
김왕직, 『알기쉬운한국건축용어사전』, 동녘, 2007.
김용덕, 『한국 민속문화대사전』 (상), 창솔, 2014.
김철웅, 『韓國中世의 吉禮와 雜祀』, 경인문화사, 2007.
김태규, 『韓國農耕歲時의 硏究』, 영남대학교출판부, 1985.
김화진, 『韓國의 風土와 人物』, 乙酉文化社, 1974.
단국대학교 石宙善紀念博物館, 『名選』 中, 2004.
문화공보부・문화재관리국, 『朝鮮時代 宮中服飾』, 1981.
______________________, 『중요무형문화재해설』 놀이와 의식편, 삼성문화인쇄사, 1985.
문화재청, 『문화재대관 중요민속자료』 ①신앙 생활자료, 2005.
문화재청/김경남, 『중요무형문화재 제18호 동래야류』, 화산문화, 2000.
법성포단오보존회, 『중요무형문화재 종목지정 자료보고서』, 2011.
부산대학교 한국전통복식연구소・대전시립박물관, 『대전 금고동 출토 안정나씨 일가 墓 출토복식 조사 보고서』, 2016.
산서박물원, 『寶寧寺 明代 水陆畵』, 北京 : 文物出版社, 2015.
서경리, 「순창장 서는 날」, 『월간조선』 2월호, 2013.
서인화・윤진영, 『조선시대 연회도』, 민속원, 2001.
석대권, 『중요무형문화재 제44호 한 장군놀이』, 국립문화재연구소, 1999.
송화섭 외, 『순창 성황제 복원조사 보고서』, 전북전통문화연구소・옥천향토문화사회연구소, 2000.
순창군, 『2021년 순창 단오성황제 학술대회 : 순창 단오성황제 연행의례』, 2021.
시흥문화원, 『시흥 군자봉 성황제』, 민속원, 2005.
신경준, 『여암유고(旅菴遺稿)』 2・4, 1910.

심우성, 『남사당패 연구』, 동문선, 1989.
심정보, 『한국 읍성의 연구』, 학연문화사, 1995.
안길정, 『조선시대 생활사』 하, 사계절, 2000.
안동대학교 박물관, 『안동 정상동 일선문씨와 이응태 묘 발굴조사 보고서』, 2000.
_______________, 『정담 부부의 무덤과 출토유물』, 2009.
안정복, 金東株 譯, 『臨官政要』 附錄 「治郡要法」, 乙酉文化社, 1974.
안휘준・민길홍, 『조선시대 인물화』, 학고재, 2009.
영남대학교박물관, 『학술조사보고서 경산 북사리 고분군』, 1991.
옥천향토문화연구소, 『국역 玉川郡誌 (庚辰版1760)』, 효성에스크(주), 1997.
이기태, 『읍치 성황제 주제집단의 변화와 제의 전통의 창출』, 민속원, 1997.
이승한, 『고려 무인이야기』 1, 푸른역사, 2003.
이윤선 채록, 진도씻김굿 사설(개인 소장).
이윤선, 「이윤선의 남도인문학」, 『전남일보 연재』, 2021.12.19.
이익성 譯, 『鄭尙驥 農圃問答』, 을유문화사, 1973.
이종대, 『자인의 맥』, 우진기획, 1991.
이해준, 『순창 성황대신사적 현판 조사보고서』, 문화재청, '99중요민속자료조사보고서, 1999.
이형성, 『성황대신사적 번역 및 역주본』, 출판 예정.
이화여자대학교 박물관, 「거창 둔마리벽화고분 조사보고서」, 2005.
임금희, 『다회・망수 그 천년의 시간 속으로』, 한국공예디자인문화진흥원 전시도록, 2012.
임미선, 『전북의 음악, 그 신명과 멋』, 국립민속박물관, 2008.
_____, 『조선후기 공연문화와 음악』, 민속원, 2012.
장사훈, 『국악대사전』, 세광음악출판사, 1984.
『잿머리성황제』, 경기도문화재 제58호, 2017.
전경욱, 『한국의 전통연희』, 학고재, 2004.
_____, 『한국전통연희사전』, 민속원, 2014.
정상박, 『중요무형문화재 제34호 수영야류』, 문화재청, 2001.
조 봉, 『纺织品考古新发现』, 杭州 : 中国丝绸博物馆, 2002.
趙善美, 『韓國의 肖像畵』, 열화당, 1994.
_____, 『한국의 초상화』, 돌베개, 2009.
조 신, 정용수 번역, 『국역 소문쇄록』, 國學資料院, 2017.
주자대전 번역팀, 『우리말 주자대전』 65~100, 2007.
『중요무형문화재 제44호 경산자인단오제』, 경산시・영남대학교 민족문화연구소, 2020.
중촌 철부, 「城隍神信仰からみた旧中国の国家と社会－1」, 『富山大学教養部紀要』, 1976.
최상수, 『한국민속놀이의 연구』, 성문각, 1988.
한국공연문화학회, 『37회 한국공연문화학회 춘계학술대회－경산자인단오제의 정체성과 발전방안－』, 2009.
______________, 『2010 경산자인단오제 보고서』, 2010.
한국국학진흥원, 『肖像, 형상과 정신을 그리다』, 2009.
____________, 『만날수록 정은 깊어지고』, 2013.
한국문화재보호협회, 『韓國의 服飾』, 文化公報部文化財管理局, 1982.

한국역사민속학회, 『역사민속학』 7, 민속원, 1999.
_______________, 『역사민속학』 9, 민속원, 1999.
한국전통공연예술학회, 『2015 자인팔광대 학술 심포지엄-자인팔광대 놀이의 존재와 그 의의-』, 2015.
한국종교사연구회, 『성황당과 성황제-순창성황대신사적기 연구』, 민속원, 1998.
한국지역문화예술연구회, 『2012년도 경산자인단오제 학술세미나 경산자인단오제 복원과 미래방안』, 2012.
한국학중앙연구원 장서각, 『尙方定例』, 2008.
한복문화학회, 『한중록 혜경궁과 그들』, 2015.
홍석모, 『동국세시기 : 한권으로 집대성한 우리나라의 세시풍속』, 풀빛, 2009.
홍순석, 『이천의 민간신앙』, 민속원, 2004.
황 휘, 『中国历代服制服式』, 南昌 : 江西美术出版社, 2011.

3. 논문

강만길, 「日帝下 農村貧民增加의 原因」, 『東洋學』 14, 1984.
강명혜, 「강원 산간 지역의 동제(洞祭) 양상 및 특성-산신제, 성황제, 거리제를 중심으로-」, 『사회과학연구』 56(1), 2017.
강민희, 「경산자인단오제의 스토리텔링 방안 모색-'한장군'과 '여원무'를 중심으로」, 『한국문예창작』 15(2), 2016.
고영임, 「자안 단오제의 비교 연구」, 동국대학교 석사학위논문, 2004.
곽연희 · 김철원 · 이태수, 「Q방법론을 적용한 강릉단오제 참가자들의 축제인식 연구」, 『주관성연구』 39, 2018.
곽연희 · 심승하 · 김철원, 「강원도 지역신문 기사를 활용한 강릉단오제에 대한 미디어인식 및 미디어 효과에 관한 연구」, 『관광연구』 30(1), 2015.
권선정, 「조선 후기 고지도를 통해 본 전통도시 읍치의 공간구성」, 『문화역사지리』 32(2), 2020.
권소현 · 김익한, 「강릉단오제 기록화 방안에 대한 연구」, 『기록학연구』 24, 2010.
권용태 · 신정미, 「팔광대 놀이의 현장론적 연구」, 『경산문화연구』 5(1), 2001.
길영순, 「경산자인단오제 여원무의 계승현황 및 발전방안」 대구가톨릭대학교 석사학위논문, 2012.
______, 「경산자인단오제 여원무에 내재된 삼재론」, 『한국커뮤니티예술학회지』 1(2), 2013.
______, 「경산자인단오제 여원무의 계승현황 및 발전방안」, 『영남춤학회誌』 3(1), 2015.
______, 「경산자인단오제 여원무의 문화원형에 관한 연구」 대구가톨릭대학교 박사학위논문, 2019.
길태숙, 「줌치노래의 성격과 의미에 대한 고찰 : '한장군 놀이'와 비교하여」, 『한국 시가연구』 14, 2003.
김갑동, 「고려시대 순창의 성황신앙과 그 의미」, 『성황당과 성황제-순창성황대신사적기 연구』, 민속원, 1998.
______, 「고려시대의 성황신앙과 지방통치」, 『한국사연구』 74, 1999.
김경선 · 서구원, 「지역축제유형에 따른 축제성공요인 영향 비교」, 『한국디자인포럼』 29, 2010.
김기덕, 「고려시대 성황신에 대한 봉작과 순창의 성황대신사적 현판의 북석」, 『성황당과 성황제-순창성황대신사적기 연구』, 민속원, 1988.

김명순 · 성동환, 「자인단오의 디지털 콘텐츠 개발방안」, 『경산문화연구』 10, 2006.
김미성, 「축제와 전통의 발명－니스카니발과 강릉단오제의 근대성 탐구－」, 『유럽사회문화』 1, 2012.
김신효, 「경산자인단오제의 전개 양상」, 『향토문화』 24, 2009.
김약수, 「한장군 신앙에 대하요」, 『향토사연구』 3, 1992.
김영준, 「『강도지(江都志)』에 보이는 '갑곶성황제(甲串城隍祭)'에 대한 검토」, 『인천학연구』 1(17), 2012.
김은희, 「성황제의 역사적 면모와 경기도 시흥 군자봉성황제」, 『한국무속학회』 39, 2019.
김의소, 「東海岸 漁村 城隍祭 生生力象徵」, 『강원문화연구』, 1985.
김정남, 「강릉단오제 관련 설화와 한국 현대소설－모티프의 수용과 변용 양상을 중심으로」, 『한민족문화연구』 49, 2015.
김죽엽 무용단, 「정소산의 전통무용에 대한 고찰」 1(1), 2017.
김천흥 · 최현, 『무형문화재 조사보고서 제70호, 한 장군놀이』, 문화재관리국, 1970.
김철웅, 「조선 시대의 城隍祭」, 『史學志』 35, 2002.
김태경, 「강릉단오제의 도시공간적 의미－일상과 일탈에서의 공간인식－」, 『한국전통조경학회』 20(2), 2002.
김태규, 「경북 경산군 자인면 단오굿 '여원무'」, 『향토문화』 1, 1969.
______, 「세시풍속 및 놀이」, 『한국민속종합조사보고서』, 1974.
______, 「자인의 여원무와 한장군놀이」, 『경북예악지』, 1989.
______, 「자인팔광대」, 『경북예악지』, 1989.
______, 「자인단오굿－현재와 미래－」, 『경산문화』 11, 1995.
______, 「자인단오굿」, 『비교민속학회』 13, 1996.
김태우, 「농경과 세시 풍속의 상관성 연구 : 이양법의 보급과 단오 풍속의 변화를 중심으로」, 『정신문화연구』 41(4), 2018.
김흥술, 「강릉(江陵)의 제사(祭祀)」, 『江原史學』 25, 2011.
김흥술, 「강릉단오제와 강릉의 도시문화」, 『江原史學』 23, 2008.
나경수, 「법성포단오제의 난장으로서의 성격」, 『남도민속연구』 14, 2007.
남근우, 「민속의 문화재화와 관광화」, 『한국민속학』 43, 2006.
______, 「복원주의 민속학의 아이러니－'강릉단오제'의 곤경을 중심으로」, 『한국민속학』 52, 2010.
남성진, 「공동체 대동굿의 길놀이 연행방식」, 『비교민속학』 36, 2008.
______, 「자인단오제 가장행렬의 구조와 '원정 길놀이'를 통한 의미 변화」, 『실천민속학연구』 14, 2009.
______, 「길놀이의 유형과 연행구조」, 안동대학교 박사학위논문, 2010.
남풍현, 「淳昌城隍堂 懸板에 대하여」, 『古文書硏究』 7, 1995.
______, 「순창 성황당 현판의 판독과 해석」, 『성황당과 성황제－순창성황대신사적기 연구』, 민속원, 1998.
류희승, 「덴구마쓰리와 강릉단오제의 비교연구」, 『日本學硏究』 38, 2013.
박도식, 「강릉단오제 主神교체의 시기와 역사적 배경」, 『지방사와 지방문화』 22, 2019.
박정하, 「옥과 호남검무의 전승양상과 전승의의」, 『남도민속연구』 34, 2017.
박진태, 「영광농악의 잡색놀이 연구－이본적 양상과 연극적 특징에 대하여－」, 『비교민속학』 15, 1998.
______, 「경북 영양지방의 성황제의 실태와 특징 : 당제(堂祭)의 경우」, 『人文科學硏究』, 20, 1999.
______, 「한 · 중 단오제의 비교 연구」, 『비교민속학』 37, 2008.
______, 「자인 단오굿의 과거 · 현재 · 미래」, 『공연문화연구』, 19, 2009.

______, 「한·중 단오제의 비교를 통해 본 법성포 단오제의 정체성」, 『비교민속학회』 49, 2012.
박호원, 「한국공동체 신앙의 역사적 연구」, 정신문화연구원 박사학위 논문, 1997.
______, 「조선 성황제의 사전화와 민속화」, 『성황당과 성황제-순창성황대신사적기 연구』, 민속원, 1998.
박희영, 「한국무용과 일본무용의 비교연구 : 여원무와 가라코춤을 중심으로」, 숙명여자대학교 석사학위 논문, 2001.
배영동, 「근대시기 '순흥초군청(順興樵軍廳)' 결성의 배경과 의의」, 『실천민속학연구』 22, 2013.
배종만·류건우, 「여원무의 현장론적 연구」, 『경산문화연구』 5(1), 2001.
배진희·이은주, 「희경루방회도(喜慶樓榜會圖) 속 인물들의 복식 고찰」, 『文化財』 51(4), 2018.
백금자·장유경·이종희, 「여원무 연희연구」, 『한국무용학회지』 11(2), 2011.
서경숙, 「전주 농삼현에 관한 연구」, 전북대 석사학위논문, 2000.
서구원·김경선, 「전통문화축제애 대한 방문의도와 추천의도에 미치는 영향요인 : 강릉단오제를 중심으로」, 『여가학연구』 8(2), 2010.
서영대, 「성황신앙사에서 본 순창대신사적」, 『성황당과 성황제-순창성황대신사적기 연구』, 민속원, 1998.
______, 「한국 중국의 성황신앙사와 순창의 순창대신사적」, 『성황당과 성황제-순창성황대신사적기 연구』, 민속원, 1998.
______, 「한국과 중국의 성황신앙(城隍信仰) 비교」, 『중국사연구』 12, 2001.
서종원, 「법성포 단오제의 전승실태와 성격」, 『강원민속학』 24, 2010.
석대권, 「무형문화유산으로서 자인단오 '큰굿'의 복원과 전승에 관한 견해 : 강릉단오굿과 비교하면서」, 『2013년도 경산자인단오제 학술세미나 자료집 : 경산자인단오제 내실화와 세계화 초석』, 2013.
석태암, 「각도행정운영상황소개 : 우리도의 행정은 이렇게 운영되고 있다 ; 경상북도편 우리면(자인면)의 행정특색」, 『지방행정』 7(61), 1958.
손태도, 「경상도 자인팔광대 탈놀이 : 증언자료 및 초기 복원대본 소개와 연구」, 『한국전통공연예술학』 2, 2013.
송미숙, 「한·중 유네스코 인류무형문화유산 등재에 관한 연구」, 『우리춤과 과학기술』 10(1), 2014.
송화섭, 「성황대신사적기를 통해 본 순창의 성황제」, 『성황당과 성황제-순창성황대신사적기 연구』, 민속원, 1998.
______, 「후백제 견훤정권과 전주의 성황신앙」, 『후백제문화 재조명』 (학술조사보고서) 전주시, 전주역사박물관, 2006.
______, 「내가 본 순창 단오제, 양상화의 구술자료」(2013년 11월 6일), 2013.
______, 「순창에서 단오난장을 트다」, 『디지털순창문화대전』, 2015.
신종원, 「성황대신사적기와 대왕신앙」, 『성황당과 성황제-순창성황대신사적기 연구』, 민속원, 1998.
신혜원, 「조선시대 성황 제소(祭所)의 혼란한 양상에 관한 연구」, 『아시아문화연구』 44, 2017.
신희라, 「강릉단오제 굿거리 변화 양상」, 『무형유산학』 5(2), 2020.
심상교, 「자인단오제의 전승과 실태」, 『강원민속학』 24, 2010.
심상화, 「전통문화축제의 경제적 가치 추정과 결정요인 : 강릉단오제를 중심으로」, 『관광레저연구』 21(4), 2009.
심승구, 「전주 성황제의 변천과 의례적 특징-한국 성황제의 형성과 변천을 중심으로-」, 『한국학논총』 40, 한국학연구소, 2013.
______, 「순창 성황제의 현대적 의미와 재현 방향」, 『白山學報』 118, 2020.
______, 「조선 난장의 개념과 역사적 실체」, 『동양고전연구』 89, 동양고전학회, 2022.

심오섭, 「강릉단오축제의 현대적 전승양상 연구」, 중앙대학교 석사학위논문, 2003.

심일종, 「조선후기 '이사(里社)'의 도입과 마을성황사의 유교적 진전-동해 「삼화동신사중수기(三和洞神祠重修記)」 연구」, 『민속학연구』 43, 2018.

심형준, 「강릉단오제 主神교체 문제에 관한 고찰－범일국사의 등장 문제－」, 『역사민속학』 43, 2013.

안광선, 「김수남 사진의 영상민속학적 의의 『강릉단오굿』을 중심으로」, 『민속학연구』 29, 2011.

_____, 「강릉단오제 산신제 연구-고려말 조선초기를 중심으로」, 『동양학』 58, 2015.

_____, 「강릉단오제 신격변동」, 『민속학연구』 41, 2017.

얀 디륵스, 「축제의 역동적 흐름의 관점에서 본 현재의 강릉 단오제의 연행(連行)적 문제점」, 『공연문화연구』 28, 2014.

양만정, 「순창 성황대신사적 현판의 발견과 그 고찰」, 『옥천문화』 1, 1992.

양정욱, 「순창 성황대신사적 현판의 발전과 의의」, 『성황당과 성황제－순창성황대신사적기 연구』, 민속원, 1998.

양혜정, 「경산 자인단오제 축원 굿춤의 춤사위 특성 고찰－검무를 중심으로」, 『체육연구논문집』 18(1), 2011.

오훈성, 「로제 카이와의 놀이이론을 적용한 강릉단오제의 분석 : 미미크리와 일링크스를 중심으로」, 『관광연구저널』 35(1), 2021.

유경숙, 「강릉 단오제의 문화 콘텐츠 활성화 방안 연구」, 『아시아태평양융합연구교류논문지』 7(11), 2021.

유영수·이채현, 「전주단오 문화콘텐츠를 활용한 지역축제 발전방안 연구－강릉단오제와 전주단오를 중심으로－」, 『한국무용과학회지』 38(1), 2021.

윤동환, 「삼척 읍치성황제의 지속과 변화」, 『실천민속학연구』 16, 2010.

_____, 「강릉단오굿의 실체와 허상」, 『남도민속연구』 29, 2014.

이강숙, 「자인팔광대놀이 연구」, 대구한의대학교 석사학위논문, 2006.

이경엽, 「법성포단오제의 축제적 기반과 무속적 전통」, 『남도민속연구』 14, 2007.

_____, 「영무장의 세습무계와 무계 예인들의 활동」, 『남도민속연구』 30, 2015.

이경화, 「강릉단오제의 축제 담론 형성에 관한 현장론적 이해」, 『유럽사회문화』 1, 2009.

_____, 「강릉단오제의 전승 상황 연구」 관동대학교 박사학위논문, 2010.

_____, 「강릉단오제의 전승과 변용 : 1970년대의 전승 양상을 중심으로」, 『인문학연구』 15, 2011.

_____, 「무형유산 길놀이 전통의 변화 양상－강릉단오제와 경산자인단오제 길놀이 전승을 중심으로－」, 『국립무용유산원』 10, 2021.

이광우, 「慈仁縣의 역사와 경산자인단오제 계승 주체의 면모」, 『민족문화논총』 66, 2017.

이광우·이수환, 「16~7세기 경상도 자인현 복현과정과 이를 둘러싼 자인·경주 지역 재지사족의 동향」, 『고문서연구』 41, 2012.

이규대, 「江陵 國師城隍祭와 鄕村社會의 變化 : 鄕吏層의 彌陀契를 中心으로」, 『역사민속학』 7, 1998.

_____, 「朝鮮前期 邑治 城隍祭와 主導勢力－嶺東地域 事例를 中心으로」, 『역사민속학』 17, 2003.

이기태, 「읍치 성황제 주제집단의 변화와 제의 전통의 창출 : 경북 영주시 순흥면 읍내리의 사례를 중심으로」, 영남대학교 대학원 박사학위논문, 1996.

_____, 「경북의 축제 현황과 과제」, 『향토사 연구』 9, 1997.

_____, 「지역사회 이념의 통치와 성황사」, 『성황당과 성황제－순창성황대신사적기 연구』, 민속원, 1998.

_____, 「성황사의 지역사회 이념의 통합 : 조선 중·후기 순창군의 사례를 중심으로」, 『역사민속학』 8,

1999.
_____, 「자인단오제의 지역문화사적 의미회복과 '큰 굿' 복원」, 『공동체 신앙으로 바라본 지역문화사의 민속학적 인식』, 민속원, 2004.
_____, 「마을기우제의 구조와 사회통합적 성격」, 『한국민속학』 46, 2007.
_____, 「19세기 기록으로 살펴본 女圓舞와 한 장군 신앙」, 『민족문화논총』 66, 2017.
이동근·정호완, 「경산의 임란의병항쟁」, 『경산문화원』, 1999.
이두현, 「무형문화재 조사보고서 제73호」, 문화재관리국, 1970.
이병옥, 「경산자인단오제 연행의 분야별 문제와 종합적 개선방안」, 『공연문화연구』, 19, 2009.
_____, 「경산자인단오제 2011년도 연행과 2012년도 개선안」, 『2012년도 경산자인단오제 학술세미나 자료집 : 경산자인단오제 복원과 미래방안』, 2012.
이보형, 「야류(들놀음)와 강릉단오굿의 길놀이(돌돌이) 공연문화」, 『한국음악문화연구』 1, 2010.
이소영, 「제의와 영화와 나타나는 은유 연구 – 강릉 단오제와 독일영화에 나타나는 은유」, 『독일어문화권연구』 26, 2017.
이승하, 「자인팔광대 말뚝이를 찾아서」, 『창작과 비평』 83, 1994.
이영금, 「법성포 단오제의 수륙재 수용 가능성 – 정읍 전씨 무계의 수륙재를 중심으로 –」, 『한국무속학』 17, 2008.
이영배, 「호남 풍물굿<잡색놀음>의 공연적 특성과 그 의미」, 『우리어문연구』 27, 2006.
이영재, 「고은(古隱) 성황제(城隍祭)의 지속과 변화」, 『민속학연구』 19, 2006.
_____, 「순흥(順興) 치성황제(邑治城隍祭)의 형성과 변화」, 『민속학연구』 23, 2008.
이우경, 「경산 자인단오제의 경제적 가치평가에 관한 연구」, 영남대학교 석사학위논문, 2012.
이 욱, 「조선전기 국가 기우제와 산천」, 『Journal of Korean Culture』, 2000.
이은정, 「축제의 전승과 지역정체성 : 옛 자인현 지역을 중심으로」, 영남대학교 박사학위논론, 2010.
_____, 「경산자인단오제 전승환경 변화에 대한 탐색」, 『민족문화논총』 66, 2017.
_____, 「지역공동체 유산으로서 국가무형문화재 – 경산자인단오제를 중심으로 –」, 『무형유산』 9, 2020.
이은주·김미경, 「선조대(宣祖代) 공신초상(功臣肖像)의 복식 고찰」, 『文化財』 52(1), 2019.
이종숙, 「조선시대 지방 교방 춤 종목연구」, 『순천향 인문과학논총』 31(1), 2012.
이종우, 「강원도 영서 지역 마을의례의 유지와 변화에 관한 연구 – 원주 성황림 성황제를 중심으로」, 『인문과학연구』 62, 2019.
이창식, 「지역축제와 무형문화유산의 정체성 – 강릉단오제의 사례로 –」, 『동아시아고대학』 24, 2011.
_____, 「한국 단오제의 지역별 현황과 정체성」, 『남도민속연구』 25, 2012.
이창언, 「문화유산에 대한 새로운 인식 : 보존과 활용을 중심으로」, 『민족문화논총』 18(19), 1998.
_____, 「단오제의 전승 현황」, 『인류학·고고학 논총』, 2012.
_____, 「경산자인단오제의 보전 방안에 관한 연구」, 『민족문화논총』 66, 2017.
이학주, 「신화가 가지는 관광자원의 속성 연구 – 강릉단오제 근원신화를 중심으로」, 『인문과학연구』 43, 2014.
이한길, 「양양군 양양읍 서낭제 연구」, 『江原人文論叢』 14, 2005.
이혁진, 「강릉단오제의 문화관광 특징과 활성화 방향」, 『한국사진지리학회지』 24(3), 2014.
이훈상, 「19세기 후반 향리 출신 노년 연령집단과 읍치의 제의 그리고 푸퓰러문화의 확산」, 『민속학연구』 27, 2010.
임영화, 「강릉단오제와 중국단오절에 대한 비교연구 – 유네스코 등재 위주로」, 『Journal of China

Studies』 21(1), 2018.
장경수, 「전통문화축제의 서비스 평가에 관한 연구－강릉단오제를 중심으로－」, 『관광연구』 21(2), 2006.
장정룡, 「순창과 강릉 성황제의 비교 고찰」, 『성황당과 성황제－순창성황대신사적기 연구』, 민속원, 1998.
전경욱, 「법성포단오제의 연희성」, 『남도민속연구』 14, 2007.
______, 「한국의 가두행렬(街頭行列)과 전통연희」, 『공연문화연구』 18, 2009.
______, 「감로탱에 묘사된 전통연희와 유랑예인집단」, 『공연문화연구』 20, 2010.
정승모, 「조선 중기 전라도 순창군 성황제의 성격」, 『성황당과 성황제－순창성황대신사적기 연구』, 민속원, 1998.
정승욱, 「주술적 기우제의 통합 제의원리 탐색 시론」, 『국문학논총』 72, 2016.
정영준, 「지역 축제 네트워크 구조분석 연구－경산자인단오제 중심으로」, 영남대학교 석사학위논문, 2011.
정영준·이성근, 「경산 자인단오제의 네트워크 특성 분석」, 『한국균형발전연구』 3(3), 2012.
정욱영·지계웅·한진영, 「강릉단오제 방문객의 만족도 및 재방문의사 결정요인 분석」, 『관광연구저널』 29(6), 2015.
정충락, 「순창 성황대신사적기의 書形態와 刻字」, 『성황당과 성황제－순창성황대신사적기 연구』, 민속원, 1998.
정형호, 「자인팔광대의 복원과 연희적 특징에 따른 문제」, 『공연문화연구』, 19, 2009.
______, 「전승집단에 의한 탈놀이의 현대적 변화 양상」, 『실천민속학연구』 14, 2009.
조경아, 「일제강점기 기록을 통해 본 검무의 계승양상」, 『한국음악사학보』 51, 2013.
조춘호, 「자인단오의 종합적 성격」, 『경산문화연구』 5(1), 2001.
______, 「자인단오의 현황과 발전방안」, 『경산문화연구』 7, 2002.
______, 「자인단오－지역축제로서의 발전방안－」, 『경산문화연구』 6, 2002.
______, 「자인단오－민속축제로서의 발전방안－」, 『경산문화연구』 10, 2006.
______, 「경산자인단오의 성격과 발전방안」, 『자인단오와 강릉단오』, 2007.
조해진, 「CT를 활용한 강릉단오제 문화콘텐츠화 연구」, 『한국디자인문화학회지』 23(3), 2017.
______, 「강릉단오제 온라인축제의 성과와 지속가능성에 관한 연구」, 『한국디자인문화학회지』 27(3), 2021.
주강현, 「서평 : 歷史民俗學과 民俗宗敎史 硏究의 論議 進展 : 『성황당과 성황제 : 순창 성황대신사적기연구』를 중심으로」, 『역사민속학』 9, 1999.
차유정, 「큰굿의 현장론적 연구」, 『경산문화연구』 5(1), 2001.
최서윤, 「강릉단오제 단오굿 중 '심청굿'의 연희성 연구」, 『한국무용연구』 39(4), 2021.
최종석, 「조선전기 淫祀的 城隍祭의 양상과 그 성격」, 『역사학보』, 2004.
______, 「여말선초 명(明)의 예제(禮制)와 지방 성황제(城隍祭) 재편」, 『역사와 현실』 72, 2009.
______, 「조선초기 風雲雷雨山川城隍祭의 수용·지속과 그 인식적 기반」, 『한국학연구』 42, 2016.
최지원, 「전북 지역 권번 춤의 전승현황에 관한 고찰」, 『대한무용학회논문집』 75(1), 2017.
______, 「조선시대 고을축제의 성격과 전승집단」, 『실천민속학연구』 6, 2004.
허중욱, 「문화관광자원의 경제적 가치 추정과 정보현의 : 2006년 강릉단오제」, 『관광학연구』 31(2), 2007.
홍태한, 「자인단오 큰 굿의 구조 정립 모색」, 『공연문화연구』 19, 2009.
황경순, 「邑治城隍祭 主宰集團의 지속과 변화」, 『역사민속학』 13, 2001.

______, 「무형문화재를 기반으로 한 지역축제의 정체성-경산자인단오제를 중심으로-」, 『동아시아 문화연구』 48, 2010.
황루시, 「강릉단오제의 전통성과 지속성」, 『역사민속학』 9, 1999.
______, 「강릉단오제 설화연구」, 『구비문학연구』 14, 2002.
______, 「현대의 공동체와 축제의 기능-강릉단오제를 중심으로-」, 『구비문학연구』 22, 2006.
______, 「강릉지역 여서낭신화 연구」, 『구비문학연구』 24, 2007.
______, 「경산자인단오제의 특성과 세계문화유산 등재방안」, 『2012년도 경산자인단오제 학술세미나 자료집 : 경산자인단오제 복원과 미래방안』, 2012.
황미연, 「조선후기 전라도 교방의 현황과 특징」, 『한국음악사학보』 40, 2008.

4. 회화자료

(사)강릉단오제위원회, https://www.danojefestival.or.kr/
(사)경산자인단오제 보존회, http://jaindano.or.kr/
≪거창 둔마리 고분벽화≫
≪중묘조서연관사연도≫
경산시청, https://www.gbgs.go.kr/
고려대학교 박물관, http://museum.korea.ac.kr/
국립국악원, 『한국음악학자료총서』 36-조선시대 연회도, 민속원, 2001.
국립국악원/서인화·박정혜·주다반자일 편저, 『한국음악학자료총서』 35-조선시대 진연 진찬 진하병풍, 2000.
국립국악원/서인화·진준현, 『한국음악학자료총서』 38-조선시대 음악풍속도 Ⅱ, 민속원, 2003.
국립무형유산원, https://www.nihc.go.kr/
내고향역사알기, https://theme.archives.go.kr/
두산백과, https://terms.naver.com/
문화재청, https://www.cha.go.kr/main.html
서울대학교 규장각한국학연구원, https://kyudb.snu.ac.kr/
신윤복, ≪무녀도≫
위키백과, https://ko.wikipedia.org/
저자미상, ≪동래부사접왜사도≫, 국립중앙도서관소장
한국고전번역원, https://db.itkc.or.kr/
한국민속대백과사전, https://folkency.nfm.go.kr/kr/main
한국민족문화대백과사전, https://terms.naver.com/

찾아보기

마

바

사

아

자

차

타

파

하